Prison

on

Trial

受审判的监狱

〔挪威〕托马斯·马蒂森(Thomas Mathiesen) 著
胡菀如(Hellen W. J. Hu) 译

本书由奥斯陆大学法学院资助翻译。
翻译：Hellen W. J. Hu，日内瓦。

译文点评：香港大学Borge Bakken教授，澳门大学社会学系徐建华助理教授，澳大利亚格里菲斯大学语言学学院语言学助理教授Susan Trevaskes。

本书的翻译直接基于英文版本，仍然感谢台湾中正大学犯罪防治学系教授兼所长许华孚先生在此项目初期与我们分享他翻译的繁体中文电子版。

简体中文版序

本书英文版的第一版是以1987年挪威奥斯陆Pax Publishers出版的挪威原文版（*Kan fengsel forsvares*）更新修订的版本，并由英国的Sage Publications在1990年出版。挪威原文版陆续于1995年和2007年出版了新的版本。英文版的新版本则于2000年和2006年由英国的Waterside Press出版。本书已经有挪威文、瑞典文、丹麦文、意大利文、德文、西班牙文、英文以及繁体中文版本，现在又增加了简体中文版本，是根据2006年的英文最新版本翻译。

自从这本书英文版出版以来，在20世纪90年代和21世纪最初的10年内，我们看到西欧和北美地区监狱人口急剧增长。监狱人数一直在爬升，而新的监狱也在不断修建，以配合持续增加的受刑人数。在迈入21世纪的当今，我们在许多国家见证到，我们的社会愈来愈强调以监狱监禁作为惩罚模式，其中又以英国和美国最为显著。美国在2008年的联邦监狱、州立监狱以及拘留所合起来的被监禁人数将近240万人。

然而，监狱人数的增加并不是因为犯罪率的增加，而是基于具有权力的政治机构所作的一些复杂的决定。愈来愈强调娱乐性和刺激性的大众传媒的发展，也是一个重要的力量，当然还有其他的力量。当今的政治领导人物不但没有将研究结果和原则性的论证纳入考量，反而愈来愈愿意依照大众媒体的意图作调适，并为其补强，使其正当化。在犯罪和监狱领域中，政策的制定不再由具有监狱生活方面知识的人士参与，而是由大众媒体和政治高层精英彼此微妙的互动来成型，结果造成刑事政策愈来愈民粹化。

这些发展使得监狱是否站得住脚的问题显得更为重要。在现代社会中，以监狱作为惩罚的主要模式是否真的站得住脚？

这就是本书所讨论的核心问题。本书除了在后记的结尾（第190页）简略提到死刑问题以外，并未针对该议题作讨论，但是我也强烈地反对以死刑作为"犯罪问题"的解决办法。在刑罚学、社会学和犯罪学的文献中,有许多文献阐明了监狱的问题。但是有关这方面的证据却相当分散,并且似乎是被这个领域的专业研究者们半掩半盖地隐藏着。我在本书中,试着从广泛的资料来源搜集这些证据,因此本书在以监狱作为惩罚模式方面,将为读者提供全面性的参考。

我在此要向挪威刑罚改革协会(KROM)的会员和参与者致以崇高的敬意,感谢他们在这本书的准备过程中所给予的持续支持和启发。

另外,我在此特别感谢香港大学社会学教授白恳(Borge Bakken)博士对本书中文版的翻译出版事宜的贡献。

2014年2月于奥斯陆(Oslo)
托马斯·马蒂森(Thomas Mathiesen)

目　录

第1章　监狱:它是否站得住脚?　1

　　监狱:正在增长的系统　1
　　监狱系统为何增长?　8
　　运用监狱的新阶段?　9
　　惩罚的目的以及本书的结构　15

第2章　改造　18

　　词汇的来源　18
　　这个意识形态的起源　20
　　改造意识形态的内容　22
　　针对过去和现在所作的结论　30
　　监狱在改造方面站得住脚吗?　43

第3章　一般预防　45

　　以一般预防作为范式　45
　　研究结果　48
　　以一般预防作为一种沟通　55
　　一般预防与道德　64
　　一般预防提倡者有时也会反驳这个论点　67
　　监狱是否在一般预防上站得住脚?　71

第4章　社会防卫的其他理论　73

　　剥夺犯罪能力　73
　　监狱是否在剥夺犯罪能力和个人威慑方面站得住脚?　94

2　受审判的监狱

第 5 章　正义　　　　　　　　　　　　　　96

　　理论的循环　　　　　　　　　　　　　96
　　现代的正义理论　　　　　　　　　　　96
　　正义是否独自存在?　　　　　　　　　99
　　正义的范围　　　　　　　　　　　　103
　　监狱是否在正义上站得住脚?　　　　123

第 6 章　监禁的未来　　　　　　　　　　127

　　监狱的意识形态　　　　　　　　　　127
　　应该怎么做?　　　　　　　　　　　131
　　结尾:不久的未来和遥远的未来　　　156

后　记　　　　　　　　　　　　　　　　158

第1章 监狱：它是否站得住脚？

监狱：正在增长的系统

"这个现象遍及整个欧洲"。这是米歇尔·福柯(Michel Foucault)在1961年谈到17世纪新型监禁机构突然且快速增长时所写的,这些监禁机构在短短的几十年内将成千上万的人关进监狱。福柯在他的书中,将讨论新型监禁机构增长的主要章节定名为"大禁闭"(Foucault,1967, Ch. 6)。

"大禁闭"这个标题,也可以用来描述我们所处的20世纪后期欧洲监狱的状况。我们虽然无法在数字和比例方面作出精确的比较,但是这个现象在20世纪后期也"扩及了整个欧洲"。

因为,我们这个时代就如同17世纪一样,一些主要的西欧大国在监狱人口大量增长方面占领先地位。如果再加上北美洲的情况,这个时代在这方面的景象更为完整。

图1.1显示美国、英格兰和威尔士、西德以及意大利这四个西方大国,自1970到1985年间监狱人口上升的状况。其中,美国占领先地位。该国在1970年每10万人中约有180名受刑人,到1985年上升至将近320名,即在15年内增加了大约106%。这个数字包括联邦、州立和地方监狱的受刑人数。若单独计算州立监狱,增加率就更为显著,即156%(Rutherford, 1986:49)。英格兰和威尔士则从每10万人中有不到80名受刑人增长到将近100名受刑人。英格兰和威尔士监狱人数的增长情况更为严重,因为他们的数字在20世纪70年代早期一度下滑,到1974年下滑到稍微超过70名受刑人。我们会在后面讨论到这个短暂的趋势。目前可以这么说,这表示英格兰/威尔士的监狱人口,在短短的几年内有惊人的增长。意大利在同一时期中,从每10万人中有40多名受刑人增长到70多名受刑人,监狱人口在15年

2　受审判的监狱

内增长将近一倍。虽然意大利的监狱人口在这段时期之后有所下降（见下图），但在这段时期内，这4个国家中唯一呈现下降趋势的是西德。该国在1983年之前，监狱人口显著上升，但在这一年之后却大幅下降。

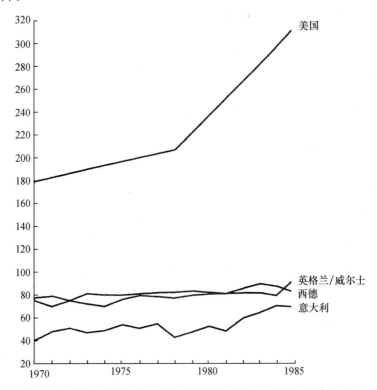

图1.1　1970—1985年间，美国、英格兰和威尔士、西德以及意大利每10万居住人口中的受刑人数

美国的资料来源：Rutherford, 1986：49. 仅有1970年、1978年和1985年的数字。这些数字总括了联邦、州立和地方监狱的受刑人数。如要查阅联邦和州立监狱的总监禁人数，请参见 Austin and Krisberg, 1985：18.

英格兰和威尔士的资料来源：1970—1984年：Prison Statistics England and Wales (1977 and 1984), London：HMSO. 1985年：Sim, 1986：41.

西德资料来源：1970—1984年：'Strafvollzug 1984', Rechtspflege Fachserie 10, Statistisches Bundesamt Wiesbaden. 1985年：Statistisches Bundesamt Wiesbaden.

意大利资料来源：1970—1982年：The Prisons in Italy：History, Development, Perspectives(1985), Ministero di Grazia e Guistizia, Ufficio Studi, Ricerche e Documentazione.

西德的监狱人数为什么会下降？这个下降的过程是从 1982 年的还押犯人数开始，接着是 1983 年的青少年犯，到 1985 年则是已被判刑的成年犯（Feest,1988）。当时的失业率（急剧上升而非下降）无法解释这个转变，人口因素也只能作有限的解释（当时的出生队列较小，但是出生队列的大小，最快也只能从 1988 年开始对成人刑事法庭产生一些重大影响）。犯罪率无法用来作任何解释（犯罪率是上升的，但是可判处监禁的罪行则稍微降低），在立法方面也没有任何重大改变（Feest,1988:4-6）。因此，菲斯特（Feest）认为该国监狱人数下降，可归因于检察机关和/或法官的实务改变。菲斯特特别重视检察官，并针对学术界长期以来对还押的批评愈来愈多和检察官可以采用具有教育功能的狱外替代方式，以及绿党所领导的反对监狱建造运动等因素，是否为检察官逐渐自我约制的重要背景因素这个问题进行推测。然而，其他的国家或多或少也有这些背景因素。这些背景因素在德国特别起作用，是否因为德国在近期经历了其他国家所没有的（或至少没有相同程度的）黑暗的政治经验，而这个经验严重地警告人们，不得让国家的实际权力无限增长？我们不知道答案，但是判决的执行似乎是抑制监狱人数的一个因素。

然而西德是这段时期的一个特例，不仅与图 1.1 中的其他 3 个国家相比较是如此，与其他欧洲大国相比亦是如此。除此以外，在一些如瑞典、丹麦和挪威等较小的欧洲国家，监狱系统的压力也相当大，这些国家的监狱行政人员也非常关切监狱超过负荷的问题。在挪威，这个压力虽未造成监狱人口的显著上扬，但却增长了一大串的等候名单，也就是说"排队"等着去服刑。挪威在平时的监狱人数约在 2 000 名左右，但在 1985 年约有 6 500 人在等候名单上，该等候名单在 1981 到 1985 年之间增长了 49%。然而，在这个队伍中，当然有一些人具有优先权：毒犯和暴力犯无须等候。但是这个名单上并不是只有轻微罪行的罪犯。因此，在 1985 年后期，队伍中有 52% 的人属于还没有被检控的醉酒驾车者（在那个时期含 0.05% 酒精浓度的酒后驾驶，即面临三个星期或更久的刑期）。芬兰的监狱人数一直很高，但在这段期间，该国是唯一监狱人数持续下降的北欧国家。

我们可以从下述统计看出西欧发展的概貌。欧洲委员会（Council of Europe）成员国在 1986 年 2 月 1 日的监狱人数是以 1983 年 2 月 1

日的监狱人数为基准数 100 而计算的(Council of Europe，1986：27)。只有 4 个国家低于 1983 年的基准数 100：奥地利下降到 95，西德 91，马耳他 89，瑞典 85，在瑞典的下降是暂时的，主要是受到该国在 1983 年释放政策改变的影响(请参见第 78—79 页)。我们可从以下的数据看出，其他 15 个会员国的监狱人数或多或少都有提升的现象：比利时提升到 119，塞浦路斯 110，丹麦 109，法国 122，希腊 109，爱尔兰 145，冰岛 106，意大利 120，卢森堡 116，荷兰 124，挪威 103，葡萄牙 183，西班牙 104，英格兰/威尔士 105，苏格兰 108。值得一提的是，比利时、塞浦路斯和希腊这 3 个国家的监狱人数在 1984 年有过短暂的高峰，随后就一直下降到 1986 年。但是，总体趋势仍十分明显。

以上我们提到了 1985 年，甚至到 1986 年初期的数字，但我们也应该注意到，这种总体趋势到 1980 年代晚期还一直持续着。按实际数字计算，西德、意大利、土耳其、葡萄牙和马耳他等国的监狱人数自 1985 年到大约 1987 年间显示下降，丹麦和挪威的监狱人数则维持不变(但是挪威有一长串如先前所提的等待队伍)。但是英格兰和威尔士、法国、西班牙、比利时、瑞典、希腊、爱尔兰、卢森堡及塞浦路斯的监狱人数则呈现上升状态。1980 年代早期到 1987 年间，只有 3 个国家的监狱人数持续下滑，即西德、土耳其和马耳他(Council of Europe，1987：19—20)。图 1.2 显示，1971 年至 1986 年间，欧洲委员会成员国除奥地利、冰岛、荷兰、瑞士和土耳其外，按实际数字计算的总增长数(无法取得奥地利、冰岛、荷兰和瑞士的相关数据，而土耳其主要是因为其情况特殊而被除外)。西欧的总体发展趋势在 1986—1987 年后仍持续着。1987 年 2 月 1 日到 1988 年 2 月 1 日期间，欧洲委员会 19 个成员国中，有 11 个国家的监狱人口显示上升状态：冰岛(上升 13.3%)、意大利(8.4%)、塞浦路斯(8.3%)、瑞典(7.8%)、西班牙(7.2%)、希腊(6.1%)、卢森堡(5.8%)、法国(4.1%)、爱尔兰(3.2%)、德意志联邦共和国(3.1%，与其长期性的下滑相反)、英国(2.3%)。3 个国家的数字比较稳定：比利时(0.6%)、丹麦(-0.2%)和葡萄牙(-1.7%)。5 个国家呈现下滑：土耳其(-2.5%)、荷兰(-4.0%)、挪威(-6.0%，但是还有一长串等着服刑的队伍)、奥地利(-6.4%)和马耳他(-25.3%)(Council of Europe，1988：18)。我们虽然必须了解，基于各国在登记方法上的差异，在各个国家之间进行详细比较是一件非常困难的工程。但即使如此,整体的趋势还是相当明确。至于美国,加州到 1989 年已达到每 10 万人口中有 570 名受刑人[且有 255 名人犯被判死刑,资料来自 1989 年 5 月在波兰的卡齐米日多尔尼(Kazimierz Dolny)小镇(华沙)举行的第四届刑罚废除国际大会]。

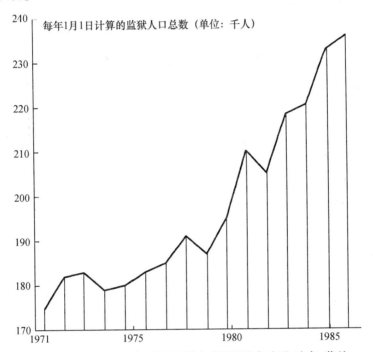

图 1.2 自 1970 年以来,欧洲委员会成员国除奥地利、冰岛、荷兰、瑞士和土耳其外,监狱人口总数的变化

资料来源:Prison Information Bulletin, Council of Europe, No. 9, June 1987: 18.

然而,我们如果以更广阔的背景来看,监狱人口增长的意义更为重要。以下是特别重要的四点:

第一,这些监狱人数的增长表示,一些西方国家在 20 世纪 70 年代和 80 年代早期对于改变监狱系统发展所作的努力,很快就被其他的力量轻易击溃了。70 年代中期,监狱人数下滑,呈现不增反降的趋势。例如:美国的一些州、英格兰和瑞典的监狱人数均呈下滑的现象。这时期,除了许多人士在以其他替代办法惩罚罪犯方面作了很大的努力之外,一些诸如瑞典和挪威等国家,由于其司法部长具有自由派的信念或倾向,在刑事政策方面的政治行政单位也都显然属于自由派。80年代早期,瑞典和丹麦除了使用其他的办法以外,曾以改变释放政策和最高刑罚(详细资料请参见第78—79页及第6章)来试着阻止监狱人口的增长。但是,随着瑞典和挪威自由派内阁部长的失势,这些努力和趋势均被其他的发展取代了。

第二,如果以较宽广的时间范围来看20世纪70年到80年代后期监狱系统的扩展,则呈现两个主要的趋势,而这两个趋势形成一个概貌。一个趋势是:一些国家监狱人数的增长可追溯至1970年之前。例如,英格兰/威尔士的监狱人口在1970年之前是显著上升的。该国在1930年代的监狱人口为每10万人口中大约32人,1970年为将近80人,1985年为96人。因此,就数据显示,英格兰/威尔士的监狱人口增长属于长期趋势。另一个趋势则是:一些国家监狱人数的增长超过了1970年以前的大幅下降趋势。例如:意大利、西德和挪威。意大利在1970年采用有关赦免的新立法,导致监狱人数滑落到自有官方记录(1860年)以来的最低点。在西德,短期监禁刑罚在1970年之前显著降低,也使监狱人数明显下降。挪威在1970年将在公共场所醉酒去罪化,因而释放了许多多年被关在属监狱系统的强制劳动营中的酗酒游民,这也促使该国的监狱总人数下降。但是随后的监狱人数上升,表示除了西德之外,这些改革被后来的发展抵消了。

尽管如此,有一点必须保留的是:这些在1970年之前和之后的改革虽然被后来的发展所取代,但其中一些改革的确含有相当重要的证据,而这些证据的细节显示了监狱政策和监狱人数改变的可能性。我们将在本书的最后一个章节(第6章)回头来看这些证据。

但是我们可以这么说,目前监狱人数的增长可能属于一种长期趋势,也可能是一种连1970年之前的改革都无法影响的强势。

第三,在某些国家,监狱人口的增长导致监狱的条件恶劣。意大利在1970年至1985年间,监狱人数的倍增造成监狱过度拥挤。英格兰/威尔士、法国和其他一些较小的欧洲国家也因监狱人口上升导致相同的结果。至于美国,态度谨慎且声誉良好的《时代周刊》(*Time Magazine*),早在1983年(12月5日)就对该国监狱的状况作出了以下的描述:

这个惊人的监狱人口增长现象已经造成许多受刑人的生活条件恶劣,他们有些人睡在体育馆、休息室、走廊、帐篷、活动屋和其他各种代替住屋形式的空间。在11月初之前,伊利诺斯州的森特勒利亚矫正中心(Illinois, Centralia Correctional Center)共有170名受刑人睡在体育馆的地上。而在据称拥有全国最拥挤的监狱系统之一的马里兰州的一位官员指出,他们把受刑人安置在地下室、休闲娱乐区、临时性建筑,或是"任何能够塞进他们的地方"。

第四,在许多国家监狱系统中,各种程度的监狱人数增长带来了许多监狱兴建计划。这种兴建计划在20世纪80年代成为美国公众讨论的主要问题,当时《时代周刊》在1983年12月5日提到"持续增长的监狱危机",并详述"要容纳所有新进的囚犯,新的监狱还盖得不够快……仅是建筑的费用就相当惊人:在未来的10年内,整个美国兴建监狱和看守所的计划约为47亿美元。其中包括在加州新建16 500间囚室所需要的12亿美元,以及在纽约新建8 800间囚室所需的7亿美元"。换句话说,整个费用相当庞大。此外,在美国的另一个重要发展是监狱私营化开始出现。也就是说,以营利为导向的市场机制,目前正逐渐渗入其饱受压力的监狱系统。1985年的秋季,在英格兰/威尔士有16个新监狱正在筹划中,总值约为5亿英镑(1983年的价值),其中包括了12 000个囚位(Sim, 1986:42)。这个计划在英格兰被称为"史上最大的监狱兴建计划"(*The Evening Standard*, 23 November 1983:5)。虽然其他较小的欧洲国家的兴建计划规模较小,但还是存在,瑞典、挪威和荷兰的监狱兴建就是例子。

从西方监狱系统的增长以及上述四个特点可归纳出一个结论。由于西方国家监狱的规模各有不同——荷兰和斯堪的那维亚诸国每10万人口中有45—60名受刑人,英格兰/威尔士有100名受刑人,美国则超过300名的受刑人——他们的监狱系统在统计数字上的发展、生活条件和兴建计划方面彼此也有很大的差异。这些差异的确值得关注,但尽管如此,监狱所扮演的角色似乎有些变化:监狱——用来作为一种惩罚机制——的重要性似乎正在增加。除了一些例外状况以外,这个现象似乎已遍及所有西方国家。在一些国家,尤其是在美国和英国,这种现象更是严重。

监狱系统的增长为我们提出了一个新的问题:为什么会有如此的增长?

监狱系统为何增长?

这个问题极为复杂,也很难给予明确的答案。但是我们至少可以排除一些因素,或是不要将这些因素列入主要原因,并采纳一些其他的解释。我以下针对三个可能性,作简短的讨论。

第一个可能性:监狱系统的增长是由犯罪率增加造成的,尤其是当被记录的犯罪增加时,情况更为显著。随着法院成为一种干预机制,被记录的犯罪率可能直接反映在较高的监狱人数上。但是这个解释有一些问题,我们在此列出其中的两个问题。

一方面,我们有具体的实证资料显示,监禁率下降时,被记录的犯罪率也可能上升,反之亦然。现今的西德在某些方面可作为前者的例子(请参见第3页)。然而,20世纪70年代则为后者提供很好的例子:许多国家在这十年中的犯罪率飙升,尤其是在斯堪的那维亚诸国,监狱人数却不是下滑就是持平。

另一方面,目前的犯罪率不一定在增长。美国在80年代早期的全国犯罪率是下降的,但是当时的监狱人数却急剧上升(Moerings,1986)。倘若真的有一般犯罪率直接反映在监狱人数上的这种情况发生,我们可以将它解释为政治决策的结果:这可能表示,我们所关注的国家一直遵循着与以前相同的刑事政策。换句话说,甚至连这种直接的反映都是政治决策的结果,而这是一件常被忽视的事实。但是,由于这种直接的反映几乎是不存在的,这更清楚地显示了政治决策是主要的因素。

第二个可能性:犯罪化的模式正在改变。新的行为模式可能被纳入刑事政策范围,并加以犯罪化或是更严厉地犯罪化。一些欧洲国家在毒品犯罪方面,似乎已经开始有这种现象。在荷兰(de Haan, 1986)和挪威(Falck, 1987)这些国家,针对毒品犯罪而加强犯罪化以及执行更严苛的立法和审判,显得相当重要。例如,挪威在1982年将使用毒品的罪行类别从轻罪(*jorseelse*)改成重罪(*forbrytelse*),也因此增加了犯罪化的程度。

在几年之内，挪威已将与毒品相关犯罪的最高刑罚从10年监禁改到15年，再改到21年（请参见第109页），这是一个影响审判执行的主要因素。当然，从记录的犯罪率上显示，一些与毒品相关的犯罪也有所增加。但倘若不是犯罪化的增强，以及上述最高刑罚的大幅提高（如从斯堪的那维亚诸国较低的惩罚程度为观点，就更为明显），监狱中长期监禁的毒犯人数也不会增加到如此之多。然而，这些人数不仅堵塞了整个监狱系统，也在挪威出现排队等待服刑的主因。

第三个可能性：基本上并不排除第二个可能性，也就是普遍加重某些犯罪类型的惩罚程度。就证据显示，许多国家都有这种情形，有的是经由立法，有的是通过审判的执行，有的则是两者并用。以美国为例，该国的强制判决立法，规定某些犯罪类型的罪犯或是累犯必须入监服刑，便属于这个模式。比如说，1978年的一则法律，规定法官必须将所有暴力重罪罪犯判处监禁，这可能是造成纽约州立监狱爆满的一个因素。同时，许多州的最短监狱刑期也大幅增长。在挪威，长期无条件监禁刑罚（表示一年或一年以上的监禁）的数字从1981年开始增长。但是，短期监禁刑罚的数字则维持不变（Bødal, 1984；以及在Mathiesen, 1987:36中的补充数据）。与毒品相关的长期刑期犯罪数字，可能是这个现象的一个因素，但并不是唯一的原因。除了针对与毒品相关的犯罪以外，对于一些其他的犯罪也采取更严厉的惩罚，似乎成了普遍趋势，而在挪威也是如此。

上述的三个解释中，第一个有关直接反映的理论已经差不多被排除了。第二和第三个解释，即新的犯罪化模式和惩罚程度的普遍加重，就比较有可能性。如同前面所述，各个国家在这两个解释上各有差别。以此为观点，我们或许可以说，监禁机构增长模式并不是仅有单一"因素"。但是，在较为一般的层面上，这两个解释有一些相同点：不论是新的犯罪化模式或是更严厉的立法或审判执行，意味着更严厉的刑事政策，以及以更积极的方式使用监禁刑罚来面对犯罪行为，是监狱系统增长的主因。总之，更加严厉的刑事政策，以及积极地运用监狱，似乎是许多西方国家所采取的模式。

运用监狱的新阶段？

在许多国家，监禁机构的增长模式十分明显，令人不禁怀疑，我们是否正进入一个运用监狱的新阶段。我们在问这个问题的时候,应该很快就注意到,预测监禁机构的发展相当困难。过去有许多对于机构发展预测失败的例子。其中一个例子,就是挪威在19世纪的监狱发展状况。该国在18世纪末期将体罚改为监禁,造成监狱人数在19世纪初期大幅增长。当时的相关当局预测该监狱人数将继续攀升并感到十分忧虑,因此在19世纪40年代启动了一个大规模的监狱兴建计划。但是在19世纪40年代中期之后,监狱人数显著下滑,并一直持续到20世纪。这之后的数十年,挪威的监狱人数一直维持在相当稳定的状态。实际来说,挪威的监狱人口在这个世纪大多呈现如此稳定的状态。

然而,我们很快就能了解到,在不表示监狱人数会持续增长多少的条件下,提出这个"阶段"的观念,并指出我们可能正步入一个新的刑罚发展阶段,可能对我们是相当有利的。尽管预估困难,我们还是可以用社会学的观点来假设一个新的发展阶段。

在这之前,西方国家刑罚机构的发展和增长,可分为两个主要阶段:

第一个阶段在17世纪,我们在前面已经提过。许多文献也已经讨论过这段时期的监禁机构历史(其中包括 Rusche and Kirchheimer, 1939;Cole, 1939;Sellin, 1944;Foucault, 1967;Wilson, 1969;Olaussen, 1976;Mathiesen, 1977)。这是最早使用这类机构"解决"社会问题的阶段。这些被监禁的人口并不全是罪犯,其中还包括各种失业的乞丐和游民。然而,这些监禁并不是用来取代体罚的,而是除了体罚外再加上的刑罚。鲁舍(Rusche)和基希海默(Kirchheimer)的重要文献,曾经强调劳动市场的变动是监禁机构增长的重要因素,而这些文献引起了后来针对17世纪监禁机构增长原因所作的广大辩论。由于其争辩内容众所皆知,我们在这里就不需要深入讨论,而对此不太熟悉的读者可以参考上述文献。我们的目的在于简述下列两项重点:

第一,这些在16世纪晚期和17世纪期间急剧增长的机构,大多数是一种强迫劳动机构。"机构"这一名词在法国称为"医院"(hospital),在德国称为"管教所"(zuchthäusern),在荷兰称为"教养院"(tuichthuisen),在英国叫为"矫正院"(correctional houses),而挪威在100年后将在其边境设立的这些机构称之为"改正所"(tukthus)。劳动是根据市场考量和其有利价值而选择的,这也构成了监禁机构生活的主要核心,像是法国的编织业(Cole,1939)、荷兰的锉木业(Sellin,1944)等等。

第二,对于营利性劳动的重视并不一定是这些机构增加的"主因"。社会"因果关系"的研究必须了解相关行动者的主观动机,或该相关行动者对所处的情况所作的定义。在面临如欧洲大陆大量设立这类机构的巨大政治变化时,这些动机和主观经验可能含有各种因素,但是这些动机和经验是让我们了解其原因的必备条件。虽然各国的情况各有不同,但根据大量的资料(概述于 Mathiesen,1977)显示,欧洲城市和乡镇中棘手的游民问题,是启动17世纪法国、英国甚至荷兰的重商主义国家建设者的主要动力。在16及17世纪期间,欧洲在以土地拥有权力作为基础的封建社会秩序崩解之后,有过剩的人口在社会中流动,其中大多数是乞丐和游民(相关数字,请参见 Wilson,1969:125;Cole,1939:264,270)。游民会对重商主义的产业及贸易造成严重的干扰和破坏,因此对他们的控制成了最为迫切的政治问题。但是这些游民的数量相当多,无法仅靠老旧的惩罚方式来控制。于是,将他们大量集中起来之后再把他们关起来,便成为一种解决办法。这些乞丐和游民一旦被关起来以后就被迫工作,并且做的大多是有营利价值的工作。如此做法,完全符合那时重商主义的经济哲学。

简而言之,监禁机构发展的第一个阶段,是以管理控制当时那些令人十分烦恼的人群为动机背景的。

第二个发展阶段是在18世纪晚期至19世纪初期这段期间,这个现象也遍及整个欧洲。我们在这个时期开始对罪犯作区分,并将他们安置在较似当代的监狱里,监禁"办法"也确实取代了体罚。有关19世纪监禁机构的文献相当多(Rusche and Kirchheimer,1939,Ch. 8;Foucault,1977;Melossi and Pavarini,1981)。在意识形态方面,主要是以彻底隔离的方式来达到虔诚忏悔的目标,至少在欧洲是如此。当时的一些感化院就是以此为目的建立的。到底这些发展的动机背景是什么呢?这个问题相当复杂,以下有几个大胆的假设。

到了这个时期,欧洲的一些大国正迈入一个新的生产模式,也就是真正的资本主义模式。真正自由的工人阶级正在成型,但这是一群极为穷困甚至一无所有的工人阶级。当时犯罪的根源来自物质的缺乏,过去所使用的暴力体罚方式,从理论上来看,应该能够用来对付这个新阶级的犯罪,但是体罚对当时这种新的"生产线规则"来说并不合理。这种规则不仅在当时的经济社会中发展,而且是生产业的必备条件。那时为了顺应生产业的需求,人们必须适应拘泥形式、细节等有规则的工作,在这种时期,严重且任意地使用惩罚看起来似乎不太合理。在这个动机背景下,这种新的且真正有规则的监狱——也就是福柯曾经详加描述的感化院——就成为管理这些新的工人阶级中贫穷罪犯的主要方法。因此,监禁机构发展的第二个阶段也以惩罚那些新群体——偏离正在形成的工人阶级的人群——为主要的动机背景。

以此为背景,我们可以回到原来的问题,并加以讨论:我们目前是否正迈入监禁机构发展的第三个阶段呢?以下三个主要发展重点,显示我们正在迈入这个阶段。

第一,监狱人口长期大幅成长。这与先前的两个阶段有类似的增长特性。如我们前面所述,目前监狱人数的增长,可能会因为新的历史条件而持平或下滑,但17和19世纪的监狱人数的确是上扬的。在这里,所谓的"阶段"概念并不表示监禁人口达到了超过前两个阶段的程度,虽然在某些国家已显现出这种可能性(例如美国,请参考 Austin and Krisberg, 1985)。在这里,"阶段"的概念只表示监禁人口正在显著且长期增长。

第二,监禁在刑事政策中所占的比重显著增加,是相当重要的一环。如今,在一些国家,这个增加的比重反映在巨大的监狱兴建计划以及普遍扩展的监狱系统上。17和19世纪也发生过类似的监禁比重增加,以及巨大的监狱兴建计划这种现象。当时和现在一样,惩罚体制愈来愈以监禁办法为主。

第三,根据相关当局推测,愈来愈有必要对于为数不少的群体采取管理控制。这反映在对于涉及监狱的一些较为严厉的立法以及较长的监禁刑罚的显著增加的依赖,有一些是针对如毒犯的新群体,但有一些则是针对比较一般的群体。如同我们前面所述,有关当局推测出对于规训方面增加的需求,可能也是17和19世纪那些动机中的一个重要因素。至于20世纪晚期,我们现在可以针对上述的这点作简短的讨论。

立法和司法机构可以被视为"焦虑气压计",也就是说,通过这些机构所作的决定,反映出社会的焦虑程度。我们可以这个为出发点,加以讨论。("焦虑气压计"这个名词采自 Box and Hale，1982，1985，但在这里单独使用)。

我们所处的这个时代充满了焦虑不安的迹象，其中有一些和我们日常生活相当接近，因此可以观察出来。比如说，我们在许多西方国家都可以看到政治抗议，移民者与其他群体之间的冲突，或是在几年前被视为相当稳固的社会服务和社会支持系统，现在却停滞了，甚至濒于瓦解。其他的焦虑迹象，则由大众传媒反映出来：例如，暴力的增加(尽管事实上暴力犯罪的成长趋于缓慢，且其中大多数属于最不严重的犯罪)、毒品使用的增加(尽管实际上毒品使用率没有上扬，至少在挪威是如此，而且大量使用毒品的人口仅限于少数，请参见 Hauge，1982；Christie and Bruun，1985)等。倾向将重点放在个人问题上的大众传媒，将这些社会问题的实际情形放大了。上述的实际冲突加上媒体放大的问题，即造成了"正当性危机"，也就是说，民众对于国家解决问题和执行以人民为导向的活动上的努力，或多或少丧失了信心。我认为在正当性危机"之下"，埋伏着经济危机：例如，一些国家在20世纪末持续高攀的失业率，即显示了资本主义的经济停滞。但是对民众来说，真正的危机是从民众对政府解决问题的能力丧失信心开始。

各个西方国家在正当性危机上的程度，可能彼此有相当大的差异。这个危机在英国似乎分布广泛且影响较深(Hall et al.，1978)，在像挪威这样的社会中，这种危机可能相对没有那么广泛，也不是那么严重，因为挪威的民众对政府解决问题的能力比较有信心，但是当地的民众对政府的信心还是会产生一些动摇。

正当性危机反映在立法和司法机构的决策过程上。更精确地说，这些机构将正当性危机视为对于一些人群实施更多新的规训的需要。换句话说，当民众对公共和权威机构开始丧失信心时，这个现象会让立法和司法机构认为，在规训方面有加强的需要。立法和司法机构对一个情况所下的定义，构成如实际冲突和媒体制造的问题等具影响力的外在因素与监狱系统的增长连结。当立法者和法官以这个定义了解该情况后，便对刑罚的实践和发展产生影响(Box and Hale，1982)。

以上的讨论是以社会学为背景来观察刑罚制度的发展，但是监禁办法的迅速发展也呈现了一个价值观的问题。这个问题是：我们是否想要如此快速的增长？我们想要成为一个愈来愈依靠监狱解决冲突的社会吗？这个价值观问题非常重要。

　　第一，这对于监狱中不断增加的囚犯来说相当重要。在任何一个时间，在英国每1000人中有1位囚犯在监狱中，在美国每1000人中有3到4位囚犯在狱中，这些囚犯不但受到了隔离和排斥，还感到被剥夺且视生命毫无意义。

　　第二，这对于政治气候和社会生活来说相当重要。监禁办法的增长，代表传统控制犯罪的方式有了巨大的改变，这表示愈来愈多的人民受到身体方面的压迫。

　　第三，价值观的问题对于较广泛的文化来说相当重要。通过监狱对人施以压迫，会发出一种信号，令人以为暴力是在社会中解决冲突的适当方式。大幅地加强压迫，则会增强这个信号。因此，这对于我们的规范和我们对人类的了解有相当大的影响。

　　这本书的目的就是要以严肃的态度面对这个价值观的问题。此外，我也希望这本书对于调整和逆转当今的主要趋势方面有所贡献，并在降低甚至废除以监禁为解决办法这方面有所付出。

　　如同我所指出，我们可以广泛的经济和社会力量为背景，检视刑罚制度增长的发展顺序以及可能的阶段，可能会有很大的益处：16和17世纪封建社会秩序的崩解、19世纪之前及期间新的生产方式，以及在20世纪晚期因经济因素而引起愈来愈严重的正当性危机。这些力量所引起的冲突和问题，被视为规训问题。但这并不表示监禁机构的发展是事先安排的，或是不可避免的，也不是不可能经由具体和持续的政治行动来改变的。

　　本人在此的贡献是微小的：这其中包含了许多论点。在以下的章节中，我会针对提倡以监禁为解决方式的人士通常所采用的论点，进行详细的讨论。我会以各种实验证据和理论来反驳这些论点，并且对于每一个论点提出这个问题：监狱在这些论点上，是否真的站得住脚？

　　在讨论各种赞成运用监狱的论点且用理论和证据反驳这些论点时，我并没有采用特别创新的办法。除了使用我自己的研究以外，我也会仰赖他人的研究文献。但是到目前为止，许多有关这些问题的讨论，分散地收录于犯罪学和社会学的文献中，因为它们过于分散，所以无法对政策有任何影响，仅被犯罪学家或社会学家半掩半盖地隐藏着。我的工作即是将这些分散的讨论收集起来，并且以集中和系统化的方式,针对我们社会以监禁作为惩罚模式进行评估。

在进行这个工作和评估时,我作了一个假设。该假设就是:在我们的社会中,沟通化的理性可能引起政治效应,且该理性仍然可能存在于政治领域。所谓的"理性"在此指具有理性和说服力的论点,而不是仅为达到目的的有效方法。

当然,许多社会学和犯罪学的理论反对如此假设。但最重要的是,我们所知道的现代社会沟通体系也反对如此假设。我们社会的政治决策过程与"研讨会"的过程相差甚远。

但是,我还是作了这个假设,并且认为我们不能让它消失或不去尝试它。此外,我深信政治实践与论证息息相关。我对刑罚政策领域中沟通化理性的坚信,可能是因为在我个人居住和工作的社会中,论证还是会受到重视。这是一个位于欧洲边缘的很小的社会,如果论证在如此的一个小社会比在西方的大国家受到更多的重视,或许这些大国家能够借由这本书向这些小国家学习。

惩罚的目的以及本书的结构

自古以来,有许多不同的论点都被用来支持监狱的存在。更严重的是,这些论点一般来说大多不仅限于监狱上,而更被用于所有的国家管理惩罚系统,其中有许多论点被用来作为支持惩罚目的的主张。

这些对于惩罚和监狱的主张,可能会使"对于更多新的规训需求"变得合理化并且具有某些意识形态。在这本书中,我们会严肃地正视有关惩罚目的的主张,并以实验证据及具有良好根底的理论,有系统地反驳这些主张。

在传统的刑罚理论中,惩罚的目的通常被分成两大类:社会防卫和报应。根据社会防卫理论,惩罚本身并不存有任何价值,它唯一的价值是作为保护社会抵抗犯罪的方法。更精确地说,有关社会防卫的理论可能各有很大的不同,但它们都是以对抗犯罪为共同目标。在这个观点下,惩罚仅在与社会防卫目标相关时才有价值,这些理论也因而被称为"相对性"刑罚理论。

社会防卫的刑罚理论通常分成两个部分:个人预防理论和一般预防理论。就"个人预防"而言,我们是指预防已经被惩罚的人再次犯下新的罪行。就"一般预防"而言,我们是指预防尚未被惩罚的人,或至少在当下尚未被惩罚的人犯下罪行。个人预防应当可借由使犯罪者改进、威慑或剥夺犯罪能力而达成，我们之后会再讨论到这些概念。一般预防则是借由对他人施予惩罚，引起威慑、教育或习惯形成的效应，进而达到预防的效果。

就报应理论而言，"惩罚的目的是首先要满足正义的需求"（Andenæs，1974：72，由本书作者译自挪威文），预防的效能则是次要的。安德内斯指出（1974：72）："康德（Kant）对此有着最为经典的阐述，根据他所说，正义必须为其本身而维持，因为'如果没有了正义，人类的存在就不再具有任何价值'。"一致性的报应理论能够让我们知道哪些行为必须受到惩罚，以及要给多严重的惩罚才能达到正义的标准。在这个观点下，惩罚本身即有其价值，报应理论也因而被称为"绝对性"刑罚理论。

报应理论和社会防卫理论一样，通常也分成两个部分：一方面，犯罪与惩罚之间的比例可建立于"外在的伤害和惩罚程度之间"（Andenæs，1974：73）。在这里，报复的原则是以"以眼还眼，以牙还牙"为重心。另一方面，道德上的内疚比外在且随机造成的伤害来得重要。"在这种情况下，惩罚可被视为较为周全的道德原则的反映，这也就是说我们都会得到应得的报应"（Andenæs，1974：73）。这里是以"种瓜得瓜，种豆得豆"为原则，也就是以归责原则为重心。

如前所述，我们将在这本书中，以这些有关惩罚目的的基本主张为出发点。由于本书主要针对的是监狱，我们会特别讨论到以监狱作为惩罚这方面。但是我们也必须讨论上述这些惩罚目的的主张，因为一般来说，它们与惩罚有关。

如同前面所述，社会防卫中的一个部分是以个人预防为出发点：即预防已经被惩罚的人再次犯下新的罪行。个人预防应当可借由使犯罪者改进、威慑和剥夺犯罪能力而达成。我们将在第2章针对个人预防的第一个方面，也就是犯罪者的改进，作更进一步讨论，并用"改造"或"再社会化"这些词汇来表示这个假设的过程。此外，我们也将针对一些论及监狱是否具有改造功能的历史及当代文献进行讨论。

在讨论了个人预防的改造方面之后，接下来原本应该就个人威慑和剥夺犯罪能力这两个方面作讨论，并以此作为个人预防的结论。但是我们并没有依照这个顺序。这主要是因为，通过改造而达到个人预

第1章 监狱：它是否站得住脚？

防的理论受到了严厉的批评，并在第二次世界大战后的几十年内被逐渐舍弃。改造的理论变得微弱以后，以一般预防为重点的社会防卫理论开始受到重视。因此，我们会在第3章讨论一般预防理论。这个理论以对他人的威慑、道德教育及习惯改变为重心，并假设惩罚所引发的启示能传递给社会中更多的人口。因此，除了用其他的方式以外，我们也会以现代沟通理论的一些方面讨论一般预防，但是其他有关一般预防的问题也会被列入讨论中。

我们会在第4章回到个人预防，针对与剥夺犯罪能力和威慑相关的问题和文献，完成有关这部分的讨论。在一般预防理论受到了辩论和批评之后，个人预防的这些方面便受到了极大的重视。我们将审视有助说明透过监禁剥夺罪犯犯罪能力的实证研究和相关的理论性讨论，以及有关监狱对被监禁者的威慑效应问题的研究和资料。

这个有关剥夺个人犯罪能力和威慑的第4章节，结束以监禁作为社会防卫的讨论。第5章，我们会讨论强调以监狱作为公正的报应的理论，并审视许多具体的问题，比如说受刑人对监禁刑罚的主观经验的问题。

因此，我们将从第2章到第5章讨论惩罚目的的重大主张，其中特别包括监狱的运用，并在讨论时提出这些问题：这些主张是正确的吗？监狱在这些论点上是否真的站得住脚？答案很明显，是否定的。监狱是彻底失败的，并且无法在任何刑罚理论所提倡的目的中站得住脚。

最后，我们将在第6章讨论如何面对监狱系统失败的问题，并以此作为本书的结论。

第 2 章 改 造

词汇的来源

"改造"(rehabilitation)这个词汇经常用于监狱的领域,我们经常说,监狱里的时间应该用在改造上。简略地审视这个词汇的来源,或许对我们会有些帮助。

"改造"(rehabilitation)这个词是由法文和拉丁文组合而成。法文的 re 表示"回复"或"恢复"(return or repetition)的意思,而拉丁文 habilis 则表示"具有能力"(competent)。因此,"改造"(rehabilitation)原本表示"回复原本具有的能力"。现在这个词在基本上表示恢复正常功能的过程。我们如果在词典里查询改造(rehabilitation)这个词,可以找到许多不同的含义。例如,恢复或回复之前的尊严或权利、修复名誉,等等。我们可从日常所用的言语中了解这些含义。老旧的房子被改造,以恢复他们原本古老和庄严的面貌。对于还在世的政治人物而言,改造则指恢复他们之前的尊严和权利。但是,如果政治人物已逝,改造则表示恢复其先前的荣誉地位,这也是较为普遍的情况。

对于受刑人而言,改造具有什么含义呢?其含义是与受刑人切身相关的。受刑人恢复到以前的状况,尤其是在犯罪之前的状况,并且应当恢复其犯罪之前的尊严、权利和名誉。

但是房子和政治人物的改造与受刑人的改造有两个主要的不同:

第一,老旧的房子随着时间的流逝,受到损坏而需要改造,房子本身并没有责任问题,只需经过修补,即可恢复到其原本的状态。政治人物的改造则表示他原本应该负责政治上或社会上的不名誉,但在经过政治上或社会大众的认可后,不再对他轻视,并恢复他的名誉。但是,受刑人的改造并不表示他外在的损害会在之后被修复,也不表示由他自己所造成的不名誉会在之后被更改。然而,受刑人的改造,是指他们对自己所造成的损害或不名誉,是在他们接受"改造"期间,对于自己所造成的真正的损害或不名誉完全负责才能解决,而这种过程也可能发生在"改造"之后。这个基本的不同显示,我们不但没有对于我们强调的这个"犯罪是受到或部分受到复杂的社会力量环境对个人的冲击所产生的影响"意识形态进行认真思考,反而对强调"受刑人本身必须对其偏差行为负责"这个矛盾的意识形态相当认真,因此使得受刑人"恢复原本具有的能力"相当特殊,并且与实物和政治人物在恢复其能力方面有很大的不同。

第二,房子和政治人物的改造是经由相关当局意愿,并在通过一些行动或一个决定即可实行。但是受刑人则不同,他们无法经由相关当局的意愿、一些行动或是一个决定而获得改造。但可以确定的是,假使受刑人恢复到我们认为可以接受的社会生活,我们很快就将这个成果归功于有关当局所成立的体制或计划。但是基本上(或许尤其是当受刑人没有恢复到可被接受的社会生活时),受刑人本身必须对结果负责。我们认为在改造过程中,受刑人应该为达到良好的结果承担基本的责任,甚至于全部的责任。

因此,受刑人必须承担两种责任:一方面对自己所造成的损害和不名誉负责,另一方面对"恢复原本具有的能力"负责。

上述的两个不同点是彼此相互关联的。由于这个与受刑人相关的损害和不名誉的问题被视为受刑人应该自己负责,所以主要不是由相关当局采取行动或决定受刑人恢复原本具有的能力,而是应该由受刑人自己负责。

依据这个背景,我们便能够了解,为何所有我们知道的社会当局都有系统地避免成立一套为受刑人恢复社会提供足够的资源的体系,或是避免成立一套象征恢复受刑人尊严、权利和名誉的机制。

其实,我们原本是可以这么做的。将主要的资源分配在受刑人恢复社会方面,是可行的。我们也能够在释放受刑人时举行一个重大的仪式,正式地向受刑人和与其相关的人表示监禁已经结束,该受刑人的不名誉已经消除,且其尊严和名誉都已恢复。但是我们几乎将所有的资源都分配到监狱或是监狱兴建上。至于仪式方面,我们通常只在受刑人入监狱时举行,这些仪式不但正式而且夸大地强化了对受刑人的羞辱,更剥夺了他的尊严和名誉。

这个意识形态的起源

我们已经稍微讨论了"改造"(rehabilitation)这个词的来源,而这个恢复受刑人原本具有的"能力"的改造的概念,可能构成了某种意识形态。简略地说,我将"意识形态"定义为一种一致性的信念系统,而这种信念系统为我们的行动增添了意义和正当性。人们往往在意识形态实践的方面,有程度上的差别。但是,当意识形态没有付诸实行时,便可能掩盖真相的面貌:它为人们的行动添加意义和正当性,但人们不需要如所做的陈述去付诸实施。

这个在监狱改造的意识形态,是一个认为监狱中的活动是以受刑人"恢复原本具有的能力"为目标的意识形态,而这个意识形态和监狱本身一样老旧。自有监狱以来,"时间"便成为其核心要素:人会被关在监狱里一段时间,而这段时间则被看成可以用来达到改造的目的。

让我们更仔细地来看以监狱作为改造这个意识形态的起源。我们发现,早在17世纪——在真正现代的监狱出现以前——这个意识形态就在刑罚机构的第一个阶段形成(请参见第1章)。米歇尔·福柯如此描述法国的监禁机构:法国的"医院(Hôpital)并不是一个为那些因为年老、体弱或是疾病而无法工作的人们所提供的避难所,它不但像是一个强迫劳动集中营,也是一个负责惩罚的道德机构……改正一些无法仅以忏悔来修正的某些道德'问题'"(Foucault, 1967:59)。这不但赋予医院一个特别的道德地位,也因而使总医院(Hôpital Général)的负责人具有相当广泛的自由裁量权和各种压迫的手段,其中不乏"以立柱捆绑受刑人、镣铐、监狱和地牢"(取自于总医院规章条例,福柯引述于1967:59),这些手段与我们现今所熟悉的改造相距甚远。但是尽管如此,这还是有关"恢复原本具有的能力",也就是"改正某种道德问题"的改造问题。劳动也是根据这个观点而开始的,但是它的确也是一种生产和收入的方式:"……就是依据这样的背景,强迫人们工作得到了伦理和道德方面的意义……能够和愿意工作的囚犯就得以被释放,并不是因为他再度有益于社会,而是因为他再次加入人类的伦理协议"(Foucault, 1967:59—60)。

这时的改造意识形态,似乎特别重视对于青年人的处遇。在巴黎总医院,有一个在1684年通过的法令,特别针对25岁以下的青年男女。该法令强调一天内大部分的时间应该工作,其他的时间则应该"阅读虔诚的书籍"(Foucault, 1967:60)。很明显,福柯所引述的法令的细节显示工作和阅读被视为道德重建的一部分。阿姆斯特丹的教养院也有类似的意识形态。该教养院成立6年后,也就是在1602年,一份国家文件中提到"这个教养院接收并营救了误入歧途且走向绞刑的青年,让他们敬畏着神而诚实劳动"(Sellin, 1944:4 1)。

位于欧洲边缘的国家也有改造的意识形态存在,挪威即是其中之一。挪威的监狱历史比欧洲大陆晚100年,并且在1735年到1790年期间兴建了四间改正所(tukthus)。历史学家克叶德·布格(Kjeld Bugge)针对改正所的发展及挪威北部所谓的奴隶制度作了极为详细的研究,并在研究中指出,这些改正所与挪威北部奴隶制度不同的地方,在于改正所被视为"教育机构"。这个目的在改正所的成立文件和各种法令中都有提到。如今,这个值得称许的目的发展出一种婉转的说法:改正所是"慈善基金会",而被监禁者则是"被救济的穷人"。布格如此描述这些机构的目的:

>……这些被救济的穷人需要被教育,如此他们才能够在经过一段有限或无限的时间后被释放,也能在释放后有能力养活自己,并且租赁农场或房屋。男子们会学到一项技能,并且得到该技能的证书。女子们则学习纺织、编织和管家,如此她们便能够被"正派人家"雇用,或是结婚。如果是结婚,她们还可以获得嫁妆(Bugge, 1969:127,由本书作者译自挪威文)。

很遗憾的是,作者并没有找到任何有关被救济的穷人得到任何嫁妆的实例。

挪威当局或许也特别重视年轻人。有此一说,有一位男子在1756年被判了6个月的刑期,因为他"为了与当地的女子纵欲"而到山区的夏日农场。这个惩罚是为了"给那些在夏日农场做出不敬畏神且淫荡行为的男子们"一个警告。一位监察长在1777年的说明中指出,青少年和初犯被判刑,"主要是为了将他们带往更美好的生活方式,让他们有纪律和敬畏的态度"(取自原始文件,Bugge, 1969:127—8)。

简而言之,虽然17世纪的旧式监禁所的用意,广泛来说为强迫劳动(请参见第1章),却也包括了改造的意识形态。这个意识形态能够增长,是因为刑罚这时加入了时间因素。

接下来,让我们更深入地讨论改造意识形态的内容。

改造意识形态的内容

历史的观点,可以让我们对事物的内容有更深入和更精确的了解。将改造意识形态早期的发展和目前的内容作比较,具有重要意义。

为了作这个比较,我选择对阿姆斯特丹早期的教养院进行较深入的探讨。以下是几个选择这个教养院的原因:

第一,这个设立于1596年的教养院是一个相当早期的教养院,早于其他主要在17世纪发展的教养院。

第二,该教养院的很多方面都被视为欧洲后来的监禁机构的模范。

第三,有关这个教养院的文献特别丰富,并且在美国犯罪学家索尔斯坦·塞林(Thorsten Sellin)仔细研究中,统整得相当完整(Sellin,1944)。因此,我会将重点放在阿姆斯特丹的教养院,但其中也会加入一些与现今监狱作比较的评论。总的来说,我将评估17世纪到目前的整个发展。

这个章节包含两个重点:

第一,自17世纪以来,改造意识形态的主要组成要素没有太大的变化。从很大程度上来说,目前的改造概念与开始启用监狱的时候基本相同。

第二,改造事实上被尝试过,但是并没有达到预期的效果,在改造的实践上——即"恢复原本具有的能力"——则完全没有成功。

我将在以下和本章节的结论部分,试着解释为什么有关改造的意识形态的主要组成要素没有改变,以及改造的实践为何没有达到预期的效果。

早期的阿姆斯特丹教养院所持的改造意识形态,具有和我们目前类似的主要组成要素,其中包括四大项目:工作、学校教育、道德感化和规训。

工作

阿姆斯特丹的教养院并不算是欧洲的监禁机构里最大的机构,其中原本有 9 间囚室,后来变成 8 间。这些囚室被当作工作房,也用作寝室。每间囚室都从庭院经过厚重的门进入,地面是用木板或是灰浆铺成,床上均有床垫、粗糙的亚麻套子填满了稻草制成的靠枕和羽毛枕(Sellin, 1944:35)。换句话来说,这里所使用的材料是高规格的。或许几个囚犯同用一张床,但是这在当时阿姆斯特丹的下层阶级来说,是极为普遍的情况。

一般人得经过两道门才能进入教养院,这两道门之间还有一个小庭院。门口的装饰象征着院里所进行的工作,第一个门口饰有一个浮雕,浮雕上显示一个人正驾驭着一群狮子和老虎,拉动着一辆装满了圆木的推车。这个人应该是代表教养院的看守人,而圆木则象征教养院的主要产业。第二个门口有一幅画,画中有两个半裸的囚犯正在锉磨洋苏木。另外还有一个圆形浮雕,描绘着一个人正在织布机前面织布(Sellin, 1944:31—3)。但是,锉木工是比较重要的,因为过了一段时间之后,教养院的主要产业成为锉磨一种来自巴西的洋苏木,锉出的木粉则用来做染料。教养院垄断了锉木业,而其粗重的活儿,则是由许多成对的囚犯用多刀身的锯子完成的。

详细的工作意识形态随着教养院的成立和发展而形成,教养院的目的"不能只是严厉的惩罚,还必须包括改进(beteringe)和导正那些尚未了解教养院对其具有实用价值而试图逃避的人们"。这是引述简·斯匹格(Jan Laurenszoon Spiegel)在教养院成立之初所撰写的备忘录(*Bedenking op de grondvesten vant tuichthuis*)(取自 Sellin, 1944:27)。斯匹格是阿姆斯特丹一位极具影响力的公民,他在 1589 年写下这个非常重视改造的备忘录。然而,比他早 20 多年,也就是在 1567 年,监狱改革者科尔后德(Dirck Volckertzoon Cornhert)就写过一篇有关压迫游民的文章,该文章标题为"矫正流氓——减少具伤害性的游民的方法"(*Boeventucht, ofte middelen tot mindering der schadelycke ledighgangers*)。科尔后德早期的文章非常重视经济,他强烈批评当时处理游民的方式,并强调应该让他们在苦役船上工作、参与公共工程项目或是到教养院工作。他认为,既然连毫无技术的西班牙奴隶都值 100 到 200 荷兰盾,让这些大多具有技术的荷兰游民活着,还是比死去有价值。因此,如果这些游民犯了罪,应当让他们工作,如此才会对国家有利益。但是简·斯匹格在 1589 年所写的备忘录,语气比科尔后德温和,并且比较与教养院具体的计划相关。该备忘录强调,教养院处遇的目的在于使囚犯变得"健康、饮食有节制、习惯劳动、怀着持有好工作的渴望、具备自力更生的能力以及持有敬畏神的态度"(Sellin 1944:27)。达到这个目标有许多重要的方法,其中一个便是运用各种不同工作的计划。斯匹格"提出一个具有多样产业机构的设想,且特别提到制鞋、生产皮夹、手套和袋子、纺织品(如衣领、斗篷……等的镶边)、绒布、毛织品、亚麻布和挂毯的编织和针织等等。他也列出木制品、竹藤和芦苇编织品以及骨制品。此外,还有木桶、椅子和轮子的制造,以及细木家具、木雕、石料切割或石雕、木工、锯木、锁工、铁工、吹制玻璃以及编织篮子等等"(Sellin,1944:28)。这些职业的种类原本应该反映该城市的主要产业,而只有最顽固的囚犯才会被送去做锉木工作。这种由当局以自满的态度所启动的多样化工作计划构思,在监狱历史上并非最后一次,于1958年拟定挪威监狱法案的挪威监狱改革委员会,在1956年就曾经如此提到工作:

> 我们应当尽最大的努力,使得监禁机构的工作计划与外界的工作条件类似,工作的条件和环境应激励囚犯的工作习惯和兴趣……如前所述,在为囚犯选择工作型态时,必须顾及其意愿和兴趣,并且需考虑到他的能力和技能。在进行工作配置时,也必须特别考量囚犯被释放后找工作的可能性……对于年轻或是刑期长的囚犯,应该因情况不同尽量给予系统化的工作培训计划……除了各种工艺以外,也应该让他们懂得机械化的工业性工作(Komiteen,1956:91—2,由本书作者译自挪威文)。

斯匹格所提出的多样性工作计划,在16世纪后期发生了怎样的变化呢?这个构思在一开始受到了热烈欢迎(Sellin,1944:29),但是后来并没有任何显著发展(Sellin,1944:59)。此外,原本被规划为惩罚用的锉木产业,却变成了主要的产业。这是为什么呢?主要是因为这个产业有利可图,且教养院必须自力更生。此外,囚犯的人数太少,且具有技能知识的员工也很有限(Sellin,1944:59)。但是,我们可以从一开始尝试的编织业后来被锉木业代替的这个情况推论出,最主要的原因还是收益,因为锉木这个产业在战争和经济竞争中存活了下来(Sellin,1944:53)。

斯匹格的计划被保留下来的是实际的工资制度,这在那时候算是先进的,但是大部分都属账面交易,因为囚犯也必须付"生活费用"(Sellin,1944:58)。

挪威监狱改革委员会在1956年所提出的引以为傲的构思,也面临了类似的遭遇。监狱的工作计划,并没有"与外界的工作条件类似"。一些现代的挪威监狱的确介绍了机械化的工业性工作,但是从来没有评估过这种工业性工作是否适合监狱人口。许多监狱,特别是老旧的监狱,给予囚犯的工作大多毫无意义(如,将广告传单装入信封,或是折叠烟草盒子),有的囚犯甚至没有工作。15%的囚犯没有任何工作,也没有工资制度,仅有一个给予微薄零用金的制度。

最后保留下来是:依照规定囚犯有工作的义务。

学校

工作计划并不是阿姆斯特丹锉木教养院的改造意识形态中唯一的组成要素,另一个重要的组成要素是学校教育意识形态。

教养院里有许多年轻的囚犯,因此教养院在成立之初,便设立了学校,教导这些囚犯阅读和写字。上课的时段在冬季,每天从"天开始变暗"到晚上7点,周日则外加上午6点到8点(取自Sellin,1944:61)。小教堂就用来当教室,并且在一开始就聘用了一位男教员。然而,给予囚犯这些教导的主要原因,可能在于他们如果不识字,就无法好好地接受教育(Sellin,1944:62)。

但这并非监狱最后一次尝试学校教育,挪威青少年监狱的负责人在1971年指出"奥斯陆教育处大力支助综合教育计划,这表示一场教育革命正在奥斯陆的监禁机构中默默地进行,这是一个经过长久规划的计划……"(Bødal,1971,由本书作者译自挪威文)。在同年不久后的一个会议上,该负责人以"展开了新的一页"来描述当时的监狱与教育单位合作的情形,但是他忽略了,事实上这一页早在17世纪早期就展开了。20世纪70年代和80年代期间,挪威的监狱引进了教育活动。1970—1971年间,这个教育体系能够接受20名学生(每周的上课时间至少20小时),到了1983—1984年间,可接受的人数增加到453人,稍微超过监狱总人口数的20%(Langelid,1986)。换句话说,这个体系无法接受将近80%的监狱人口。

这个教育计划的实施情况又是如何呢？荷兰历史学家达帕（Olfert Dapper）在1663年的一份历史文献中描述阿姆斯特丹教养院（tuichthuis）所使用的教学书籍，包括"耶稣使徒陶冶情操的书信、所罗门箴言和其他类似的书籍"（取自Sellin，1944：62），而这些书籍是特别为教养院印制的。原则上，这种教育应该与认真劳动相配合，但是这也导致安全考量和教育之间的矛盾。于是，在这样的冲突下，教育失去了它的地位。过了一段时间后，传教士或导师就不存在了，而他们的工作则由工作监督者代替。但是，后来连这些工作监督者也在施教方面遇到了困难。达帕在1663年发现，再也没有任何锉木工参与这项教育活动，"理由是让一位工作监督者单独和一群没有纪律的狂暴之徒在一起，是相当危险的事。接受教诲的人可在他们的牢房内阅读，如果他们不识字，就请其他识字的人大声读给他们听"（取自Sellin，1944：62）。到了17世纪末期，这种学校教育已经完全消失。塞林认为这可能与社区内宗教教育的改进，以及青少年囚犯被移至其他的机构有关。但是，在监禁机构中，文盲所占的比例仍然很高。此外，以达帕这些学者的描述来看，安全性的考量可能还是比较重要的因素。

然而，这并不是最后一次学校教育在与监狱安全性的搏弈中失败。两位挪威教育学者斯卡尔维克（Skaalvik）和斯滕比（Stenby）（请参见Langelid，1986）在1981年的文献中指出，每当有关监狱和教育利益两方发生冲突时，顾及教育利益的一方通常都会失败：

> 学校教育近来已开始进入已成立的监禁机构，如同预料的，这须按照已成立的监禁机构所制定的条款。有些条款因为监狱的关系不能忽视，另一些条款的成立来自不必要的常规和传统。监狱的一些常规和传统防止囚犯参加教育课程，另一些常规和传统则阻碍教育课程的实施。我们一再发现，当教育利益和监狱利益发生冲突时，学校教育这一方总是失败（Skaalvik and Stenby，1981：380，由本书作者译自挪威文）。

由于对于教育有兴趣的囚犯将规律接受教育看成他们在监狱生活中正面的活动，而且可能是唯一的正面活动，上述问题即显得相当严重。挪威研究学者兰格利德（Langelid）在一个仔细探讨监狱教育的研究中，列出了教师们强调的问题：将囚犯移至其他的监狱时不顾及因犯的教育课程、将囚犯移至监狱内的其他监区，可能造成课程中断、惩戒措施也会造成囚犯短期或长期中断课程、课程中的监狱外活动很难或是根本不可能实施、审判前的长期拘留使得课程计划困难、狭小且不合适的教室空间也会阻碍课程的进行以及许多教师感到和监狱合作是一件困难的事。

简而言之，监狱的安全性是"首要条件"（Langelid，1986：7），无论现今或是400年前都是如此。

道德感化

除了工作计划和教育课程以外，旧时代阿姆斯特丹的改造意识形态的第三个组成要素为：道德感化意识形态。在教养院里的时间是用于道德的重建，在旧时代的阿姆斯特丹，这个过程会特别通过宗教活动来进行。那时的教养院（*tuichthuis*）在荷兰语也称作 *godshuis*。"显然"，塞林评论说："各种努力都是为了赋予规训一种强烈的宗教意识，以使囚犯成为敬畏上帝的人（Sellin，1944：63）。"囚犯必须在早晨、傍晚和每餐前后祈祷，每周日和宗教节日，除了下午的礼拜以外，也会举行布道。根据达帕于1663年的记载，在礼拜进行时，工作监督者"对这些年轻人朗读、演说和授予教义，并且像是在公共的加尔文教堂一般地唱圣歌"（取自Sellin，1944：63），而工作监督者的活动也因而变得广泛。但是，值得注意的是，在不久后成为监狱主要人口的锉木工人，也被拒绝加入布道和礼拜活动（Sellin，1944：63），就像他们被拒绝加入学校课程一般（请参见上述），如同之前所引述的，他们被看成"一群没有纪律的狂暴之徒"。虽然我们无法从这些文献上直接读到，但还是可以看得出来，道德感化的计划与多样性工作计划及教育课程的情况一样。当它们与一些较为基本的利益发生冲突时，尤其是在与监狱安全性利益方面有冲突时，至少会失去一些地位。

对于道德感化的尝试，也并非仅限于过去。在1970年挪威国会的预算辩论中，一位主要发言人在提到监狱时，作出如下的声明："最后……我对于乌勒斯木（Ullersmo）中央监狱终能得到经费来兴建教堂这件事，深表欣慰……"教堂礼拜在1980年代也是被视为相当重要的，但是当今对于道德感化的概念可能已经有些改变，且变得更加普遍化：即一般来说，受刑人应该在道德方面受到良好的"感化"。在20

世纪60年代和70年代,这种良好的道德感化是通过"处遇"进行的。

规训

我们讨论了旧时代教养院的改造意识形态中的三个概念:多样性劳动、广泛的学校教育和道德感化。这三个概念的理想都和现实脱了节。改造意识形态的第四个组成要素为"规训"这个概念,这个要素和其他三个要素不同的地方,在于它似乎大多能够在实际的运作上持久地实施。但是这个要素在实施后,是否会产生"恢复原本具有的能力"的改造效果,又是另一回事。

在教养院(*tuichthuis*)的生活完全是秩序和服从。在莱顿(Leiden)的档案中,有一份为教养院提出一套条规的提议。这些提议的条规指出明显的改造目标,拟定者提出这些条规,主要是希望囚犯们"即使在被释放后也不会偏离曾被引导而走上的善良之路"(取自Sellin,1944:64)。根据塞林指出(1944:64),这份文件被辗转传递给几个当局机构,最后传至塞巴斯蒂安(Sebastian Egbertszoon)博士,该博士在1595年11月21日呈递了一份"教养院规训方式与形式之计划方案"(*Ontwerp vande wyse ende forme des tuchts in den tuchthuyse*)。塞巴斯蒂安博士的计划也以改造为最高目标,他认为教养院的目标,应是教导所有的人"基督教和社会的美德"(取自Sellin,1944:64)。依他所言,处遇必须包括对于善恶之分的教导,并且鼓励囚犯向善。然而,塞巴斯蒂安博士不仅提出这些基本的方针,也详细列出了一些具体的规定,以及针对各种违反规定所使用的惩罚(Sellin 1944:65):

1. 制造争端、说谎:只给面包和水,1天。
2. 诅咒、骂粗话、拒绝学习或向正在接受惩罚的囚犯提供食物或水:只给面包和水,3天。
3. 轻微的不服从:只给面包和水,8天。
4. 企图打架、蓄意破坏诸如衣物或家具等财产、拒绝工作(初犯):只给面包和水,14天。
5. 打架并造成伤害:只给面包和水,两个月。
6. 较严重的不服从,加上粗话:在地牢监禁1个月,只给面包和水。
7. 拒绝工作(再犯):鞭打并且在地牢监禁1个月,只给面包和水。

8. 不服从,并且有暴力行为:鞭打并且在地牢监禁 6 个月,只给面包和水。

9. 企图越狱或逃跑:鞭打并且用铁链在地牢里监禁 6 个月。

10. 做出与第 9 项相同的行为,并且加上暴力行为:受到与第 9 项相同的惩罚,但期限加 1 倍。

11. 协助越狱:受到与第 10 项相同的惩罚。

12. 独自越狱:刑期加 1 倍。

13. 拒绝工作(三犯):囚犯重返法庭接受惩罚。

(注:上述的各种惩罚都无法为囚犯免除劳役。)

到了 1603 年,教养院采取了具体的条规,而这些显然是受到了塞巴斯蒂安所提的规定的影响,举例如下(Sellin, 1944:66):

1. 任何"滥用上帝之名来诅咒、谩骂",说或唱不道德或是猥亵的字语,或是使用窃贼所用的黑话的人将受到惩罚。

2. 只能唱或读教养院管理者所指定的书籍、信件或歌谣,这类物品必须经过监督者(也就是老师)翻阅检查,而违反这项规定即受到三周没有肉类配给的惩罚。

3. 以不当的字眼称呼他人,尤其是对官员们。初犯将受到丧失半天粮食配给的惩罚。

4. 囚犯不得拥有刀子、尖锐的工具、点火设备或烟草。禁止吸烟。织布工用的剪刀必须留在织布机旁。

5. 禁止打赌、赌博或是交易。这其中如果牵涉到物品,监督者可以将其没收并据为己有,但如果涉及金钱……则必须将其没收,并收藏在用来收访客费和其他捐献所用的"盒子"里。

6. 纺织工不可离开他们的织布机、在工厂里四处乱跑或制造噪音,也不可向访客乞讨礼物。

7. 最后,任何人没有做好当天的任务,就要被惩罚,并且要"重新做好"没有做好的工作。

塞巴斯蒂安博士所提出的第 13 项规定和上述第 7 项规定,都指出显示对于劳动的重视。

除了上述的规定外,还有一些较轻的惩戒措施,当然也有一些更严厉的惩罚方式。例如,按照塞巴斯蒂安博士的建议,拒绝工作的囚犯会被关在"地牢",并且只给面包和水。对于拒绝工作的人,还有一些更为严厉的惩罚方法,例如,在1618年11月13日,20名囚犯因为拒绝工作而受到鞭打。当时就像我们现在一样,将集体监狱罢工看成非常严重的事。那时当然还有其他相当严厉的惩罚方法,"水牢"就是一个例子。在水牢里,不守规训的囚犯必须不断地抽水,以免自己被淹死。

旧时代的阿姆斯特丹的惩罚方式与现今监狱的惩罚方式有什么不同呢?现在我们不再鞭打人,也不再以只给面包和水作为惩罚方式,至少在斯堪的那维亚诸国的监狱不再这么做。现在没有"水牢",也允许诅咒和谩骂,但是许多监狱工作人员相当关注监狱里流行的黑话所反映的监狱次文化。虽然有这些差异,塞巴斯蒂安博士在1595年的提议与后来17世纪早期的条规,以及当今监狱的条规、规定和对于规训的尝试,都有一个相当大的共同点。虽然我说过现在没有"水牢",但是我们现在有地牢——这些地牢是在监狱最底层且空无一物的独居房,而且这种地牢在欧洲和世界各地相当普遍。我们已经详述了一些依照违反规定的程度而提升惩戒的规定。当今的监狱长在控制问题和采用办法方面,可能采用了一些塞巴斯蒂安博士的提议和1603年的条规内容。当然,他们可能需要使用不同的说法。最重要的是,不论在细节方面的差别如何,他们在基本上的态度大多相同。然而,那时和现在一样,许多具体的条规相当笼统,以致监狱权力当局和工作人员对于受刑人具有相当大的自由裁量权。

针对过去和现在所作的结论

现在让我提出一些结论,我将强调三个主要的重点。

主要的组成要素仍未改变

我们在以上的报告中涵盖了将近4个世纪,大约从17世纪到21世纪。我们曾在第1章指出,这期间也发生了许多重要的事情,其中包括在19世纪前后第二度监狱兴建激增的整个发展过程。

然而,事实证明改造意识形态的主要的组成要素一直没有太大的变化。工作、学校教育、道德感化和规训是这几个世纪的基本思想支柱。

诚然，这四个要素在不同的时空，所受到重视各有不同。很明显，在17世纪初期对于这四个要素都相当重视，至少在荷兰是如此。然而，在18世纪末期和19世纪早期，欧洲新成立的费城式监狱（European Philadelphia prisons）比较重视道德感化和规训这两个部分，而对工作和学校教育则比较没有那么重视，至少在斯堪的那维亚诸国是如此。但是，那时在北美的奥本监狱（Auburn prisons）还是相当重视工作。如今，我们比较重视的主要是规训，再来可能是学校，但是对工作和道德感化则比较不重视。我们至少可在斯堪的那维亚诸国看到工作这个部分不受到重视：虽然在20世纪50年代和60年代的监狱计划中，工作这个部分受到了热烈的反应（尤其是以瑞典为模范的大型工业化监狱），但是这种热潮到1990年已渐消退，即使工作还是被视为一件"好事情"。道德感化这个要素的消退则是全球性的，这与1970年代和1980年代的所谓"处遇观念"衰退有关。处遇观念在20世纪50年代和60年代曾经是道德感化最重要的具体成分。这个观念之所以会从监狱的主要基本意识形态退位，有以下两个原因：

第一，在20世纪60年代和70年代，一些社会学家的理论文献支持了一个观点，那就是"以处遇为名"的监禁实际上意味着较长的监禁时期，而且因犯受到的法律保障比一般的监禁刑罚更低。在"以处遇为名"的情况下，留在监禁机构的时间无法确定，而且可能被拖得更长（有关挪威在这方面的早期评论，请参见Christie, 1962）。

第二，也是非常重要的一点，许多在同一个时期进行的实证研究指出，无论是哪一种形式的处遇方案，即使是相当密集的方案，所得到的结果大多不是很好。即使用极为可靠的研究方法，并小心使用控制组，其结果还是差不多。我们以后会再讨论这些研究。根据理论性的文献显示，处遇概念的尝试，实际上使得监禁期变得更长且更不明确。然而，仅靠这些理论性的文献是无法影响政治决策者的，但是如果加上具有实证的研究，并显示这些处遇方案并没有达到"恢复原本具有的能力"的时候，这些理论就显得重要：这些实证所显示的处遇失败与监狱系统所依赖的概念——也是该系统向民众宣传的概念——直接抵触。

随着处遇观念的失势，以其为基础的一些"特别惩罚"也跟着失败。在挪威，少年犯感化院或是少年监狱系统，以及对于酗酒的轻微罪犯施以强制劳动的特别体系,都在20世纪70年代废除了。其他的国家也在同一个时期有类似的废除行动。当通过工作而达到改造的观念也站不住脚的时候(至少在斯堪的那维亚诸国是这样的情况),监狱系统就会以传统的规训为其主要意识形态的基础,并以重视利用在监狱的多余时间来提升狱中受刑人基本教育为辅助(至少在斯堪的那维亚诸国是如此)。

其中最重要的一点在于,尽管有这些差异,有关监狱系统的论点还是不会脱离上述四个组成要素的框架。这也就是说,有关监狱系统的构思一直局限于工作、学校教育、广义的道德感化和规训的框架内。

这也表示,改造的构思一直以相当传统且属中产阶级的架构为基准。勤奋的工作、良好的教育、高尚的道德以及严格的规训在许多情况下可能独自存在,但如果这些要素结合成集中的思维体系时,即构成中产阶级伦理道德的表现。我们也可以这么说,当这些要素集合在一起,即构成马克思·韦伯(Max Weber)很久以前称作"新教伦理"的表现,而这个伦理后来就演变成为资本主义的伦理道德(Weber, 1948)。

当然,一个社会的监狱也是该社会统治阶级整体道德观的表现。

系统的利益占有优势

上述的四个组成要素所受到的重视不同,它们在框架内受到重视的程度,随着时间的变迁而有所变化,这个事实又引导我们问下一个问题:我们是否能够找到一些指导原则来解释这些不同和变化?

这个问题也是相当复杂的,但是以历史为基础来看,这些指导原则即是监狱系统的利益所在:改造意识形态的组成要素向来都是依据监狱系统的利益而实施的,从来没有重视过受刑人的改造问题。

结合了规训的营利性劳动计划是阿姆斯特丹以前的教养院(tuichthuis)的系统利益的重心,这使教养院能够自给自足。我们由前面所述得知,营利性的劳动计划对于改造意识形态中的工作组成要素造成明显的扭曲:多样性的工作计划被弃置不用,原本被用来作为惩罚手段的锉磨洋苏木工作具有营利性,因此变成了工作计划的主要项目。

如今在挪威,即使监狱系统的代表们很想利用监狱劳动来减低他们的赤字,劳动的营利已经不再是监狱系统的主要目的。但是,该国的监狱系统依然保持规训的重要性,并在同时通过一些教育计划来强调监狱还有一些改造效果。基于规训所占的优势,当学校教育在与其发生冲突时就必须退让,任何一种道德感化更是如此,而该监狱系统在工作方面的实施则相当的少。

监狱系统的利益,也就是说在任何时候,以监狱系统本身利益而实施的单一或诸多组成要素,是由外界为监狱定义、规划并向其传达的。在17世纪,营利性劳动的原则是由重商主义的经济活动和政策所定义和规划,并通过当时的舆论传递到监狱。于是,当时对监狱有兴趣且给予评估和意见的大众对于监狱的"检验",即为该监狱是否能够达到营利性劳动计划的需求。当时的规训原则也是一样,无疑是以重商主义的活动和政策的需求来定义和规划的,这在各种规章的具体规定中显示得相当清楚(请参见前面所述)。

如今,挪威监狱系统的规训原则结合了对于学校和教育的重视,但也是来自于外界。虽然这个监狱系统正在扩展,但该系统在两个方面面临危机。首先,监狱外界的大众透过大众传媒很清楚地表达了意见,强调监狱无法维持其内部的规训。挪威的监狱也有许多因犯罢工、静坐抗议行动和造成实际损害的暴动。据说,监狱当局无法遏制大量的毒品流入监狱。大众认为,这些实事与传闻对于监狱系统是否能够维持最起码的内部秩序带来了挑战。再者,现今最重要的意识形态组成要素,也就是处遇意识形态,再也无法捍卫监狱系统。基于这点,也因为监狱外界的社会逐渐强调教育为成功的途径,监狱的规训便加入一些学校教育这个组成要素,使得大众认为监狱具有正当性。

因此,监狱系统的需求是在公众政治领域中规划,并从该领域传到监狱,这就是监狱系统利益形成的过程。

接下来的问题是,由外界传达的监狱系统利益如何在监狱内维持。当有关开放监狱系统的各种不同的构思、建议、提议和倡议与现有的系统利益发生冲突时,这个问题就显得相当重要。然而,这些倡议又如何在监狱系统内被操纵和抑制呢?

很明显的,监狱系统以某种管理方式,允许该系统的上层以绝对权力和力量抑制这些倡议。这是一个半军事体制,但是该系统上层对于监狱里较低层工作人员的内部权力和力量,也有其本身或是自相矛盾的限制。这些权力和力量倘若被广泛使用,或是用来当作唯一的手段,可能会间接威胁到监狱系统利益的稳定性:因为属于较低层的工作人员可能会做出一些事情,使得大众感到监狱系统更加脆弱。挪威在1988年的确发生过这样的事情,当时有一些大型监狱的保安职员进行非法罢工。这些职员感到他们无法处理一些患有精神疾病的囚犯,于是决定在这些囚犯尚未转到精神病院之前,拒绝接受更多的囚犯。这个"接收罢工"和其他的因素加起来,导致警察局拘留所爆满,使得大众认为监狱系统面临危机,并让该系统的正当性遭到质疑。

由于绝对权力和力量可能产生反效果,"较温和"的办法就显得相当重要了。我必须提醒读者注意这些"较温和"的方法,它们也可以被称为抵消方法(neutralization techniques)。负责维持监狱系统利益的人士运用这些方法,使那些新颖的构思和倡议变得无效。这些方法各有不同,有的是直接拒绝与现有系统利益冲突的构思,还有一些是以比较巧妙且不引人注意的方式将这些构思排除。前一种方法最接近绝对的权力和力量。有关这方面的讨论,是以我个人对挪威监狱两年的观察研究为基础的(Mathiesen,1965a;有关这方面研究的更多细节载于本书第39—40页及第121—122页)。

这些方法中的第一个方法,也是最简单的方法,就是论及外界的指示、命令和要求。当与监狱系统利益互相冲突的构思和倡议被提出时,负责维持系统利益者只需提到监狱外界具有至高权威的要求。这个方法表明两点:第一,负责维持系统利益者将监禁机构看成从属具有至高权威性的较大系统中的一个环节。第二,在反对为监狱系统或生活带来新观念的新构思方面,他们不需承担责任。

第二个方法是将与监狱系统利益冲突的构思和倡议定义为不相关,这也是比较复杂的方法。这个方法可能特别在论及外界要求的方法不再令人信服时运用。当团体治疗的观念和构想在这段监狱史上出现时(大多在20世纪60年代),这些构想常被视为与监狱改造的至高原则不相关而被弃置不用。那时,这些至高原则大多指机械化工业性工作,至少在斯堪的那维亚诸国是如此。

将构思和倡议定为不可能实行,则可能是在不相关的论点和方法变得无效的时候使用。不相关的方法可能基于可靠的论证、他处也有类似的构思和倡议以供参考、强烈的专业压力或是结合以上的条件,而使其变得无效或是难以维持。运用"不可能实行"方法者,可能以监狱里的条件、资源缺乏或是其他的因素为借口,使得这些构思或倡议看起来不可能实行。斯堪的那维亚诸国在20世纪60年代对抗团体治疗观念和构思时,也用过这个方法。他们将这些构思定义为:虽然很重要,但是根本不可能在狱中执行。

另一个方法是延缓与监狱系统利益互相冲突的构思或倡议。这个方法以这些构思或倡议尚未"发展完全"为理由"暂时"将其延缓。一个新的构思或倡议,无论准备得多么好,也不可能绝对可靠,而且也总是可以指出其不完善的方面。一个新的构思之所以是"新的",就是因为并不是它所有的细节都被试验和测验过。因此,新的构思几乎可以一直被"暂时"延缓。它可以被礼貌地冷冻,即使是被视为很好也很重要的构思,却因为它尚未发展完全和成熟,所以无法被付诸执行而被抵消掉。这些构思或是倡议的倡导者可能还受到鼓励,继续发展其构思,以待往后提出,因为使用延缓方法的人可以确定,只要没有实际地对该构思进行仔细的检验,就可以一直指出它不完善的方面。

破坏构思和倡议的方法,是一种表面上对于该构思保持理解、兴趣,甚至热诚,但事实上将该构思实际的重要性变小的方法。新的构思并未被拒绝,也没有被延缓,只是"回归于它正确的大小"。比如说,处遇的员工所做的抗议被"完全理解",并被放在程序中正确的位置。通过正式记录来完全接纳抗议,但不加上其他动作,这个抗议就会被有效地破坏。这种对于新构思的破坏,在全控机构中随时会发生,这其中也包括监狱。

吸收是第六个方法,也是我们提到的最后一个方法。吸收的方法是指与系统利益冲突的构思或倡议并不被破坏,而被采用。但是,这些构思或倡议被采用或执行之前,会先以某种巧妙或无法察觉的方式改变其中的新元素,使这些构思或倡议的实践能够符合现有的结构,而不对其造成威胁。但是仍然维持这些构思或倡议的名称,并在同时给人一种印象,会让人以为引进了某些新事物而突破之前的传统。一些斯堪的那维亚监狱在20世纪60年代介绍所谓的"团体辅导方案"时,就是这个情形。这个团体辅导方案在一段时间之后,表面上被相当热烈地接受。然而,随着时间的变化,该方案在人们毫无察觉的状况下,逐渐地变成定期学习社会科学、日常生活心理学等的团体。这些学习团体都有清楚的结构、相当官僚的规定,等等。它们非常符合监狱的安全系统,不会在任何方面对其构成威胁。但是它们的名称,以及打破现有系统利益的新现象这个印象,至少被积极地维持一段时间。团体治疗和团体辅导在当时是常见且重要的术语。

简而言之,通过如论及外界的权威、将构思定义为不相关、将构思定义为无法实行、延缓构思、破坏构思和吸收构思等方法——即附加在绝对的权力和力量上或代替绝对的权力和力量的抵消方法——监狱内便能维持借由外界要求而产生的系统利益。通过如此的方法,监狱代表们再将自己降到现有的监狱管理前提之下,监狱便在基本上成为一个保守的机构,也不可能有违反现有条件的改变。监狱社会的保守主义也就成为监狱机构的基本特点了。

改造被抵消

我在这里强调的重点是:无论四个改造组成要素中,任何一个要素获得较多的重视,实际的改造是一直被抵消的。我们可以肯定地说,在整个监狱史上,监狱实际上从未改造过囚犯或受刑人,它从未使得人们"恢复原本具有的能力"。

早期的监狱不具备改造功能,我们现在或许可以从当时使用过的具体方法推测出原因。我们前面描述过在阿姆斯特丹所实施的方法,以及19世纪的监狱所采用的一些至今已经全部被弃之不用的方法,比如说,强调隔离处罚和道德忏悔这些方法。现今的监狱也没有改造功能,这个事实具有相当可靠的社会科学基础,该基础具有三个来源:

第一个是来自先前所提到的处遇结果的研究。许多实证研究显示,无论是哪一种处遇,即使采用的处遇方案相当密集,还是得不到好的结果,我在这里所指的主要是有关累犯的测量结果的研究。如前所述,即使是受到非常小心控制的处遇实验,结果还是差不多。总而言之,无论是哪一种类的处遇,其结果大多相同(有关这方面研究的评论可参考下列文献:Christie, 1961; Robison and Smith, 1971; Martinson, 1974; Bondeson, 1975; Greenberg, 1977; 也请参见下列:Ward, 1972; Cornish and Clarke, 1975; Trasler, 1976; Brody, 1976)。有关这方面研究的评论数量相当多,其中有一些评估较为乐观(Kühlhorn, 1986),但这些乐观性也被大力反驳(Bondeson, 1986)。有些时候研究处遇方案的学者可能会放弃合理且设计良好的方案,因为这些方案无法符合所有科学方法论的要求(Wright,1982:200)。另外,在评估之间也会有一些差异,因为某种类型的监禁机构架构似乎较适合某些种类的罪犯(Brody,1976:40)。但是对于这些方案评论的总体趋势是完全清楚的。

罗伯特·马丁森(Robert Martinson)在他 1974 年的评论文献中概述了这个总体趋势,该评论概括了 1945 年到 1967 年间,美国以及其他国家在改造方面所作的尝试的研究,这些研究均以英语书写,并在方法学上被认可。在这份评论报告中,马丁森分析这些以累犯测量结果的研究,他在指出报告本身在方法学上的复杂性后,作出了以下结论:

> 即使有这些复杂性,我们还是能够针对我们的研究结果作出明确的结论:到目前为止,除了一些特殊的案例外,改造的努力对于累犯方面没有任何贡献。其他后来的研究也没有任何适当的理由来改变我们原先所作的结论(Martinson,1974:25)。

如此的声明显然遭到了批评(Palmer,1975),但那些批评随后也受到了反驳(Sechrest,1979),马丁森的结论还是非常具有代表性的。

第二,这个社会科学的基础来自我们对于大多监狱实际组织的知识,这其中包括全国性和国际性的监狱。我们在前面已经以实际的处遇实验和尝试作为出发点,而这些实验和尝试大多没有达到预期的成效。实际上,几乎所有监狱的实际状况都与所谓真正的"处遇"相距甚远。如同我们在第 1 章所述,对于居住在监狱里的囚犯来说,监狱通常是一个过度拥挤、破旧且危险的地方。此外,它们也是一个大型、具权威性和官僚的机器。这是监狱每日运作的方式——与任何"处遇情况"相距甚远。

第三个社会科学的基础来自对于监狱和受刑人群体所作的社会学研究。当今最早对于大型监狱的研究是在第二次世界大战前由克莱默(Clemmer,1940)在美国进行的,该研究清楚地显示监禁并没有促进改造。唐纳德·克莱默(Donald Clemmer)在着手该研究时,是一位受雇于监狱的社会学家。他通过深入的访问、问卷和观察,研究受刑人对于守法社会的态度。他的数据肯定了受刑人在被监禁期间被

"监狱化"的假设。克莱默称其为"监狱化",意指受刑人吸取了监狱里的风气、道德、习性以及一般文化,这个文化使得受刑人很难接受监狱在对其改造方面所作的尝试的影响。如果用更通俗的语词形容的话,根据克莱默的研究指出,监狱在这种文化里的主要功能即是"犯罪学校"(crime school)。

克莱默认为每一个受刑人都会受到监狱化的某些普遍因素的影响,没有一个受刑人可以完全摆脱。诚然,这其中会有一些差异。他作出如此的假设:刑期愈短,受刑人就能在入监服刑前有更足够的正面关系。在监狱外有更多正面的关系,在面对监狱内的主要团体时更能保持其独立性,不但更有拒绝受刑人江湖规矩的能力,而且与监狱内受刑人的领导人物距离较远。此外,受刑人也比较具有避免参与加入受刑人江湖规矩的某些种类的活动的个人倾向,因此监狱化的倾向也较小。监狱化最严重的程度所具的条件则与上述相反。然而,不仅很多受刑人会受到许多可能造成严重监狱化的因素的影响,最主要的一点是,没有任何受刑人能够完全避免监狱化。克莱默并没有明确指出高度监狱化与后来的犯罪行为之间有相当大的关联,但是他的确暗示了它们之间可能存在的相关性。此外,他也明确地表示,监狱化对于改造没有任何帮助。

克莱默的综合研究在专业领域中受到了高度重视,但是第二次世界大战使得这方面的研究活动暂停运作。然而,有关监狱的社会学研究在大战之后再度受到重视,并在1960年左右出现了许多重要的研究,这些研究在许多方面都支持克莱默最初的研究结果。

美国社会学家斯坦顿·威勒(Stanton Wheeler)进行了一项详细的问卷研究,并在其中测试了克莱默有关监狱化的研究(Wheeler,1961)。克莱默最初主要关切的是监狱化的早期阶段,即受刑人刚踏入囚犯文化的这个阶段。他对于监狱化与后来的调适之间的关系的主张,是奠定于一个假设上,那就是监禁初期和中期所观察到的这些过程会一直持续到受刑人被假释为止(Wheeler,1961:698)。威勒将美国一所大型监狱中的受刑人,依据他们的服刑期分为早期、中期以及晚期三个组群来研究克莱默以上的假设。威勒的研究为横断面研究,而非纵贯研究。他将监狱人口如上述的方式分类后,便测量受刑人对于一些假设性的监狱内冲突状况所作的反应,并以此作推断。依他的推论,监狱化的程度,是在接近监禁中期这个阶段大幅增加,但在释放时间接近时,监狱化的程度则降低。换而言之,监狱化可以"U型曲线"来呈现:受刑人似乎借着摒弃一些较早阶段所接受的受刑人江湖规范和价值观,为其释放做"准备"。但是我们必须注意的是,这个"U型曲线"并不完美,因为虽然我们可以推论出受刑人会在接近刑期的最后阶段重新定向,这个重新定向并不是完整的。此外,许多受刑人被关了好几次,因此我们可以推论,监狱化像是呈螺旋状,而个人会通过如此的监狱化继续深陷在监狱次文化中。

此外,最重要的是,在20世纪60年代前后,许多研究不仅显示了受刑人的监狱化过程,还试图解释囚犯文化出现的原因(Sykes, 1958; Sykes and Messinger, 1960)。这些文献的作者讨论了被监禁的受刑人所经历的各种被监禁的痛苦,其中包括最基本的人身自由的剥夺、物质及接受服务的剥夺、异性关系的剥夺、自主性的剥夺以及在受刑人群中安全感的剥夺。这些剥夺使得受刑人相当痛苦,以致形成受刑人对于自我防御的需求。这个防御的需求,则通过建立具有其特殊规范和价值观的受刑人社会获得满足。在受刑人社会中的生活不会消除这些痛苦,但至少可以缓和或减轻该痛苦。受刑人如此以共同的文化对抗环境的压力,因此囚犯文化便成为一种可理解的反应。

斯堪的那维亚诸国有一些在同一时期以及近期的研究结论,与美国的研究有相当类似的结果。

挪威社会学家约翰·加尔通(Johan Galtung)在1959年发表一份有关挪威最大的监狱(收容450名受刑人,比任何美国或英国的监狱规模都来得小;Galtung 1959),即奥斯陆监狱的综合研究。加尔通因拒服兵役而被判服刑,他以有系统的方式作个人观察,并对同时被监禁的受刑人和工作人员进行访谈,以此作为研究的基础。加尔通证实了受刑人在服刑期受到极度的痛苦这个论点,这和美国的研究结果类似(尽管一般来说,挪威的刑期比美国短得多)。此外,他也的确发现了监狱化的倾向。

我在1965年发表了一份有关挪威预防性拘留机构的研究。我以两年的时间,在预防性拘留机构和正规长期刑罚监狱,以社会学家的参与观察法、访谈以及对于受刑人问卷作为该研究的基础(Mathiesen, 1965a)。我所研究的主要重点放在全控机构中的权力关系,由于当时研究的是预防性拘留机构,所以精神病学和心理学专家的数目比一般机构多。因此,一般人可能会认为,以受刑人的观点来看,监禁的痛苦会被降低。但事实却完全相反,因为以受刑人的观点来看,他们在预防性拘留机构的刑期反而是特别痛苦的经历,他们觉得自己是特别异常且被社会排斥的群体,也因而深感受辱,这可从他们常用"社会中的垃圾"来形容自己而得知。此外,最重要的是,他们感受到精神病医师和一般处遇职员都持有特别、具危险性且几乎无限的权力。在他们的眼中,精神病医师的权力与在法庭中扮演精神病学专家的专业医师类似,因为大部分的受刑人受到所谓的管制判决后,即需要受到在精神方面的评估和诊断,因此他们大多将精神病医师看成"真正的法官"。这个研究结果,近来也得到其他的研究证实(Kongshavn,1987)。此外,精神病医师必须针对同意或反对以所谓的"无需警戒"的方式释放受刑人做报告和建议,他们的权力也因这些报告和建议的重要性而变得更大。精神病医师通过这些报告和建议,掌控着对于受刑人来说极为重要的利益。根据我所作的比较性问卷调查的数据显示,在具有处遇导向的监禁机构中,受刑人所经历的职员"总体权力",远超过在正规监狱的受刑人(Mathiesen,1965a:109)。

根据我的参与观察法数据显示,在受刑人监狱化或加入某个特别监狱文化方面,我并没有发现与克莱默一样严重的迹象。我所研究的受刑人似乎大多呈现与"大多数人"类似的正常和传统的规范和价值观。在这方面,至少有另一个斯堪的那维亚(丹麦)研究小组有类似的研究结果(Balvig et al., 1969)。但是,我发现另一个受刑人面临的严重问题:许多受刑人强调,精神病医师所持有的权力,使得他们无法和精神病医师建立起任何类似治疗的关系。此外,许多受刑人以不断地大肆批评监禁机构和监狱系统的方式,防御某种特别的耻辱或是精神病医师的无限权力。这些批评强调,这些机构和监狱系统不公平或无效,甚至两者皆是。受刑的人们强烈指出,他们应得的改造实际上并没有被推动。因此他们基于监狱本身的说法对其批评和反对,也就是针对监狱无法维持或达到它原本应有的规范和价值观进行批评和反对。换句话说,监狱职员和受刑人之间的确有很大的冲突,虽然这个冲突没有文化鸿沟的特性。

但是,另一个来自瑞典的斯堪的那维亚综合研究,却清楚地指出在斯堪的那维亚诸国也有监狱化的现象。乌拉·邦德逊(Ulla Bondeson)在她1974年出版的书中(Bondeson, 1974;英文改版1989)描述了对于13个不同的监禁机构(培训学校、青少年监狱、封闭型监狱和预防性拘留机构)中的男性和女性所作的问卷和访谈的研究。根据邦德逊指出,受刑人在服刑期被犯罪化,他们吸毒并具有神经质,并且大多具有无力感,也因此被严重地监狱化。在一项用来研究监狱化过程的监狱黑话综合测验中,邦德逊并没有发现具有处遇导向的小型监禁机构比一般大型监狱更为理想。此外,女性在服刑期也被监狱化。重要的是,邦德逊无法证实威勒的符合惯性的"U型"曲线(见上述)。她作出了以下结论:

> 概括地说,依据我们的研究资料显示,在监禁机构中所观察的监狱化,并没有在受刑人监禁结束之前降低。研究中并没有任何迹象显示,受刑人会在释放日期接近前停止认同犯罪次文化。因此,我们在这里没有理由坚称受刑人对于守法社会的预期社会化是在释放前开始(Bondeson,英文改版1989:248)。

目前有许多关于监狱的研究,虽然这些研究各有差异,但都显示监狱暗淡的景象。(一个在美国的大型研究显示了较为乐观的景象,请参见 Glaser, 1964,但是该研究却在方法学上受到批评。)克莱默所指的监狱化到底是否存在,可能部分基于所使用的研究方法。这些研究几乎一致明确地显示,无论监狱化是否为主因,附加在监狱上的改造目标,实际上并没有达到。

其实早在20世纪50年代,两位美国社会学家就在他们所发表的重要文献中提出了如此论断。这两位学者同时身为监狱的管理者,其中劳埃德·麦科克尔(Lloyd W. McCorkle)是新泽西州特伦顿(Trenton)州立监狱(格雷沙姆·赛克斯,即 Gresham Sykes,也在此进行了前面所述的研究)的典狱官,理查德·克恩(Richard R. Korn)则在该监狱担任教育和辅导主任(McCorkle and Korn, 1954)。他们提出了一个关键性的概念,而这个概念后来成为许多有关监狱研究的核心:他们认为警察、法院,而且尤其是监狱的存在,意味着受刑人被拒绝成为社会成员中的一份子。而受刑人对于这种拒绝的反应,即是去拒绝那些拒绝他们的人,也就是拒绝他们的拒绝者。麦科克尔和克恩指出:

从许多方面看来,囚犯的社会体系或许为囚犯提供了一种生活方式,使囚犯避免将社会对他的拒绝转换成自我拒绝,进而形成内在化的严重心理影响。实际上,这种体系让囚犯拒绝他们的拒绝者,而不是囚犯自己。(McCorkle and Korn, 1954:88)

他们表示,在这样的条件下,任何类似"处遇"的方案都不可能实施。即使以"降低监狱生活痛苦"为目的的改造(McCorkle and Korn, 1954:95),从改造本身的角度看来是徒劳无益的(虽然从人道角度来看,改造的确有其重要性),因为在监狱系统中,受刑人所感受到的拒绝无所不在,因而不断产生新的要求和敌意。后来,许多研究都证实麦科克尔和克恩的这个看法是正确的。

我们或许还可以进一步地说,不但改造的目标在监狱里没有达成,而且以长期来看,对于患上述"拒绝综合症"的受刑人来说,其改造的机会其实变得愈来愈小。我必须提到,乌拉·邦德逊针对监狱化对于累犯的长期影响作了一项研究(Bondeson,英文改版1989,第12章;亦可参考 Bondeson and Kragh Andersen, 1986; Bondeson; Robison and Smith, 1971:71—2; Trasler, 1976:12—13)。这些累犯的数据来自她在监狱研究中,对于受刑人出狱后5年期间和10年期间的追踪研究。这段时期内所有的犯罪和惩罚都以正确的日期记录下来,一些其他的跟进数据也被记录下来。主要的分析集中于10年的追踪调查,就一些重要的背景误差作调整后,将累犯的数据与之前监狱化研究的数据作比较。该研究排除了培训学校里的受刑人(基于资料不完整,一些其他监禁机构的受刑人也被删除),因此剩下两间青少年监狱、一间女子监狱、两间成年男子监狱和预防性拘留机构。这个研究也以受刑人被释放后到再次犯罪的这段时间作分析,并用所谓的生存数据所采用的方法分析,标记累犯期间的差异。在6所监禁机构中有4所可用监狱化来解释累犯。值得注意的是,这两所不受到监狱化因素影响的监禁机构乃是青少年监狱,其中许多受刑人没有受过徒刑。邦德逊作出以下的结论:

我们在所研究的两所青少年监狱中,并没有发现累犯分布时间受到任何考虑到的变量的影响。另外4所监狱,累犯分布时间的差异大部分可用三个变量来解释,即黑话知识、每年被判刑的次数和犯罪类型……在这三个变量中,黑话知识在最后的回归模式显得最重要($p=0.0005$),接着是每年被判刑的次数 model($p=0.001$),最后是犯罪类型($p=0.003$)。(Bondeson,英文改版1989:292—3)

监狱在改造方面站得住脚吗?

针对本章节所提出的"监狱在改造方面是否站得住脚"这个主要问题,总体的回答可能相当简洁:从大量的历史和社会学等研究文献来看,这个问题的答案绝对是"否定"的。

改造的意识形态和监狱一样老旧,它仍然包括四个组成要素:工作、学校教育、道德感化和规训,这些也是中产阶级"新教"伦理的核心价值。人们对于改造的想法还未超过这四个组成要素以及这些要素的各种具体表现。

随着时间的推移,这四个要素之间相对的重要性,是取决于监狱系统本身的利益,而不是基于受刑人实际改造的利益。这表示,当监狱系统利益和有关改造的考量互相冲突时,前者每次都会获胜,且被优先考虑。

改造也因此每次都无法达到预期的效果。这个结论得到无数处遇研究文献的支持,也获得许多将监狱视为一个社会体系的深入的社会学研究的肯定。

我们不但可以肯定地说监狱无法改造,甚至可能还可以说监狱实际上是在消灭改造。其实,当今许多相关当局也赞成这种说法,以下让我引述一个瑞典当局的说法:

"当今的犯罪学研究告诉我们,通过剥夺受刑人自由的惩罚方式来改善受刑人的想法,其实是一个不切合实际的幻想。相反的,如今我们一般都承认这种惩罚方式会造成改造的效益不佳和较高的累犯率。除此之外,这些惩罚通常对人格具有破坏性"(Regeringens proposition,1982/83 No. 85:29,由本书作者译自瑞典文)。

我们必须要求有关当局在实践上正视这个正确的认知。当然,我们有时会看到一些有关监狱在累犯方面具有成效的例子。加拿大当局目前正在为该国和该国监狱系统具有成效的经验作宣传。但是一些证据充分地显示,加拿大的经验实际上并没有该当局所说的那么有成效。根据加拿大的宣传,该国联邦监狱的累犯率只有10%。联邦监狱接受的都是被判2年或2年以上徒刑的长期受刑人,但是联邦监狱的受刑人只占所有被判入狱人口的10%,而其余被关进州立监狱的90%入狱人口,并没有全国性累犯的统计资料可查。这个群体在其他国家占有最高的累犯率,其中又以瑞典最为严重。此外,这个联邦监狱长期受刑人的10%的累犯率,只包括那些被再判2年或2年以上的罪犯。倘若那些被判入州立监狱的短期受刑人都被包括在内的话,加拿大的累犯率就会和其他的国家一样大幅地提高。[1]

虽然研究团体对于改造和累犯方面还是抱有稍许的乐观,但是一般来说,研究学者们在这方面收获不大。但是从政者们总是依靠宣传的,我们应该谨防宣传的模式,并且思考研究学者们的看法。[2]

---

[1] 参见 Fredrik Marklund and Jonas Öberg, 'Återfall i brott: Kanada lyckas inte bättre än Sverige'(累犯和犯罪:加拿大并不比瑞典更成功), Apropå(瑞典犯罪预防委员会月刊) No. 3 2004, p. 33; 亦可参见瑞典日报 Svenska Dagbladet 2004年8月13日 Jan Andersson 和 Stina Holmberg(相同资料的概论)。加拿大联邦监狱系统的总干事于2003年10月在瑞典斯德哥尔摩一个大型会议上为加拿大具有成效的经验作宣传。如要参考另一个有关加拿大经验和其宣传的重要评论,请参考加拿大伊莉莎白·费拉尔协会(Canadian Association of Elizabeth Fry Societies)网址 www.elizabethfry.ca.

[2] 参见如 Mark W. Upsey et al. 'Rehabilitation: An Assessment of Theory and Research', in Colin Sumner (ed.), Blackwell Companion to Criminology, Blackwell Publishers 2004,文献中对这些研究结果有如下的看法:虽然这个研究结果可以用来支持对于许多不同计划的选择,但是我们必须注意到,研究文献中大部分测验的改造计划,在累犯方面显示出微不足道的影响,有些甚至具有负面效果。尽管许多计划在原则上可能会有良好的效果,但实际上这类计划在设置和实施上似乎都有些困难。

第3章 一般预防

以一般预防作为范式

改造的概念是一组刑罚理论中的一个重要理论,它所强调的是以个人预防作为社会防卫。

如前所述,另一组社会防卫理论是以一般预防为出发点,即以预防一般人(而非受刑人)犯罪为概念。如同我们所提到的,一般预防被视为对一般人的威慑、道德教育和习惯形成的过程。

惩罚所产生的一般预防效果,在我们社会中大多被看成是理所当然的,而有关这个效果的概念是如此地深植于社会的"一般常识思维"中,以至于有关该概念是否实际存在的问题被置之不问。因此,惩罚产生一般预防效果的概念已成为社会现有的范式。

"范式"(paradigm)这个词汇来自希腊语,意为"模式"(pattern)。科学中的"范式"代表着一种具有一致性的基本思考模式,它强调某个研究工作或问题富有成效且具有意义,并可在实证数据放入理论中时,作为其解释的方法。我们或许可以说,马克思主义构成了一种社会科学"范式",而结构功能主义也构成了另一种范式(详细资料,请参见 Kuhn, 1962/1970,或是 Johnsen, 1979)。但是范式不仅存在于科学中,在一般社会和在各种不同的社会子系统中也会有各种范式,这些范式或多或少都在彼此竞争,以赢得我们的注意和遵循。我们在科学范围以外也看到具有一致性的基本思考模式,这些思考模式被用来作为阐释社会现象的出发点,而这些出发点可引导思考方向,并具有调整用以理解世界的观点这个功能。社会中颇具规模的机构,如教会、法律、学校以及最近蓬勃发展的大众传媒,或多或少都产生或传递着这种具有一致性的基本思考模式。

思考模式要被视为一种范式,必须在某个程度上被大众欣然接受。在思考模式范围内,某些问题可能被提出来——在科学范围内也是如此——但是该思考模式的主要和基本的模式,也就是其原则,必须受到大众的赞同。当一些主要和较大的团体对于某个思考模式的基本原则持有很大的疑虑时,仍然说该思考模式具有范式的地位,其实不太合理。这类的思考模式,要不是正在失去其范式的地位,要不就根本不是范式。反之,当一个思考模式愈被传递的人和接受的人欣然接受,该思考模式就愈具有范式地位。

有关范式是如何在某些团体或社会中建立起来的问题,以及新的范式取代旧范式的原因,都是知识社会学上复杂又重要的问题。我们在此无法详细讨论这些问题的细节(一些基本的分析,可参考 Mathiesen, 1984:18—122,以及 Mathiesen, 1986:第6章),但我们必须提到以下一些现象:

在挪威、英国和美国的社会中,惩罚产生一般预防效果的概念大多被视为一种范式。一般预防的理论构成了一个具有一致性的思考模式,由于一般预防已被看成一个组织良好的社会的基石,该理论已构成了一个基本思考系统。因此,一般预防的效果大多被传递该信息的人士和多数观察该沟通过程的人士欣然接受。

这个现象相当重要,以下为三个主要的理由:

第一,由于一般预防的概念在社会中具有相当大的范式性,即便是迥然不同的事件或行动套在这个概念中也会变得颇为重要。当犯罪率下降的时候,我们认为这表示惩罚产生了一般预防效果,当犯罪率上升的时候,我们也认为这表示惩罚产生了一般预防效果,因为我们认为该犯罪率的上升显示惩罚不够严厉,且需要更严厉的判决才能降低犯罪率。当经由警察登记或研究指出毒品犯罪的数量持稳或下降时,我们会认为这显示在这个领域作严厉判决是相当正确的。然而,当毒品犯罪数量上升时,我们则认为这显示判决应该更为严厉。我们可在许多其他的例子中看到,在刑事和刑罚政策领域中完全相互矛盾的事件,能够被赋予相同的意义(在有关质疑谍报活动这个领域中的例子,请参见 Mathiesen and Hjemdal, 1986)。相互矛盾的事件和行动可能会有相同的原因,但是并不一定需要有相同的原因,然而后者的可能性未受到重视,反而当新的矛盾行动发生时,就会被纳入且一律被解读为肯定所指的范式理论。

第二,由于惩罚产生一般预防效果的概念非常具有范式性,因此,提出证明的责任,就落在对该论点提出疑问的少数人身上,而不是落在那些以该理论为出发点,且对其欣然接受的人身上,这也算是第一个论点的延伸。一般预防已被认定具有功能,因此反对这个理论是需要提出证据的。其实,我们在许多具体的领域都可以看到这个问题,如在毒品犯罪这个领域里,严厉惩罚的效能被欣然接受,所以举证的责任就落在那些质疑该理论的人士身上。换句话说,也就是"举证责任倒置"蔚然成风。因此,一般预防的理论变成了一种不受任何批评和反对的影响的理论。

第三,由于一般预防的概念相当具有范式性,该理论的提倡者可能会将这个他们认为是日常生活中共有的常识当作最重要的出发点,但他们通常很少对这些常识作任何验证,甚至没有作任何的验证。挪威刑法界最负盛名的长老贾斯·安德内斯(Johs. Andenæs),在国际上以贡献于一般预防的理论而闻名。以下是他所认为的一般预防信念的主要基础:

> 一般预防信念的最有力的基础,主要还是来自一般的人惧怕自己的行为会有不好的后果,而且人们所害怕的后果愈严重,就对一般预防的信念愈强。当一个人在想是否要犯罪的时候,几乎不可能不去思考这个众所皆知的机制(Andenæs, 1977/1982: 229,由本书作者译自挪威文)。

我应该附加说明的是,这个强烈的声明是一篇很长的文章的结论,然而据作者表示,经过详细地审视研究结果后,并没有得到任何的"知识上的突破"(Andenæs, 1977/1982:228)。

对此,我们应该公平地提出补充,贾斯·安德内斯在近晚年期间,曾认真研究惩罚产生一般预防效果的论点在实证方面的问题,我们之后会再回来讨论。尽管如此,惧怕得到不好的结果这个共有的常识,实际上是他"支持一般预防理论最有力的基础"。然而,除他以外,还有其他强调这个论点的学者,但是这些学者比较喜欢采用非实证的办法,只以共同常识作为他们最有力的基础,这也是他们唯一的基础。

总结:一般预防理论的范式特性能够起作用,导致连很明显是互相矛盾的事件或行动都可以在这个理论的框架内得到解释,那些质疑此理论的人士则必须自己提出证明。除此以外,这个理论仅以一般常识作为最有力且唯一的基础。这个章节的主要问题:"监狱在一般预防理论中是否站得住脚?"在上述这些框架下,很难提出这个问题。因为提出这个问题,即表示直接反对这个范式的主要方向。然而,这也显示提出这个问题更加重要。

研究结果

第一个具体的问题可能是:对这个领域的研究提出了哪些看法?

近几年来,一些与一般预防相关的研究大量地扩展,贾斯·安德内斯(Johs. Andenæs)即密切注意这些研究的发展,并对这些研究的各个阶段提出概述。例如,在他 1977/1982 年的一篇文章(Andenæs, 1977/1982)以及其他各种涵盖特别领域的文献,均有这些概述。他指出:"从 20 世纪 60 年代中期,我们看到了研究的潮流,尤其是来自美国的研究,而且这股潮流没有任何减缓的迹象"(Andenæs, 1977/1982:196)。由于安德内斯也是一般预防理论的主要提倡者之一,我们应该更仔细地了解他的贡献。

安德内斯首先指出经济学者进入这个领域。他指出这些经济学者的出发点与社会学者不同:经济学者的出发点为"犯罪行为是理性选择的结果",此外,他们还可以使用经济学发展的先进统计方法。除此以外,安德内斯也检视了有关死刑的研究、不同地域之间的差异研究、对于法律改变的影响和执法改变的影响的研究、访谈研究(特别是有关法律知识以及法律修改对受访者的影响),以及实验性的研究。他的讨论涵盖了社会行为的各个领域,以及大量的研究文献。然而,问题是:我们今天到底站在什么位置呢?安德内斯如此回答他提出的这个问题:

> 在早期的对于一般预防的讨论,我们必须依赖无系统性的经验、一般心理学的推理、内省和历史文献。然而,过去十年来的研究,是否对这个情况有任何基本的改变呢?这个问题很难给予明确的答案(Andenæs, 1977/1982:227)。

他也指出,讨论的客观性和科学标准已经提升了不少。此外,要保持极端的立场,也更加困难。一方面,我们很难否定惩罚产生一般预防效果,或是坚决认定一般预防效果与有效执法无关。另一方面,坚信更严厉的惩罚或是增加警力自然会降低犯罪率,也显得非常不切实际。然而,安德内斯作出了以下的结论:

> 我们在一般预防的知识方面没有任何突破,这不像我们对各种惩罚所产生的个别预防效果的研究。我们从一般预防研究得到的是片断的知识,而这些知识片断被用来控制我们仍旧依赖的常识的推理,或是用来补充其不足之处。我们目前还无法以研究提供量化的结果,也无法预测刑事体制中哪些改变对犯罪会有哪些影响。然而,这个阶段可能永远无法达到(Andenæs,1977/1982:228)。

这个结论极为重要,它指出:我们"在知识上没有任何的突破",而研究仅提供了"不完整的知识"。

我们稍后会再回到安德内斯的讨论。首先,我们先来看看其他对于一般预防文献的评论。

我们必须针对安德内斯对于研究的检视补充一点,有一份报告对于一般预防是现代研究中最活跃的一派,也就是我们前面提过的经济学派,它提出了广泛和透彻的最新评论,该评论的结论与安德内斯的结论非常接近。这个报告是由德国研究学者尤尔根·弗兰克(Jürgen Frank,1986)所著,并以各种采用理性经济模式(rationalistic economic models)和成本效益(cost-benefit)理论的美国的研究作为其出发点。总体而言,这些研究显示刑罚措施的威慑效果相当有限,所谓的刑罚措施即指被判刑或监禁的机会以及惩罚的程度(Frank,1986:4—6)。但是最重要的是,这个构成出发点的经济模式在涉及实际生活时,含有一些本身具有问题的或是令人质疑的假设。弗兰克也讨论到这个问题(Frank,1986:15—22)。对于评论具有相当客观性的他,针对这个研究方法作出了以下结论:到目前为止,这个研究方法的重要性在于,这种研究方法对于其他不采用具有理性和经济倾向的成本效益观点为出发点的思想来说,是一种挑战。该研究方法的严谨发展,使得这种方法的论点核心清楚简洁,即使它可能无法精确地显示刑法或法律变通的影响,但是它的确为实证工作提供了一个分析架构。弗兰克总结道:"然而,非经济的研究方法是否在解释能力和实证的确定性上有更好的结果？这个问题目前仍然没有答案"（Frank,1986:23,由本书作者译自德文）。

我们还可补充一点，那就是有一些较为特定的领域（如醉酒驾车）受到大量的研究，而这些研究所得到的结果，不但没有确定性也没有明确的方向（有关醉酒驾车的详细研究文献，请参见 Klette 在 1982 年的评论）。在一项综合研究文献中，罗斯（Ross）与其研究伙伴调查了 20 世纪 70 年代和 80 年代初期，芬兰、丹麦、瑞典和挪威这 4 个国家醉酒驾车的法律发展，并尽可能提供这些发展对于酒后驾车影响的统计数字（Ross et al., 1984）。这段期间，芬兰、丹麦及瑞典在有关酒后驾车的法律或执法都大为放宽（挪威是在这段期间之后才开始放宽相关的法律和执法）。当时这 4 个国家都开始采用对驾驶"随机"检测这种理性化的警察控制方法。研究人员以间断时间序列分析研究这些法律和执法的改变，以许多如车祸伤亡、周末夜间死亡事故和平时夜间死亡事故等测量，来寻找该法律发展所造成的短期性和长期性影响。整体来说，这个法律发展所带来的影响，其实是微不足道的：各种测量结果要么没有变化，要么变化相当微小，以芬兰为例，该国的死亡事故先是暂时大幅上升了 14%，但是两个月内此升高现象又消失了（受伤事故明显下降了 2.5%，而且维持了将近一年）。因此，这个研究的学者们作出了以下结论：

> 从人道的立场来看，过去 10 年来，斯堪的那维亚诸国在酒后驾车法律方面的发展，有许多值得赞许的地方。这个放宽法律的办法大量减少了这些国家公民原本所受的痛苦，而且在酒后驾车的问题上，**并无任何显示负面结果的迹象**（Ross et al., 1984:480，黑体部分为本书作者的强调）。

然而，有一点需要作更详细的讨论。在一些一般预防的文献中，对于惩罚程度和惩罚的可能性之间作了区分，虽然这些文献显示，惩罚程度具有极小的一般预防的效果，有时甚至没有一般预防的效果。但是这些文献指出，增加犯罪后受到惩罚的可能性，则具有一些一般预防的效果。

美国的犯罪学家詹姆斯·威尔逊（James Q. Wilson）在他所著的《对犯罪的思考》（Thinking About Crime）这本书中，实际上作了如此的声明(Wilson,1975/1983)。威尔逊是以捍卫刑罚制度和监狱惩罚为出发点,他以成本效益为背景,概括地讨论到惩罚和监狱的一般预防效果,并举出各种显示出效果的研究,但是他也承认这些效果并不大(Wilson,1983:143)。无论他所找到的效果有多么的小,如果我们对他的评论作仔细分析,即可发现这些效果完全归功于惩罚的可能性。他提到惩罚的迅速性(swiftness)和确定性(certainty),但很少讨论到惩罚的严厉程度或惩罚程度。

其他研究在惩罚程度或惩罚严厉程度与惩罚的可能性(迅速性和确定性)之间的区分也更为清楚。例如,由德国学者舒曼和其研究伙伴在德国针对青少年罪犯所进行一个规模颇大的研究中,即可看出清楚的区分(Schumann *et al.*, 1987)。舒曼和他的研究伙伴们在一个仔细策划的实证研究中,针对预期的惩罚严厉程度对于犯罪行为和其他方面的影响作研究。他们在德国不莱梅城市随机抽取了1600位15到17岁的青少年,由于这其中有62位接受了预先测验,所以剩下1538个样本。两个访谈研究分别进行,一个是测量各种可能的独立变量和中介变量,尤其针对预期的惩罚和被逮捕风险的主观经验,另一个访谈则在至少一年以后进行,主要是针对自我报告的犯罪行为。此外,访谈样本中的一些犯罪行为资料来自官方记录。总计有49.3%的样本接受了两个访谈,研究中并对于未接受访问的人及构成代表性的特征作了详细的分析。锁定的样本群和受到访谈的组群在犯罪行为人数上显示相同比例(该研究报告第205页)。这个研究显示,预期的惩罚严厉程度对于防止青少年的犯罪行为方面没有任何效应,青少年监狱在这方面也没有效应。这些负面的结果构成了该报告的一个主要结论,即"惩的严厉程度与防止犯罪行为不相关",以及"自由被剥夺与防止犯罪行为不相关"(该研究报告第161页)。然而,研究学者们发现,被逮捕风险的主观经验的确对犯罪行为有一些效果,但是对于严重的犯罪,如抢劫、重伤害、欺诈和毒品犯罪等,虽然我们以一般威慑的观点来看可能希望会有效果,但实际上却是毫无效果。此外,被逮捕的风险也不是对所有轻微罪都有效果,它对于各种偷窃、短暂非法使用他人车辆等较轻微的犯罪也无效。只有对如在商店偷窃、轻度伤害、破坏物品、无照驾车和乘坐地铁不买票等一些轻微的犯罪才有效果。即使如此,这些经由多变量分析所测量的效果也显得"相当微小"(recht bescheiden, Schumann et al., 1987:152)。让我再补充一点,最可能会被逮捕的青少年很少会犯上述这些罪行,他们大多会犯没有一般预防效果之类的罪行。这个针对一般预防理论所作的研究,可能是西德(也是欧洲)到目前为止最广泛的实证研究(Schumann et al., 1987, 1987; 如需参考结论,请参见第 8 章)。

这个德国的研究特别重要,因为该研究针对的是少年犯罪,而且非常重视被逮捕风险的主观经验。被逮捕风险可说是惩罚的可能性的最基本测量,如果没有逮捕或破案,就没有惩罚。因此被逮捕风险是惩罚的"迅速性"和"确定性"的决定条件。德国所作的研究更详尽地讨论了被逮捕风险的主观经验,这个主观经验连结了客观的风险与行动者的行为:客观的风险只有在被检验到是真正风险后,才会产生效果。由于被逮捕的主观经验对于一般预防的效果相当微小,而惩罚程度在这方面更是没有任何效果,因此一般预防理论实际上已陷入困境。

但是,一般预防的提倡者则用上述这些相当微小的效果作为依据,用来作为要求增加警力和其他正式控制系统单位的资源分配的借口。他们坚持认为,不论实际被逮捕风险或被逮捕风险的主观经验的效果多么微小,既然显示有效果,就应该赋予资源,以增加这方面的风险和主观经验。今天在大部分的工业化国家,举报案件的破案率一般来说都很低。例如,挪威在 1984 年的破案率仅有 23%,换句话说,举报案件中超过 3/4 没有破案。这其中仍存在着地理环境的差异,在大的工业中心,犯罪率最高,但是破案率却最低,而其他工业化的国家也可看到类似的情况。一般预防的提倡者则认为,这些极低的破案率必须提高,一般预防的效果才会增加且进而实际存在,而增加警力等领域的资源或许能够达到该目标。

然而,一般预防的提倡者犯下了一个错误。德国青少年的犯罪研究很明显地指出这一点,即严重犯罪的逮捕率实际上相当高,但是逮捕风险的主观经验并没有对这类的犯罪有任何预防效果。这强烈地显示,其他不属于刑事司法体制的因素,才是导致这类犯罪的存在和发展的原因。

此外,平均逮捕率非常低的原因在于,为数较多的较轻犯罪的逮捕率极低,这也是工业化国家的社会现状,与警察资源并不相关。在

第 3 章 一般预防

我们讨论的这个项目中,这是最为重要的一点。

在现代、工业化以及城市化的社会中,许多社会的因素造成犯罪具有匿名性。我在这里所指的是所谓的"聚众犯罪"的犯罪形态,如偷窃、偷车、使用毒品、比较不严重的暴力犯罪等具有极低被逮捕效果的犯罪(见上述)。在工业化且都市化的社会中,民众彼此比较不熟识,对彼此财产所知也很少。在这种条件下,罪犯比较容易找到人们不认得他们的地区,和一些大多时间没有人的地区,或是有很长时间没有人看管的财产和物品,如汽车、房舍等的地区(Høigård and Balvig, 1988:58—9)。这些犯罪的匿名性都具有一种"社会学上的必然性"(sociological necessity)的特征,也导致相当低的被逮捕风险。这个相当低的被逮捕风险是基于工业化和都市化社会的条件,并不是因为赋予警力的资源不足。提高被逮捕风险是有可能的,但是在我们这种社会,有许多有力的社会理由显示这种增加不会很大,除非我们发展一个具有完全和完整监控和警察体制的国家,但是基于许多其他的原因,我们希望能够尽量避免做出如此的发展。

以上的概论具有一个实证基础,德国研究学者尤尔根·弗兰克以下的概述谈到这问题(Frank, 1986:11):"许多作者研究调查了警察活动对于犯罪者被逮捕和判刑的可能性的影响,但是统计上并没有显著的数据能支持这种加强警力即可增加逮捕率和判刑率的论点。这显示以加强警力资源来提高被逮捕风险的威慑和一般预防的效果,以及借由惩罚迅速性和确定性来确保惩罚的可能性,套用舒曼及他的研究伙伴的词语来表示,即相当微小"。如套用一般预防的捍卫者威尔逊的说法,则是相当有限。丹麦犯罪学家弗兰明·巴韦格(Flemming Balvig)用以下的说法强调这一点:

> 我并不怀疑警力可以提高破案率,但是我认为,倘若没有付出大量的社会经济或其他代价,破案率就不大可能显著提高。然而,如此之低的破案率即使增加了几个百分点之后,还是很低(Balvig, 1980:63,由本书作者译自丹麦文,亦参见 Balvig, 1984b)。

因此,关于高破案率是否具有一般预防效果这个问题,其实已经获得解答,巴韦格指出:"如果根本没有可能达到这么高的破案率,在这个议题上,谁对谁错也就没有什么差别了"(Balvig,1980:66)。

以此为背景,我们可以回到安德内斯的文献。让我们再次引述,他说:我们"在知识上没有任何的突破",而研究仅提供了"不完整的知识"。如果所谓的"知识",我们指的是关联性和显著的差异性,这个文献对于上述的结论有相当大的支持。在大部分研究中,我们没有发现其中的关联性和差异性,即使有的话,也是相当微小。安德内斯到底作出了什么切合实际的结论呢?

安德内斯在关联性和差异性方面作出了令人失望的结论之后,便针对一般预防作为一种范式的议题,继续强调之前所提过的一般常识。"……一般预防信念的最有力的基础,主要还是来自惧怕不好的后果这个众所周知的经验……"尽管有关这方面的证据加在一起,既不确定也不清楚,同时它们彼此之间也缺乏关联性或仅有微小的关联性,惧怕不好的后果的这个"众所周知的经验"还是继续维持着"一般预防的信念"。虽然安德内斯在他自己文献前部分的谨慎讨论中只显示"不完整的知识",这个讨论后来也得到了证实,他却毫不考虑最后分析中的不确定性和不清楚性,作出了以下结论:"[刑罚制度]的主要任务一定是一般预防,不仅以威慑和道德教育为基石,且限于正义和人道所要求的范围内"(Andenæs,1977/1982:230)。

研究结果中的不确定性和不清楚性,原本应被用来当作严重的警告,不将一般预防视为理所当然。但是安德内斯却以这种将一般预防视为理所当然的方式,作为他评论的结论,许多人也都犯了和他一样的错误。

严重的不确定和不清楚性关系到一般预防的效果,我们将以其作为下列讨论的出发点,并以下列的步骤进行。

首先,我们必须试着去解释研究结果为何显示出这些不确定性、不清楚性以及微小的关联性。为此,我们将运用一些沟通社会学的基本概念。

其次,我们必须讨论一般预防所提出的道德问题。一般预防不仅有效能的问题,也有道德的问题。我们必须特别强调为了防止他人犯下类似的行为,而让一些人(通常又以贫穷和被歧视的人为主)受到痛苦的这种办法本身的道德问题。最后,我们将显示一般预防的提倡者们如何在为了保护自己的利益时,也强调并使用我们所提出的反对一般预防的论点。在这些情况下,本章节中所讨论的因素即凸显了各种沟通的缺陷和道德的问题。

我们之前已经分开讨论过国家刑罚政策的预防效果,以及以监狱作为惩罚的预防效果。我们将会继续以这种方式讨论,因为基本的问题并不局限于监狱的使用上。但是在本章节的结论部分,总体论点将特别针对以监狱作为惩罚的方法。

以一般预防作为一种沟通

在一般预防的背景下,惩罚可能被视为来自国家的信息。首先,惩罚具有犯罪是不值得的信息(威慑)。其次,它具有人们应该避免做出不道德或是不正确的行为的信息(道德教育)。再次,它具有人们应该养成避免某些行为的习惯(习惯的形成)的信息。由检察机关、警察、法院以及包含监狱系统的惩罚机制所构成的刑事司法体制,可能被视为一个将上述信息传达给民众的大型机器。这个机器构成了国家的一个相当重要的机制,被用来向民众"表示"民众自己所做的行为。

以惩罚作为传播信息的事实,已经受到一般预防的分析者和提倡者们的确认。例如,安德内斯表示"从立法机构和执法机构传达到大众的沟通过程,是一般预防运作的核心环"(Andenæs, 1977/1982: 216—17)。他又指出:"较老的刑罚理论并不强调这一点,好像那时人们已经默默接受了犯罪会受到惩罚的事实"(Andenæs 1977/1982: 217)。

然而,即使现今的沟通过程可能被视为"一个核心环",这个过程并没有受到多少重视。如今,受到重视的只是人们对于法律和法律规定的认知问题,譬如说,他们对于最高惩罚的认知。然而,沟通过程是传送者与接收者之间的一个相当复杂的交流过程,这会导致远比法律"知识"还要广泛且复杂的问题。但是一般预防的法律和刑罚理论,根本没有考虑到这些问题。

这些问题提到了问题的核心:"监狱是否在一般预防理论中站得住脚?"

符号表意的政治

首先要问的是,我们对于"沟通"有什么样的认知?这个概念是很复杂的。简单地说,沟通即是在互动团体间意义的传达。这种意义的传达可发生在个人、团体、阶级之间、整个社会之中,或是国家与社会成员之间。按照一般预防理论假设,当意义的传达在国家与社会成员之间进行时,尤其是由国家机构负责传达意义的时候,这个传达过程通常是由国家机构到民众的单向过程。

但是意义是不能被直接传达的。如同挪威社会学学者何延达尔(Hjemdal)和里桑(Risan)(1985年)所述,我们需要所谓的"意义的传达媒介"(carriers of meaning)来完成传达的任务。这些媒介也许是文字、图片、身体姿态、脸部表情,等等。当然,语言也是一种相当重要的意义传达媒介。因此,被传送的即是意义的传达媒介:接收者必须从接收到的媒介重造其传达的意义,这个特点相当重要。重造所接收的传达媒介意义,必须先在符号理解(symbolic understanding)方面有共同的背景。当这个背景不存在或是不健全时,意义的重造就会变得不完整。以下针对"意义的传达媒介"在沟通过程中的功能作详尽说明。

人们对于事件和事物所赋予的意义,不仅是基于这些事件或是事物的"状态"。也就是说,人们赋予事件(如新的立法或法院所宣判的刑罚)或事物(如警察制服或警察所设的路障)的意义,不仅基于这些事件及事物外在的"状态",而是大多基于事件和事物被符旨(signified)的方式。倘若没有这些能够符旨的符号,事件和事物即没有任何意义。"符号"(sign)在此被当作"意义的传达媒介"的同义字,"符号"传达意义。语言是一套特别重要的传达意义的符号。其他可经由我们的感官感受到的物质表现,也可以作为具有传达意义功能的符号。

无论是经由语言或是其他表达方式所感受到的符号,仅在事先设立的理解背景下运作,才能创造意义。这些符号在其他符号提供事先理解的背景下运作,才会创造意义。当符号被视为与其进入的符号体系或结构相关时,这些符号所传送的意义才会显现且"可被理解"。传送者和接收者必须拥有相同的事先理解或是符号结构,接收者才会创造出和传送者相同的意义。

因此我们可用简明和概略的方式来说明,"意义"是经由外部现实(我们这里称为事件和事物)、符号(可以是语言或是其他可被接收的表达方式)和诠释(符号被视为与其进入的符号结构相关的过程)之间的关系所产生的。

我们在这里提到和解释了一些语言学内的"符号学"(semiology 或 semiotics)学派的特征(主要文献作者为 Ferdinand de Saussure, C. S. Peirce, Roland Barthes 和 Umberto Eco,可参考 1972 年 Barthes 的文献,有关这方面的一般介绍,可参阅 Fiske, 1982)。符号学(semiology)这个字源起于希腊字, semion 意旨"符号", logos 则表示"教学"或"科学"。符号学(semiology)即指"符号的一般科学"。

因此,我们或许可以说,国家和社会成员的沟通,即国家试图以沟通传达意义,构成了一种符号表意的政治(politics of signification)(Hall et al., 1978)。国家通过许多机构来进行符号表意的政治,这些机构包括学校、宗教机构和所谓的刑事司法体制,而看起来微小且意义不大的符号,可能具有至关重要的作用。

换句话说,学校不仅是知识教育机构,也是一个明确使用符号向世世代代表现现实的机构。"课程"、"课业"、"测验"和"考试"这些称谓各代表现实的一小部分,不但属于关于学校的符号结构,且以明确或笼统的方式指向职责和纪律。

教堂不仅是一个满足人们对宗教的信仰和需求的机构,从历史的角度来看,它也和学校一般,是一个明确向世世代代符旨现实的机构。如"罪恶""诅咒""信念"和"宽恕"这些称谓,是许多构成宗教符号结构的称谓的一小部分,并指向神的无限权力和宗教的智慧。

所谓的刑事司法体制也是一样,这当然不是意外的。该体制不仅是一个指控和惩罚犯罪者的体制,而且是一个机构。该机构在指控和惩罚犯罪者的同时,显著地强调一整套现实的称谓。"罪责""刑罚""法律程序"和"刑事司法体制"这些称谓,是属于"刑事司法体制"所用的称谓,它们不仅构成法律符号结构,并且指向对于犯罪者采用彻底、审慎及合理的处遇。在本书中所看到的"刑事司法体制"这个称谓的例子,特别重要:它显示这个体制的这些具抚慰性的称谓,在我们社会中是多么的根深蒂固,即使在这本书里也无法避免用到。

现在,我们可以在符号表意的政治框架中,考虑惩罚的预防效果和以监狱作为惩罚的问题。

惩罚和符号表意

我们之前强调过,意义是经由外部现实(事件和事物)、符号(语言或是其他可被接收的表达方式)和诠释(将符号和更广大的符号结构互相关联的过程)之间的关系所产生。因此,意义是通过这三个方面或三个元素的相互作用所产生的。

用来作为实施一般预防方法的国家惩罚,在这三个方面都会面临一些问题。更详细地说,国家为了一般预防所采取的惩罚的失败,是基于实际的事件和事物(立法措施、审判执行,等等)、所使用的称谓以及用以接收和诠释符号表意的符号结构都与一般预防脱轨。

总而言之,国家以惩罚作为沟通的失败,是造成监狱预防效果的不清楚性和不确定性的主要原因。

事实情况:审判的执行、立法以及被逮捕风险

一般预防的提倡者常常提出一些鲜明的例子来支持他们的理论。其中一个就是以高度被逮捕风险和严厉的惩罚来防止违反规定(例如,第二次世界大战期间,为了预防空袭所实施的灯火管制)。另一个例子也发生在"二战"期间,在斯堪的那维亚诸国中的丹麦,有一段没有警察的特别时期。

贾斯·安德内斯在1950年的一篇文章中提过灯火管制的例子:

> 战争时期有关灯火管制的规定,是一个几乎百分之百有效的例子,因为当局必须依靠所有违反规定的行为都会被发现并且必会得到惩罚的制度。即使没有法律平常具有的道德权威的支持,这个例子也具有充足的纯粹威慑效果(Andenæs, 1950/1962: 116—17,由本书作者译自挪威文)。

他在该文章中也提到哥本哈根没有警察的时期:

> 德军在1944年9月逮捕了丹麦所有的警察。在后来丹麦被占领期间,警察的职责仅由临时且没有武装的卫队团体承担。然而,除非罪犯在犯罪当场被抓到,这些卫队人员几乎无法做任何事情……而当时的犯罪也立即剧增……(Andenæs, 1950/1962: 121)。

灯火管制的高度被逮捕风险和严厉的惩罚可能造成人们的服从,所有的警力突然并且完全地瓦解可能也的确增加了犯罪率(但是我们必须指出,战争时期的灯火管制显然对每个人都有利益。另外,有关丹麦警力被瓦解后所造成的影响也遭到质疑：一直都受到争议的是，这个特别时期的犯罪数字，只是从该时期之前的犯罪数字所推断出来的——请参见 Wolf, 1967；Balvig, 1984a）。然而，如同尼尔·克里斯特（Nils Christie, 1971）在一篇重要的文章中所指出的，惩罚体制中如此剧烈的变化，并不属于日常的状态。相反的，这些变化在刑事司法体制中是相当不寻常、非典型且极端的。克里斯特以法院的决定来描述这个问题：

> 重点在于，几乎所有被提出来的一般预防效果鲜明的例子，都与法官选择具体判决的情境完全不同。通常，法官必须选择的惩罚，彼此差距不大，如 3 到 6 个月的监禁，或者最多是有条件或无条件刑罚。但是一般预防例子中所关注的焦点，却彼此有相当大的差距，比如说，有警察控制或是无警察控制（Christie, 1971：55，由本书作者译自挪威文）。

尼尔·克里斯特的论点对于立法过程也很重要。由于立法过程复杂且缓慢，法律规定及其细节（如，对于某些犯罪形态的惩罚限制）大多是逐渐改变的。当然，在道德和社会恐慌的情况下，变化可能会突然发生，而且可能规模庞大。我们会在第 5 章提出一些重要的例子。但是，虽然道德恐慌的重要例子的确存在，而且这些例子也可以说明社会道德标准的不稳定性，但所幸的是，这些例子并不形成立法的日常进程。此外，我们没有任何理论性或实证上的根据来相信，基于恐慌所作的法律改变会对一般预防特别有效果。事实上，当恐慌显现时，表现道德恐慌特性的非理性、狂热以及无视法律程序的基本原则，可能会在相关的群体中产生反效果。

以沟通的角度来看，上述的论点相当重要。传送者从构成刑事政策常规的相近的惩罚或程度相近的惩罚中选择惩罚，并对该惩罚赋予意义。然而，期待接收者得到与这个传送者相同的意义，是相当不合理的。我们暂且不管沟通过程中导致沟通具有选择性的中介环节（我们随后会讨论），信息结构中的现实导致接收信息的过程相当困难：审判执行中微小的差异，是以各个受审者的复杂条件为基础的。同样的，有关守法和立法效果的复杂争议，构成了在刑法中逐渐和微小的变化的背景。

我们必须特别注意到的是,审判和立法中微小的变化,经历长久的时间聚集起来后,即可能会在刑事政策中造成较大规模的变化。现今,这种情形的确正在进行,如同在第 1 章所述,一些西方国家的刑事政策随着惩罚程度增加,目前变得更加严厉。这是造成监狱人满为患的一个重要背景。重点是,在某个特定时间点上所发生的变化,通常相当微小且基于相当复杂的考量。

大多数的大规模变化是经由微小变化长时间累积而成的,这个事实可以扩及刑事政策的其他部分。挪威警察的发展即是一个很好的例子,挪威在 1970 年提出了一个计划,提倡对警察组织做出大规模的改变,并大量增加警力资源(Innstilling, The Aulie Report, 1970)。由于这是一个重要的计划,所以在提出后即被公开讨论并受到了批评,接着在 70 年代中期被摒弃。但是自从该计划被放弃后,挪威警察所做的改变不禁令人联想到这个计划,但是,这些变化都是年复一年逐渐累积起来的(Lorentzen, 1977)。这种逐渐的变化并没有造成轰动或是引起争议,但是今天的挪威警察已完全重组,且其权力和权威也变得十分强化。我们从这个例子所学到的一课是:由小步骤的渐次变化累积而成的政治信息结构很难察觉、意识和反应,这与由小步骤的渐变所累积成的刑罚发展相当类似。

在作这个部分的结论之前,我要补充说明的是,之前在这个章节所讨论到的低度被逮捕风险(第 51—54 页),也是信息结构的现实中不可缺少的一部分。在一个工业化、都市化的匿名社会中增加警力资源,对于被逮捕风险的改变相当微小。这是现代社会现实的基本特性,也已经成为信息结构的一部分。然而,我们在第二次世界大战灯火管制期的被逮捕风险是完全不一样的,它是一个非典型的被逮捕风险。

符号表意:过滤和聚焦

我们之前(第 56 页)曾经强调"现实"(即形成部分信息结构的事件和事物)不仅构成了真实的事件和事物,同时也构成传达(或无法传达)意义的称谓。换句话说,真实的事件或事物无法和它们的称谓分离:它们在同时符旨(或无法符旨)一个传送者希望传达给接收者的意义。我们在之前的讨论中已经提过有关事件和事物的符号表意:审判执行基于的条件,以及构成新的刑事立法基础的一些有关守法和立法效果的争论,两者都无法通过审判执行和立法的实际方面找到适当的称谓。

但是我们可以借由其他方面,以更为直接的方式讨论符号表意的过程。比如说,我们社会中有关法律的资讯是由什么媒体传送的？主要是通过大型的大众传媒,这些复杂的机构不仅具有内部压力、冲突及合作模式,他们所关心的也不是传送有关法律的资讯,而是新闻和销售:即关注于令人瞩目和具有卖点的新闻。如此不仅会造成一般所传达的信息受到歪曲,也必定会因为报导相当变态、具暴力性和有关性方面的犯罪,而扭曲有关犯罪的资讯(Aarsnes et al., 1974; Simonsen, 1976; From, 1976; Hjemdal, 1987; 概述于 Mathiesen, 1986; 154—7)。立法和审判执行中的细节则很难被传送和认知。符号表意的过程有两个相关的特性:第一个即是所谓的过滤。

"过滤"意指立法和审判执行的细节,以及构成刑事政策常规的相近或是程度相近的惩罚中的选择,被有系统地或完全地删掉。过滤在媒体机构的许多具体节点内进行:在新闻记者与其资讯来源之间的关系内、在决定长远新闻优先性的内部会议上,以及在迅速决定哪个新闻优先播出的办公桌上。

第二个就是所谓的聚焦。"聚焦"意指对于过滤后被视为具有新闻价值的资讯,赋予具体的关注。也就是说,将放大镜放在具有新闻价值的资讯上。聚焦通过以下的方式进行:关于优先放在头版的决定、图片的选择、引起读者对故事注意所使用的插图、通过连续性的报导将题材做戏剧化的处理以及背景资料的选择,等等(有关媒体戏剧化技巧,请参见 Hernes, 1984; Mathiesen and Hjemdal, 1986)。

过滤和聚焦之间的差异和关联都是相当重要的。通过过滤,无轰动效果和非戏剧化的题材被剔除。通过聚焦,轰动和戏剧化的题材则被凸显。这是两者最主要的差异。但是如前所述,在过滤的同时也可以对轰动和戏剧化的题材进行聚焦的过程,这可被称为初步筛选,也是两者之间最主要的关联。有些无轰动效果或非戏剧化的题材经过过滤后,仍会留在新闻中,但是被聚焦排置于次要的位置。

媒体之间在过滤和聚焦方面有些程度上的差异。就这方面来说,广播、电视和报社之间会有所不同,各个报社之间也会有差异。但是有关媒体社会学的文献让我们有理由强调这两个过程正在加速成长,而且在媒体的内容方面也有一致发展的趋势。该发展的迹象和背景的细节,与我们的主题相距甚远(相关的讨论,请参见 Mathiesen,1986,Chs. IV,VI)。在这里,重点是这两个过程的加速成长和在媒体内容上增长的一致性,为我们之前所提到的沟通过程的概论提供了一个背景。

我们也可以另一种方式陈述重点:由于过滤和聚焦这两个特性,经由媒体传送的主要是轰动性和戏剧性的"法律新闻",因此传达给大多数群众的是立法中重大的变化,尤其是具轰动性的或是具挑逗性的案例。对于立法中微小的变化传递则相当少,对于刑事司法体制处理大众犯罪的方法——即大部分例行传递预防效果信息的尝试——的传达也是微不足道的。"法律新闻"的沟通基本上被扭曲了。

符号结构:诠释的背景

我们要讨论的第三个重点是符号结构,也就是称谓所属且被诠释的结构。

我们可以如此作简介:安德内斯在他 1977—1982 年的文章中的结尾,作出以下的声明:"我相信许多人可以依据个人的经验证明,被逮捕风险和惩罚会影响如逃税、走私、酒驾及违反交通规则这类的犯罪"(Andenæs,1977/1982:229)。因此,他的出发点是"个人经验"。我们在这里必须强调一下,安德内斯仅提到经由他个人经验所了解的犯罪类型。他也指出:"当然从个人经验作推论会有危险,其他群体的知识和态度相当重要"(Andenæs,1977/1982:229)。然而,个人经验是基本的,且等同于常识推理,安德内斯又指出:"我个人认为,基于一般心理学和日常生活经验对于一般预防所作的常识推理,一直不受到犯罪学家们的重视"(Andenæs,1977/1982:229)。

但是,问题在于:以"个人经验"为出发点是否会带来很大的收获?何谓"常识推理"呢?现象学社会学为我们提供了如此的提示:"常识推理"来自日常生活经验。这些经验相当普遍,而且在我们生活中是如此的根深蒂固,因此被视为理所当然。"常识推理"大部分建立于我们本身的知识上,因此我们不会对其产生质疑。我们最不会质疑的即是从我们自己的经验概括到他人身上。我们深信他人对于世界的经验是与我们相同的,也因此在心理上无法让自己摆脱这种先入为主的认知,不会真正使用不同的角度,以他人的观点来看世界。

但如果我们要了解惩罚的预防效果,或者可以说惩罚所缺乏的预防效果,我们则必须让自己摆脱上述先入为主的认知,使用不同的角度,以他人的观点来看世界。律师通常并不擅长这么做,因为他们以相当不具实证的方式来推理事实,而且就是基于"一般常识"(Graver,1986)。

以下的概论具有相当稳固的基础:一个特定群体的犯罪率愈高,以惩罚当作预防措施的效果就愈低。我们也可以这么说:对于那些因为其他原因被视为"不易犯罪"的群体来说,想到刑罚或许可以防止他们想去犯罪。但是对于因为其他原因被视为"较易犯罪"的群体来说,想到刑罚并无法阻止他们犯罪。

虽然这个概论可能需要更深入的详述,但是它还是具有许多实证的支持。首先,我们知道,挪威平均人口中有许多曾有犯罪行为的人口,而且他们所犯的并不都是一些微不足道的罪行(Stangeland and Hauge,1974)。如此来看,犯罪是一种在日常生活中会遇到的事。但是,我们知道那些持续犯罪者以及时常再犯以至于被判长期监禁者,所显示的是社会及个人问题的累积,这其中包括饮酒、教育程度低和家庭破碎等问题(Bødal,1962,1969;Christie,1975/1982)。我们也知道较为严重的青少年犯罪行为,大多是由具有各种严重问题的少数青少年所犯的(Balvig,1984c)。这里的重点是,在面临这些基于复杂和有问题的背景而提高其犯罪行为可能性的人们时,惩罚也没有任何预防效果。让我强调:"一般预防对于不'需要'的人起作用,对于'需要'的人不起作用"。

这个重点也许可以放在我们的沟通参考框架中。基于预防信息所在且被其诠释的符号结构,也就是信号被接收且被理解的诠释背景,信号没有发挥良好的效果,接收者也不了解传送者所发的信息的原意。那些与饮酒、家庭生活、工作状况和教育情况相关的复杂且具有问题的背景,构成了相关的符号结构和诠释背景。但是在如此的结构中,该预防信号无法被诠释为威慑惩罚或是教育性的信息,反而可能被诠释成更多的压迫、说教和排斥。

我们在上述所提到的犯罪,被广泛称为"传统性的犯罪",通常是指财产性犯罪、街头暴力犯罪以及与药物相关的犯罪类型。现代的经济犯罪也有相同的现象。多数远离不正当的经济活动的商人都会遵守生活规范,并生活在规范性的符号结构里或是以道德为诠释背景。因此,惩罚的威胁可被他们视为威慑性的惩罚或是合理的教育性信息。但是对于不以生活规范为基础的商人来说,生活在规范符号结构之下时,惩罚没有威慑的效果。我必须再度强调:"一般预防对于不'需要'的人起作用,对于'需要'的人不起作用"。

沟通过程和研究结果

在讨论过信息的实际状况、具有信息的称谓以及接受和诠释信息的符号结构之后,我们现在可回到一般预防领域中研究结果的不确定和不清楚性(第48—55页)上。

沟通过程的主要特点对于这个不确定性和不清楚性有很详尽的解释。信息中不清楚的事实内容造成信息不清楚,再加上所赋予的称谓大幅增加了它的不清楚性,然后,从事犯罪活动者的符号结构(即诠释背景)抵消了信息的威慑、教育和习惯形成的效果。在这种情况下,研究结果的不清楚、不确定性且各个研究之间有很少的相关性,是可以预料到的。

这个可预料的不清楚和不确定性,不但被一般预防的研究忽视,还被视为研究状况的遗憾的特点,或是可能可以经由较好的研究方法和较多的知识而改进的特点。因此,一般预防研究为符合一般预防范式和一般研究的基本看法而作调整,这也意味着不清楚和不确定的研究结果归咎于不完美的研究工具,而真实的情况"实际上"是确定和清楚的。在自然科学中,对于得到确定和清楚的研究结果的期待已经根深蒂固,社会科学发展了统计试验也是为了证明确定和清楚的结果。就一般预防而言,沟通过程即使在最佳的情况下,还是会使研究结果具有不确定和不清楚性,并且使各个研究之间有很小的相关性。我们或许也可以将这个情况称为"预防的真实情况"。

因此,上述的沟通过程,是我们对于惩罚的预防效果这个概念更加质疑的重要背景。

一般预防与道德

一般预防的概念不仅引起了有关惩罚效果的问题,也引起了基本的道德问题,这个问题包含两个内容:

第一个问题,为预防他人犯相同的罪行而严厉惩罚某人的道德基础为何?

我们在此是以概括的方式提出这个问题,并且与受罚者的身份无关,即不论受罚者富裕或贫穷,健壮或虚弱。也就是:"我们是否可以为了让一个人自由而牺牲另一个人?"

这个问题在刑罚理论中被提出,但该问题的尖锐性常常因为对于其他各种因素的重视而被缓和。许多的因素,诸如所预防的犯罪的严重程度,以及在惩罚罪犯时有关报应的考量,等等,都被纳入结集而成的结论。有时候,这些因素看起来似乎是被加入以确保能够达到最终结论,即对一般预防的考量。但无论如何掩饰,道德的问题仍然存在,这个问题不但令人困扰也没有答案。

第二个问题针对第一个问题作更深入的讨论:为预防他人犯相同的罪行,而对大多数身为贫穷、被污名化且需要协助而不是惩罚的人,施以严厉惩罚的道德基础为何?

我们提出这个较为深入的道德问题,是基于稳固的基础。目前我们知道,刑罚制度打击的是社会的"底层"而非"上层"。大多数的情况是愈贫穷和愈被污名化的人,所受到的惩罚也愈严厉。

这个情况其中一部分的原因,已在前面对于符号结构的讨论中提过。那些持续从事犯罪活动,且最后被判长期监禁刑罚的罪犯,显现了社会和个人问题的累积(请参考 Balvig, 1984c)。然而,另一部分的原因在于刑罚制度的运作,尤其是该制度造成社会不平等的系统性趋势。

监狱里的犯人大多来自工人阶级中的较低阶层,并且犯了偷窃或是其他"传统"罪行(针对挪威的情况,请参见 Stortingsmelding Government White Paper No. 104, 1977—78:188; Christie, rev. ed. 1982:117; Mathiesen, 1982:1—2)。刑罚制度的阶级特性可能被视为一个过程的结果,该过程中法律形式上的平等性虽然不提及阶级,但是无法阻止不平等。

该过程的第一步骤即是法律对于犯罪行为所作的定义。法律对于每个人都是平等的,但"由于我们的社会是一个阶级社会,法律也因此而具有这个特性。法律不会威胁到私人资本或是国际对于弱小国家的剥削"(Christie, rev. ed. 1982:118, 由本书作者译自挪威文)。

但是法律威胁到窃盗或与窃盗相关的行为,而犯罪者通常属工人阶级中的最低阶层。比如说,船主对社会造成损害的交易和行为,通常被视为合法或是半合法,但是酗酒的游民所做的相等行为(如果它们可被视为相等),通常被视为不合法。

该过程的第二个步骤即是被逮捕风险。即使刑法如上述的方式成立,属于较高阶级的人显然也会犯下会被惩罚的行为。但是他们违法的行为通常"不容易被发现,因为这些行为往往在相当复杂的组织性架构内进行,并且使用令人极难揭发的方法。私闯民宅的形式相当简单,但是如在公司账目外接收金钱或是其他好处,然后让甲公司而非乙公司来做某项工作的这种行为,大多在暗地里进行,且在受礼与蒙蔽之间显得模糊不清"(Christie, rev. ed. 1982:118—19)。然而,补助经费的诈骗、公司以假账运作、计划性破产、诈骗性投资、公司资金操控、环境犯罪等行为也有类似的情况。这些行为在"相当复杂的组织性架构内进行,并且使用令人极难揭发的方法"。

第三个步骤是关于不平等的解决问题能力,以及在被侦查或被质疑时,能够解决该问题的不平等能力。被侦查到的逃税者或增值税侵占者,比窃贼或游民较有解决问题的能力。这种不平等可能渗透了阶级和阶层化体系的微细层面。一项挪威对于举报的侵占增值税的案例所作的研究,提供了一个耐人寻味的例子。该研究显示被税收当局举报的侵占增值税案例,都由小型公司或是商人所犯(Hedlund, 1982),但是我们没有理由相信大型和具有财富的公司不会试图逃避增值税,并且从未受到税收当局的质疑。这些小型公司被举报可能是因为他们的经济规模弱小,因此无法与税收当局就延期缴纳或分期付款之类的事宜达成协议。

第四个步骤是由警察和刑事司法体制运作中一些其他选择性机制所组成。例如,大部分的警察活动与资源都用来针对逮捕犯下传统犯罪的小人物,只有相当小的一部分"针对较高的层面"。然而,那些犯下"现代"经济罪的罪犯被侦查到时,他们也有能力出钱找到好的律师为其辩护。

以上是整个过程中几个最重要的步骤的概述。法庭又是如何呢?在法庭上是否也有不平等存在呢?我们很难以实证的方式找到答案,因为可以用来作为比较的相似案例实在太少。当我们试着以传统社会学方法将各种背景因素维持一致来"建立"类似的案例时,我们所得到的数据变得小得无法作比较。由维尔海姆·奥伯特(Vilhelm Aubert, 1972, Ch. 8)所作的一个综合研究显示,在其他因素受到控制的情况下,社会地位较低的人通常受到较严厉的刑罚。但是该研究的数据很快就变得很小,此外,该研究的另一个困难在于所讨论到的犯罪是由法律规定所界定,这其中可能掩藏着许多重要的差异。

换句话说,对于法庭是否以公平的方式解决类似的案例这个问题,并没有一个简单的答案。然而,我并不认为这个问题相当重要。重点是法官很少遇到不同社会阶级所犯下的类似案例。透过上述的过程,被带到法庭上的人们大多是贫穷的传统犯罪者。不论法庭上是否有公平性,最后被关在我们监狱里的还是这些人。

这让我们回到了道德的问题。这个系统化的过程——即刑法形式上的平等性无法阻止不平等——反而掩饰实际存在的不平等,使得道德问题更为凸显:如果我们以一般预防为由来惩罚人们,为了使得其他人守法,我们大多在牺牲贫穷和被污名化的人。

更详尽说来,有些时候立法者和法官使用一般预防的论点,直接针对贫穷和被污名化的人。有关毒品犯罪的案例即是一个例子,为了让其他的穷人守法,另一些穷人被牺牲了。如果立法单位和法官要在根本上解决穷人的一般状况,废除毒品犯罪这类罪名就是一个很好的解决之道。但是他们却以惩罚一些穷人的方式控制管理许多其他的穷人。

但是,另一些时候,一般预防的论点则有较不明确的方向,最普遍的形式是以提升人们守法倾向为目的。这意味着,即使不属于贫穷和被污名化的各种群体的人们,也属于一般预防信息所针对的目标群体,这些也是借由伤害穷人而使其守法的群体。

我个人不能够确定,以道德观点来看这两个论点的方向中哪一个更具争议性。

一般预防提倡者有时也会反驳这个论点

我们在前面已经讨论过不确定和不清楚的研究结果、有关预防信息的沟通方面,以及一般预防的道德问题。当我们作更详尽的说明时,可以注意到一般预防的提倡者为了保护自己的利益时,也会强调这些反驳一般预防的论点。

这些提倡以一般预防作为惩罚基础的人在反驳一般预防时,所用的措辞与我们的不同。但重要的是,他们的观念与我们相同。

第一,他们突然强调实证数据的不确定性和不清楚性的特质。举例来说:贾斯·安德内斯几年前在一个关于挪威酒驾惩罚的详尽且重要的文献中,提倡少用强制性监禁,以及对于血液中所含酒精浓度较低的驾驶,施以非监禁形式的惩罚。(Andenæs,1982,在该文献发表的同时,该国对于血液中酒精浓度在 0.05% 或 0.05% 之上的驾驶的惩罚为至少 3 星期的强制性监禁。后来的立法即以安德内斯等人所倡导的方向转变)。安德内斯问道:对于血液中酒精浓度低的驾驶处以罚金来代替监禁会有什么样的效果?他用以下的声明回答这个问题(Andenæs,1982:129,由本书作者译自挪威文):"如同其他关于一般预防的问题一样,我们对于这个问题也应依据一般推理,这其中也包括许多揣测。"

我们之后会再回到安德内斯对此所作的观点。在此,我必须强调的是,安德内斯在提到效果时所强调的*不确定性*。突然间,强调不确定性变得如此重要,而且是强调有关"所有关于一般预防问题"的不确定性。这是一位一般预防的主要提倡者在找一些理由,让惩罚的预防效果看起来并没有那么重要的时候所使用的强烈措辞。

第二,有关沟通的论点实际上也被强调(即使他们不与我们一样用这些论点解释实证结果的不确定性和不清楚性)。我们在前面讨论过沟通过程的三个主要特点,即实际状况、称谓的重要性以及诠释背景。安德内斯其实在 1982 年的一篇文献中也提到这些特点,虽然他所使用的概念有些不同。举例而言,安德内斯强调在醉酒驾车这方面,刑事政策在日常进程中含有各种不同的实施方式,但它们之间的差异相当微小,而这些差异在效果方面显得并不重要。他说:"我们必须区分刑罚制度对于醉酒驾车的*整体*效果与该制度各组成要素对于醉酒驾车的*微小*的效果"(Andenæs,1982:129)。这使我们了解,对于血液中酒精浓度低的驾驶处以罚金而不予以监禁,只造成相当微小的差异。此外,安德内斯也强调信息可能并不如预期的被接收和感受到。他以一个研究作为参考,该研究显示在一个具有代表性的样本中,大多数人认为,失去 1 个月的薪资比监禁 3 个星期更具威胁性,这与立法者的意向全然不同。他在这里依然没有提到符号表意过程的细节,但是他提到了受罚者对于惩罚的接受和感受,并不一定会如计划一般的这个基本重点。最后,在其他情况下十分乐意以"个人经验"作推论的安德内斯,突然对于如此的概论加以警惕,并清楚地以诠释背景作为参考。对于这个问题,他的详述如下:

> 我们正面临一个危险,即高估醉酒驾车的严厉立法在预防方面的重要性,因为参与公开讨论这些醉酒驾车问题的人,通常都是由他们本身经验和他们熟识的人作推论。这些属于从政者、法官、警官、教授和交通专家的群体都会认为,醉酒驾车被判刑对他们的名誉会造成很大的伤害。此外,他们也是非常能够控制自己一时冲动的群体。我们不能将这些群体的情况当作是理所当然,并套用在其他的群体上。比如说,青少年或是无法控制饮酒量的人(Andenæs, 1982:133)。

对于只有如教授和交通专家这些群体才能够"感到醉酒驾车被判刑后的名誉受损,有如面临大灾难"的论点实在令人质疑。他并没有解释那些未来会有职业生涯的青少年,在面临驾照可能被吊销很长的一段时间的情况,为什么不应该有相同的感觉。这个描述相当的傲慢。但是他的重点,即指出以自己本身的经验和自己所熟识的人们作概论含有危险性,是相当重要的。如同我们前面所述:在建构于饮酒问题、家庭问题、失业问题和教育问题上的符号结构中,来自国家的信号无法被诠释为威慑性的惩罚或是教育性的信息,反而被诠释成更多的压迫、说教和排斥。

安德内斯并没有使用符号结构和诠释背景的概念,就是因为他对一般预防的基本沟通理解相当缺乏,他对于以"个人经验"作概论含有危险的论点,可能是在该论点符合他自己的目的时,才随意使用的。但是他的论点本身和我们的相同。关于醉酒驾车方面,安德内斯所用的措辞其实和我们相当类似:

> 醉酒驾车的严厉立法对于大多数的驾驶有良好的预防效果。因此,公路上的醉酒驾驶总数相当小。但是,即使没有我们严厉的立法,这些占大多数的驾驶虽然血液中的酒精浓度可能不低于法定的0.05%,他们的饮酒量还是很小……酒后引起的交通事

故,主要是由大量饮酒的驾驶所造成的,而这些驾驶中,大多数的人都有严重的饮酒问题和社会适应不良问题。法律对于这些群体很难产生威慑或教育的效果……简而言之:我们有充分的理由相信,法律引起最大的激励效果的对象,就是那些即使饮酒量超过了法律的限定,还是具有极小交通事故风险的群体……(Andenæs,1982:132)。

安德内斯的这个声明和我们的结论相当类似,那就是:一般预防对于不"需要"的人起作用,对于"需要"的人不起作用。

我们从上述可以看到,这位国际闻名的一般预防提倡者实际上提及了研究结果的不清楚和不确定性,以及沟通过程的三个主要构成要素。

第三,这位一般预防提倡者也提及了道德问题。他对这个问题有些含糊不清,并且与他对一般预防的看法一致。但是在他强调惩罚的预防效果是维持刑罚制度的最重要的原因之后,他却继续针对醉酒驾车指出:"我们不希望为了让人们守法而付出太高的代价,对于一般预防的考量应该与正义和人道的考量相互平衡(Andenæs,1982:129)。"此外,他也在他处提及,基于对一般预防的考量而对血液中酒精成分低的驾驶采取监禁的惩罚,相当不合理。

我们可能要问:这些一般预防的提倡者为什么不将这些论点用于其他如毒犯、游民以及一般从事犯罪活动的青少年这些群体上?这些论点用于这些群体上不是也一样合理且恰当吗?针对这些群体,采用"我们对于这个问题也应依据一般推理,这其中也包括许多揣测"(Andenæs,1982:129)的论点也一样合理。而使用:"我们必须区分刑罚制度的整体效果……和该制度各组成要素的微小的效果"(Andenæs,1982:129),对于惩罚的接收和感受并不一定会如计划的一样,"我们正面临一个危险,即高估严厉立法在预防方面的重要性……因为参与公开讨论这个问题的人,通常都是由他们本身经验和他们熟识的人作推论"(Andenæs,1982:123),以及"我们不希望为了让人们守法而付出太高的代价"(Andenæs,1982:123)的说法也一样恰当。这些都是降低对于这些群体惩罚程度的最有说服力的论点,但是安德内斯并没有将这些论点用在这些群体上。

然而,安德内斯报告中的一些其他论点也有相同的问题。例如,他指出:国际间的比较显示,即使各国在惩罚程度上有相当大的差异,并没有导致犯罪程度的差异,或增加对于饮酒量所造成的影响这方面的知识(这与传统犯罪以及如工作意外、交通事故或污染等社会威胁完全不同)。但是这些论点也没有用于上述的群体。一般预防的提倡者仅在有意愿的时候才会使用这些论点。我们很难理解安德内斯只将这些论点用于血液中酒精浓度含量低的酒后驾驶上的原则。

监狱是否在一般预防上站得住脚?

我们通过一些步骤提出了有关一般预防的问题。例如:研究结果相当不确定和不清楚,并且仅显示一部分或极少的效果。沟通过程相当不健全且充满了问题,这个情况不但解释了研究结果的不确定性和不清楚性,也让我们了解在预防效果这个领域中,实际情况其实是不确定和不清楚的。道德的问题也相当重要。一般预防的提倡者在寻找反驳一般预防的理由时,也会强调上述这些论点。

在此,我要强调另外两个重点:

第一,将上述的论点结合起来是相当重要的。如果我们只看研究结果、沟通过程或是道德问题,可能会觉得论证不充分。重点是这三组论点都指向同一个方向。在社会生活中,对于效能和道德考量时常会互相冲突:有关效能的考量指向一个方向,而道德的考量则指向另一个方向。但在这里不但没有发生这样的情况,反而恰好相反。

这表示这些论点的核心指出,国家以惩罚作为控制和执政方法时必须相当谨慎,并且极力强调政府必须使用另一种执政方法。

第二,这些论点特别指向谨慎使用较为痛苦的惩罚,在西方社会最痛苦的惩罚即是监禁惩罚,这也是本书的焦点。

针对目前国际在监禁惩罚方面的发展,我们无法找到以一般预防为基础的可靠论点(见第1章)。

不清楚和非常不确定的研究结果不能为其提供一个可靠的论点,我们对于沟通过程在理论上和实证上的了解,也无法为其提供一个可靠的论点,道德的考量更是无法为其提供一个可靠的论点。

然而,如果我们以一般预防的观点来看以监禁作为惩罚这个问题,则有充分的理由缩小监狱系统,并且减少监狱系统的使用。

在针对将罪犯监禁这么有害且令人痛苦的刑罚的问题时,不清楚和不确定的研究结果、我们对于沟通过程在理论上和实证的了解,以及对于道德的考量,都成为减少使用监狱系统的十分重要的论点,其中又以道德考量显得最为重要。

有些人或许认为,微小的结果、沟通缺陷和道德考量这些论点加在一起,可能对于较不有害且较不令人痛苦的惩罚不是那么重要,但针对有害且令人痛苦的惩罚,则变得相当重要。

简而言之,监狱在一般预防上很难站得住脚。在为改造这个章节作结论时,我们引述了来自瑞典官方的说法。该说法强烈显示监狱的改造效果是一个幻觉。该官方说法,针对监狱刑罚对于一般预防的效果也有强烈的声明。我们再一次逐字引述:

> 如同我们上述[即有关以剥夺自由的方法来达到改造的幻觉,TM],以监狱作为惩罚的出发点,仅能以我们通常所谓的一般预防和保护社会为理由。但是,监禁刑罚对于这两方面的效果大部分都不确定。
>
> 因此,所有可得的研究结果和国际间的比较显示,犯罪的发展和监禁人数或是监禁刑期没有明确的关系……实际上,如果说刑事政策对于犯罪的发展可以算是次要的,应该不算夸大。尤其是,如果我们以家庭和学校政策、劳动和社会政策、刑事司法体制组织和其广泛的功能,以及经济结构和社会中人们的观点与其作比较。整体而言,或许努力建立一个团结的社会,使其在收入、住宅、教育、工作环境和文化方面有更好及更多的公平分配,比较能够预防构成犯罪条件的社会适应不良风险。因此,这方面的努力的确比用刑罚打击已经犯下的罪行更为重要(Government Bill, 1982/83, No. 85:30,由本书作者译自瑞典文)。

因此,我们必须做的是,要求相关当局在实践上正视他们正确的认知。

第 4 章　社会防卫的其他理论

我们在前面已经多次提到,社会防卫通常要分成两个部分来讨论:个人预防和一般预防。我们在前面第 2 章已经讨论过个人预防中的一个重要的理论,该理论认为监狱具有改造的功能。而后,在第 3 章我们又讨论了一些有关一般预防的理论。

然而,如同我们前面所述,这个顺序的安排并不是偶然的。有关改造的个人预防理论在 20 世纪 70 年代开始受到严重的批评,并在意识形态方面被淘汰。此后,一般预防理论即逐渐在各国和国际间受到重视。但是一般预防的理论后来也受到批评,因此在 80 年代,个人预防的剥夺犯罪能力方面和一些个人威慑方面又被重新提起。虽然这些理论是老旧的,但是在 80 年代得到了新的动力。简而言之,当现有的理论被质疑或淘汰时,刑事司法体制和其研究学者就会从旧的社会防卫理论中作出新的变化。

剥夺犯罪能力

"剥夺犯罪能力"在 80 年代成为一个重要的犯罪学概念。这个概念表示罪犯的再犯"能力"通过监禁刑罚而被具体地阻挡或降低。其基本概念就是让罪犯与社会隔离,以剥夺其犯罪能力。这也就是监禁或是长期监禁被用来作为剥夺罪犯犯罪能力的原因。

虽然剥夺犯罪能力的概念有时候会与改造的概念结合,但是剥夺犯罪能力理论本身并没有强调帮助被监禁者的人道概念。由于改造的概念在 80 年代变得相当过时,我们便常看到剥夺犯罪能力的概念被单独使用。

以下,我们会首先提出两个有关剥夺犯罪能力的基本问题。这两个问题可被称作准确度问题和原则问题。各问题中又包含了两个方面,我们也会针对这些方面进行讨论。

接着，我们将更具体地提出两种在剥夺犯罪能力方面的研究和努力。它们可以被称为集体性和选择性的剥夺犯罪能力。我们将以准确度和原则这两个基本问题，来探讨这两种在剥夺犯罪能力方面的研究和努力。

最后，我们将会作出一些结论。

两个基本问题

准确度问题

剥夺犯罪能力理论首先引起了这个重要的问题：对于预测未来谁会犯罪的准确度会有多高？这个准确度愈高，便愈显示监禁是剥夺罪犯犯罪能力的好方法。相反的，这个准确度愈低，便愈显示监禁不是剥夺罪犯犯罪能力的好方法。

有关准确度问题又包含了两个问题，也就是说当准确度低的时候，便可能引起这两种问题。

第一种问题是，具有高度累犯风险的罪犯可能没有被监禁或是长期监禁。也就是说，未能对具有极高再度犯罪风险的罪犯施以监禁，或是对其监禁的时间太短。国际文献将这种问题称为"错误否定"问题：也就是说预测是否定的，即表示罪犯不会再犯，但是该预测是错误的，因为罪犯会再度犯罪。

第二种问题是，具低度累犯风险的罪犯可能被监禁或是长期监禁。也就是说，可能会对具有极低再度犯罪危险的罪犯施以监禁或是长期监禁。国际文献将这种问题称之为"错误肯定"问题：也就是说预测是肯定的，即表示罪犯会再犯，但是该预测是错误的，因为罪犯实际上并没有再犯罪。

挪威的犯罪学家尼尔·克里斯特以相当谨慎的态度来面对准确度这个问题。他在1974年的一个有关所谓不正常罪犯处遇的刑事委员会报告中发表异议声明，审视了当时相关的国际文献（Straffelovrådet, Penal Council Report NOU 1974, No. 17:126—46），并对一般且较不严重的犯罪和较不寻常且严重的犯罪作出区分，前者包括如传统的财产性之类的犯罪，后者包括如暴力和性犯罪之类的犯罪。他表示，针对那些时常犯下传统财产罪的人进行是否再犯的预测，其准确度可能很高。但对于那些犯下比较不寻常，且具体来说更严重的犯罪的人进行如此预测,则较为困难(Penal Council Report NOU 1974, No. 17:128,由本书作者译自挪威文):"因此,我们必须清楚地声明,在预测未来谁会做出危险行为这方面,我们目前没有任何良好的基石。"

克里斯特特别重视错误肯定的问题,他指出(Penal Council Report NOU 1974, No. 17:128):"尤其是,我们无法避免逮捕许多后来被证明没有危险的人……为了要抓几个危险的人,我们必须将一大群可能不会犯下任何危险罪行的人关起来。"

原则问题

对于克里斯特和许多其他学者而言,这个错误肯定问题——即为了监禁真正危险的少数人,而拘留许多实际上毫无危险性的人的问题——会构成一个很严重的原则问题:我们为了保护自己不受到少数危险之徒的威胁,而将许多实际上并没有危险性的人关起来,它的正当理由是什么?

我们会在后面看到,这个问题的确还在困扰着我们。但是,除了这个问题讨论到原则问题以外,无论准确度如何,剥夺犯罪能力的概念引起了另一个基本的原则问题。

这个问题就是:用监禁对付未来可能会发生的犯罪行为,它所持的原则具有什么基础?这里所谓的预防未来的犯罪行为不只是模糊的目标,而且是某些监禁刑罚的明确理由。对于未来的行为施以刑罚,它所持的基础是什么?

我们可以从刑法典的组成看出,这其实是一个相当实在的原则问题。

刑法典中包括了有关在社会中被认为是犯罪行为的法规,这些法规有两个基本的特性:

第一,它们针对个人在过去所犯的罪行应给的惩罚提出指示。一般而言,刑法典和刑罚制度无疑是以过去为主,也就是说以过去的行为作为惩罚的基础。

第二,这些法规也狭义地针对个人犯罪行为应给的惩罚提供指示,也就是说以行为本身作为判刑的基础,而一些超越行为以外所谓的不相关情况都会被排除。审判的执行中还是有重视减罪和加罪的情节:譬如说,年龄有时即可被视为减罪的情节。但是其主要的原则还是相当清楚的,即个人仅基于本身所犯下的行为被判刑。

剥夺犯罪能力理论的基本问题在于该理论坚持对于未来可能或是将会犯下的犯罪行为施以监禁刑罚,并且以广泛的方式检视个人和个人情况作为它的基础。

剥夺犯罪能力理论如此的做法完全违反了刑法的基本原则。原本仅在少数非常特殊案件中才被接受的考量,也就是对于未来行为和罪犯及罪犯个人情况的广泛的考量(例如在挪威,对于所谓不正常的罪犯施以预防性拘留,但即使在这些情况下,这些考量也备受质疑:请参见 Aubert,1958;Christie,1962;Mathiesen,1965a;Ellingsen,1987;Kongshavn,1987),被该理论转变成一般监狱使用的基本和正常考量。

许多律师都明白以这些理论为基础的审判所含有的问题,因为这些律师通常不像从政者或行政官员那么以效能为目标。他们指出以这个理论为重的审判,违反了"法治"的基本原则。严格地说,许多反驳剥夺其犯罪理论的基本论点,也可以用来反对一般预防理论和改造的概念。因为这些理论和概念也都含有预先假设,预测罪犯未来的行为并将其纳入部分的审判因素(这些必须预防的行为可能会是他人或是罪犯自己的行为),并且以相当广泛的评估作为审判的基础。我相信反驳这些理论的基本论点通常有不明确的原因,一方面在于一般预防在意识形态中占有相当稳固及广泛的立足点。另一方面是因为改造的先决条件在于监狱的意义远超过只是单纯的监禁。总的来说,一般预防在意识形态中的立足点,以及监狱应当具有的意义,使人更难察觉以未来为依据所含有的问题。但实际上,这些问题确实存在。

我在前面已经提过,剥夺犯罪能力理论违反了刑法典和刑罚制度的一些基本原则。在刑罚制度里,我们在上述提到的原则与声明"在审判尚未结束前,没有人应被视为有罪"的这个原则一样重要。因此,如果说剥夺犯罪能力的概念违反了刑法的"伦理道德",一点也不为过。声明任何人都不能因为尚未犯下的行为被判刑,而且不能只依据罪犯的行为而不考量罪犯行为以外的条件来判刑的基本原则,属于刑罚制度的基本规则。

因此,剥夺犯罪能力的概念引起两个基本问题,即准确度问题和原则问题。

虽然准确度问题大致上也可被称为效能性问题,该问题提出了"错误肯定"这个基本问题,即错误地预估会再次犯下犯罪行为的人,并对这些人施以剥夺犯罪能力的计划。原则问题也可能成为道德问题。

我们应该清楚注意到的是,这两个主要的问题都属于程度性的问题。准确度有程度上的变化,违反原则也有程度上的不同:愈是单方面强调以未来的行为作为审判基础,以及依据愈广泛的预测背景,就会愈违反这些原则。如果被判刑的人在过去没有犯下任何罪,只是因为未来的行为而被判刑,以及如果不限定相关背景的界限,将整个背景都被视为相关,就会极度违反这些原则。目前我们社会的刑罚制度尚未到这个地步,因为一个判决中必须至少有一部分是依据过去被判有罪的罪行,才能启动刑罚制度的进程。但是,我们会在后面看到,许多研究的案例都严重违反了这些原则。我们或许正走在指向极端的道路上。

我们接下来要讨论在"剥夺犯罪能力"方面各种具体的研究和努力。

具体种类

如前所述,我们或许可将"剥夺犯罪能力"方面的研究和努力分成两大类:"集体性"和"选择性"的剥夺犯罪能力。这个概略的区分,被用于安德鲁·冯·赫希(Andrew von Hirsch,以下简称冯·赫希)最近出版的文献中,该文献讨论到刑罚制度中的剥夺犯罪能力与正义(von Hirsch, 1986;另可参考 Blumstein et al., 1986)。

集体性剥夺犯罪能力

集体性剥夺犯罪能力是这两个种类中较为单纯的一种。其基本重点在于不先预测罪犯中谁较具高度的累犯风险,即将各种如犯下重罪的被告、具有累犯记录的被告等,施以监禁或是长期监禁。将这些人排除在社会外一段时间或是一段较长的时间,剥夺犯罪能力的效果就会发生。

在国际上,集体性剥夺犯罪能力概念在 20 世纪 70 年代中期,即在一些犯罪学中出现。因此,这时的剥夺犯罪能力理论,有些部分即与一般预防的概念结合。美国的保守派犯罪学家詹姆斯·威尔逊是当时该理论在国际上的主要倡导者。他在所著的《对犯罪的思考》(*Thinking About Crime*, Wilson, 1975: 173—4, 198—202) 这本书的第一版中表示,对于大部分的抢劫罪犯施以剥夺犯罪能力,其中尤其是累犯,可减少至少 20% 的严重性抢劫案(Wilson, 1975: 199)。

威尔逊的论点具有相当大的假设性,他用了一些鲁埃尔·希纳尔 (Reuel Shinnar) 和什洛莫·希纳尔 (Shlomo Shinnar) (Shinnar and Shinnar, 1975; Wilson, 1975: 200—202; 另可参见 von Hirsch, 1986: 116) 所研发的统计模式作为其论点的依据。简单而言,该论点的基本要点如下:在形成一个表示罪犯的个人犯罪频率(例如,罪犯每年的平均犯罪率,也称为"拉姆达"——即"lambda")的测度时,即已预先假设相当高的平均犯罪率。基于如此的假设,既可预知倘若将特定群体中的人都关起来,便有很高的降低犯罪率效果。

但是,事实上,罪犯在社会中的犯罪率是未知的(不过对于某些犯罪类型的估计有些相同,请参见 Blumstein et al., 1986, Vol. 1: 4)。此外,在预设的平均犯罪率低的时候,计算出的降低犯罪率的效果就会急剧降低,并且无法得到有关较高或是较低的犯罪频率的数据。"当这些问题变得明显时,人们对于集体性剥夺犯罪能力的热衷即随之消退了"(von Hirsch, 1986: 116)。

几年以前,瑞典当局采用了一项改革措施,该改革实际上说明了剥夺犯罪能力的概念。由于这个改革很清楚地阐明集体性剥夺犯罪能力所含有的问题,我们应该对该改革的发展稍作了解。

1983 年 7 月 1 日,瑞典当局为了解决瑞典监狱受刑人太多而造成监狱拥挤的问题,决定对大多数的瑞典受刑人采用二分之一刑期的自动假释政策。这个新规定唯一例外的是,不包括那些因为犯有危害他人生命或健康的"特别严重犯罪"而被判至少 2 年以上监禁,且被预估为释放后会有极高累犯风险的罪犯。这些罪犯必须服满三分之二的刑期后才有假释的机会。其他大多数的受刑人在服满刑期一半后即可获得假释,其中也包括许多犯有严重罪行的受刑人(由于 2 年以上的监禁在瑞典算是相当长的刑期)。这个改革的部分目的在于降低监狱的压力(请参见本书第 1 章)。

这个改革大幅地降低了瑞典监狱人数。例如,瑞典在 1982—1983 年度中的平均监禁人数为 4 024 人(其中不包括审判前受到拘留的人数),而在1983—1984年度中,该平均监禁人数则降到3 505人,比前一年少了519人,也就是降低了13%。如果我们将改革前一个月的1983年6月1日和改革之后的1984年6月1日的监狱人数作比较,就会发现监狱人数下降了将近17%。这个改革在瑞典降低其监狱人数和"缩减"监狱方面,是一个重要且有意义的尝试。

可以预料的是,随即就有人提出该改革是否对瑞典的犯罪率有任何影响的问题。瑞典犯罪预防委员会为了解该问题进行了一个研究(Ahlberg, 1985)。研究者首先估计1983年下半年内受刑人"不受监禁月"的数目,并与假设1983年7月1日没有开始改革的下半年内受刑人"不受监禁月"的数目作比较。这个比较显示,该改革使得"不受监禁月"数增加了3 200个月。

接下来,研究者估计出每个"不受监禁月"中被举报的罪案数字,而这些犯罪通常是由受刑人在被释放后的头一年所犯的。该估计是以一个用改革前被释放的受刑人为样本的文献所作的研究作为依据。这个估计之所以用该样本,是由于那时因改革被释放的受刑人,即使再犯,也尚未登记。

研究者将每个月的平均举报罪案数字代入改革后所增加的3 200个"不受监禁月",即预估出改革后头半年内增加的犯罪数字,其总数为稍微超出4 000个举报罪案。

所谓的"侵入民宅"(housebreaking)在这个分析中相当重要。1983年的下半年,瑞典"侵入民宅"的案件的确有增加的现象,其增加总数约达2 000件。这个增加有各种不同的原因,其中因改革而增加的该类案件,由上述方式估计占有800件,即占增加总数的40%,所占的比例不算小。

这让我们对集体性剥夺犯罪能力有些什么样的理解呢?在实行剥夺犯罪能力时,我们通常预测监禁的时间会变长,但这个改革却让监禁的时间变短。因此,该改革显示了剥夺犯罪能力呈"负面"效果,即显示瑞典在这段时间可能失去的剥夺犯罪能力效果。

乍看之下,该失去的效果看起来可能很大。半年之内有4 000个犯罪案件,并不算少。而增加40%的侵入民宅案件也不算少。但乍看之下可能无法令人理解真相,所增加的4 000个犯罪案件和40%侵入民宅案件都是发生在同一时间集体释放受刑人之后,更准确地说,是在集体释放全国13%～17%受刑人之后。如此的释放人数是相当不寻常,且仅有一次的事件。我们应该研究的是一年当中正常增加释放受刑人数时,剥夺其犯罪能力所产生的效果。如此的研究会令我们发现,所失去的剥夺犯罪能力效果其实是相当微小的。阿尔伯格(Ahlberg)的报告指出,以正常的方式在一年内平均地释放受刑人,剥夺犯罪能力的效果会变得相当微小,在犯罪统计中都看不出来,这与上述的论点完全符合。过一段时间之后,犯罪程度可能会稍微高一点,但是它的影响相当微小。该报告以下列的描述作出了相当重要的结论:

> 目前,改革对于举报罪案数字的影响只是一种相当短暂的现象。因为许多被判监禁的受刑人在同时被释放,我们即在同一时间内累积了某些种类的犯罪。过一段时间后,当受刑人的释放回归正常,且在一年中被平均释放,该效果在统计中就会很难被看出来。由于剥夺犯罪能力效果(即将罪犯们监禁后,对于犯罪的影响)的确存在,过一段时间后,不论其效果有多么微小,还是会比刑期没有任何改变来得高。(Ahlberg, 1985:21,由本书的作者译自瑞典文)

简而言之,就上述的改革政策而言,许多受刑人的刑期短了许多。然而,即使如此大量地减短监禁刑期,一旦过了过渡时期,也只有微小的剥夺犯罪能力效果。

美国在此方面的资料也显示类似的研究结果,不同的是该研究不是以监禁人数减少而是以监禁人数增加为例子。由美国国家司法研究所赞助,艾尔弗莱德·布卢姆斯坦恩(Alfred Blumstein)主持的犯罪生涯研究小组在1986年出版了两册重要的报告(Blumstein et al., 1986)。该小组对剥夺犯罪能力的问题作了深入研究。1973到1982年之间,美国的州立和联邦监狱人数增加了几乎一倍,"算是一种集体性剥夺犯罪能力的实验"(Messinger and Berk, 1987:774),但是犯罪率还是增加了29%。根据该研究小组所有的估计数字显示,如果监禁人数没有增加到几乎一倍,依据所预测的罪犯个人犯罪频率('lambda'),犯罪率会多出10%到20%(Blumstein et al., 1986, Vol 1:124—8;特别参见第125页的第8个注解)。这或许被视为相当微小的收获,但以大量增加了监禁人数的观点看来,的确大耗成本。如果要将犯罪率降到更低,则"每降1%的犯罪率,监禁人数至少需要增加10%到20%"(Vol1:128)。简而言之,这个例子再一次显示集体性剥夺犯罪能力的效果相当微小。

此外,另一个在美国(哥伦布市)对于所谓的危险罪犯所作的集体性剥夺犯罪能力研究,在预估的效果上得到类似的结果。该研究针对各个刑罚政策的严厉程度和所获得的剥夺犯罪能力效果作比较。研究的结果显示,虽然最严厉的政策可能会因为费用太高而无法实行,但即使是如此严厉的刑罚政策,也仅有相当微小的剥夺犯罪能力效果,并且未能在保障民众安全上起更多的作用(Conrad, 1985, Ch. 5)。

但是,我们必须附加说明的是,有关瑞典的研究引发了关于回到正规的2/3刑期假释的提案(但是另外也有一个因该研究而建议应将刑期减短的提案,Fängelsestraffkommittén, the Swedish White Paper SOU 1986, No. 13—15,亦可参阅本书第5章)。瑞典所采用的1/2刑期假释改革引起了相当大的公众辩论,许多民众认为这个改革造成了更高的犯罪率。这样的看法一部分是基于改革后立即集体释放受刑人所产生的影响,而有关该改革长期效果的结论却被忽视。这个现象显示大众的舆论,在经过大众传播媒介的过滤和聚焦(请参见本书第61—62页)后,对于刑事政策的影响。

我们就集体性剥夺犯罪能力的准确度和原则所作的结论又是什么呢?

如前所述,虽然集体性剥夺犯罪能力不事先预测某项犯罪中具有高度累犯风险的罪犯,但该理论对于累犯采用了一种"集体性"预测,因此,有关准确度的问题相当重要。

我们在前面已经看到,剥夺犯罪能力的提倡者无法以实证显示罪犯的个人犯罪频率。这使得剥夺犯罪能力的效果极为不明确,不仅显示了不明确的"准确度",也无法保证不会有许多的"错误肯定"或是"错误否定"。此外,在瑞典(Ahlberg, 1985)和美国(Conrad, 1985)所作的主要研究显示,即使监禁刑期有极大的变化,对于犯罪率和民众安全性的长期性影响相当微小。纵使在美国监禁人数急剧攀升后所预测的罪犯个人犯罪频率呈最佳状况的这种情况下,所获得的剥夺犯罪能力效果也极为微小(Blumstein et al., 1986)。瑞典的研究明确显示,任何时候被监禁的受刑人对于总犯罪率的影响都相当微小,因此即使在刑期上有相当大的差异,也只有相当微小的剥夺犯罪能力效果。

但是如果我们真能以一些办法来增加"集体的准确性",比如说以更精准的条件来界定可能再犯的受刑人们的特性,又会得到什么样的效果呢?有一些瑞典犯罪学家近来以十分假设的方式表示有这个可能性(Persson, 1987)。这些学者以两方面为依据,一方面是他们所谓的"专业的猜测",另一方面是一个美国估计显示个人犯罪频率相当不平均,因此大多数的罪案均由极少数的罪犯所犯(Blumstein et al., 1986:4)。他们认为,诸如侵入民宅、偷车等罪案总数中,多数是由少数持续犯案的累犯所为。因此,将这些人监禁即可降低犯罪率。如果他们说的没错,那又应该怎么办呢?挪威的警察从瑞典的改革思想中得到启发后,于1988和1989年制定了他们所谓的"最高10个"政策,即运用充分的资源来追查这群人数虽少但是被认定为持续犯罪的累犯。这些警察认为这个政策能够降低犯罪率。如果他们是对的,那将会怎么样呢?

这些瑞典犯罪学家们似乎忘了目前这一代的罪犯并不是最后一代,挪威的警察似乎更是忘了这点。新一代的罪犯将会在街头出现,这即表示犯罪率即使有任何下降的现象,这个现象也会很快消失。当然,集体性剥夺犯罪能力的实验也可持续到下一代或是世世代代,但是由于罪犯会一直存在,所以每一个世代的罪犯都会受到长期性的监禁。即使罪犯的犯罪活动会随其年龄增长而逐渐降低,上述的情况还是会存在。况且,由于一代又一代的监禁者不断入狱,我们永远无法跟上脚步。实际上,这样下去的话,我们的监狱将会有大量的受刑人,而且不知道什么时候才能将他们释放。同时,因为新一代的犯罪者总是会出现,我们的街头上还是会有犯罪案件。这些瑞典犯罪学家们其实已经承认了这个现象(Persson, 1987:25),但并未在政治上将其纳入考量。

除了上述的这些和准确度相关的问题外,我们也看到了有关原则的问题。集体性剥夺犯罪能力意指:基于预防未来犯罪的可能性的估计,而将所有被判定为可能再犯的罪犯施以长期监禁。换句话说,如此的思想即相当重视以尚未犯下的犯罪行为作为判决的基石。

此外,这种思想也对过去的广泛评估持有某种程度的重视:虽然我们不对具有较高犯罪风险的个人作出预估,有许多犯罪前科的人还是被列为特别重要的一群(Wilson, 1975: 199)。目前,在西方刑罚制度中,对于犯罪前科记录的重视和上述的广泛评估并非不寻常,但是在考虑到其他社会因素时,这问题就更为凸显,我们会在讨论选择性剥夺犯罪能力时回到这个问题上。然而,集体性剥夺犯罪能力思想中对于犯罪前科记录极度重视,的确显示该思想相当偏离原来的出发点。我们可以用与上述相反的可能性来阐明道德问题:前科犯罪记录和持续的犯罪行为,其实可以被视为减罪情节而非加罪情节。人们可以辩称,由于这些累犯已经受到了那么多的痛苦,他们的判决应更轻一些才是(Christie, 1981)。但是我们从未听到如此的论点。

然而,我们再度强调,诸如此类的判决非常重视以尚未犯下的犯罪行为作为基石。

此外,被如此判处监禁的人大多是处于贫困、有社会不利条件且被污名化的人,道德的问题也因此变得相当严重。

选择性剥夺犯罪能力

选择性剥夺犯罪能力的基本要点在于预测某些特定群体中具有高度犯罪风险的人,并对这些人施以选择性的监禁或是长期监禁。该论点的想法是,如果有足够的资料提供罪犯过去的行为和其他的特质,就可以个别辨识出具有高度犯罪风险的罪犯。有些人认为,选择性地剥夺犯罪能力策略可在不增加监禁人数的情况下,大幅减少犯罪案件(Greenwood, 1982: xix)。

选择性剥夺犯罪能力的概念具有一段长久的历史,可以追溯到20世纪20和30年代对预测犯罪的早期尝试(请参见如与Warner, 1923相反的Hart, 1923, Glueck and Glueck, 1937,以及我们在此引用的一个相当好的文献von Hirsch, 1986: 105—107)。早期的预测研究通常以对抽样罪犯所收集的资料为出发点。他们运用统计方法,一方面对如罪犯的犯罪前科、工作经历和社会背景之类的因素彼此之间的关系作研究,另一方面也对罪犯被释放后的累犯作研究。这些研究通常是以罪犯被再次定罪或被撤销假释测量累犯的(von Hirsch, 1986: 105)。以此为基础,运用导致累犯最常见的因素,即可算出预测性的指数,接着,这些预测性的指数将可用于新的抽样罪犯。

这些研究通常显示,一些如犯罪前科、工作经历之类的因素可以同时并用,作为预测具有高度累犯风险者的工具。但在同时,这些因素和累犯可能性之间的相关性相当微弱,因此错误的预测所占的比例相当高。对于哪些人不会再犯的错误的预测,也就是错误否定所占的比例相当大。对于哪些人会再犯的错误的预测,也就是错误肯定所占的比例也相当大。此外,在预测严重犯罪时,错误肯定所占的比例通常都特别高(von Hirsch, 1986:106)。有一个评论审视了 5 个有关暴力罪犯被释放后的暴力预测的研究。据该评论显示,虽然错误否定的比例在一些研究中显得相当低,在另一些研究中又显得相当高(介于 8% 到 31% 之间),错误肯定的比例介于 59% 到 86% 之间(Monahan, 1981, Ch. 3)。这些研究使用的是临床预测(并非如许多其他研究一样使用"精算"或是统计方法)和长期的追踪调查(3 到 5 年)。虽然比例高的错误肯定在某些程度上可以受到隐藏犯罪行为的影响为由(比如说,被肯定会再犯的罪犯犯下了暴力的罪行,但该罪行尚未被发现),但是其整体的趋势不能以此作为理由(Monahan, 1981:82—87)。这个问题是基于暴力犯罪相当的少见。犯罪案件愈是少见"就愈可能有过度预测犯罪的倾向"(von Hirsch, 1986:106—107)。

此外,研究学者曾经试过减少错误否定的问题,但随即就增加了错误肯定的问题,反之亦然(van Hirsch, 1986:107)。他们用放宽"可能的再犯者",即"再犯风险高的人"的定义,来降低错误否定的问题。这种方法可使得所包含的实际"再犯风险高的人"的确定性较高,但却造成原本已占很高比例的错误肯定大幅增长。他们也通过将可能的再犯者,即"再犯风险高的人"的定义变得更严格,来降低错误肯定的问题,但是这种方法却提高了错误否定所占的比例。

简而言之,早期的预测研究并没有引起人们多大的兴趣。但是在 20 世纪 80 年代初期所发展的一种崭新的预测研究,显示了所谓的选择性剥夺犯罪能力的可能性。

过去的预测研究除了少数例外的情形以外,大多只预测两大类的行为:不论犯罪的次数或类型,只分再犯和非再犯两类(请参见 Glueck and Glueck, 1937 的主要结论,尤其是第 141 页的制表和第 142 页的文本,以及第 139—140 页中依据制表第一列所作的结论)。但是选择性剥夺犯罪能力是以如抢劫或是其他暴力犯罪等严重犯罪来看累犯,并试着找出未来最可能犯下更多类似罪行的罪犯。在文献中,这些罪犯被称作"高抢劫率罪犯"或是"暴力侵犯者",并且都是需要被预测和被剥夺犯罪能力的罪犯。

美国的兰德公司(Rand Corporation)所作的一项研究,是选择性剥夺犯罪能力研究中最重要的一项研究(Greenwood and Abrahamse,1982；Chaiken and Chaiken,1982)。该公司所做的研究是以美国加州、密西根州以及德州的抽样受刑人所做的访谈内容为基础。这些访谈一方面向受刑人提出有关他们的犯罪前科、工作经验和毒品使用等的问题,另一方面,是有关他们犯下如抢劫这类严重罪行的频率问题。以这些与自我报告的高频率严重罪行相关的背景因素为基础,即构成了一个预测指数。

兰德公司所作的研究在国际间的犯罪学领域造成很大的影响。例如:美国的犯罪学家詹姆斯·威尔逊在所著的《对犯罪的思考》这本书第一版中,大力支持集体性剥夺犯罪能力(Wilson,1975),但到第二版,便转成支持选择性剥夺犯罪能力(Wilson,1983,Ch.8)。

但是,这些研究还是有很大的准确度问题。如同我们前面所述,在早期的预测研究中,相关背景因素和被假释后的再犯之间的关联相当微弱。而这个关联性在兰德的研究中也没显得更强,错误否定所占的比例仍然很高。然而,格林伍德所提出的错误肯定所占的比例相当低,差不多低到4%(Greenwood and Abrahamse,1982:59—60)。但是,冯·赫希具体地指出,该报告的结果是基于所采用的文献具有独特和相当令人质疑的切入点,以下引述冯·赫希(1986:110—111):

> 格林伍德的报告中有相当低的错误肯定,其比例仅占4%。他之所以会得到如此的结果,是因为他只将那些被预测为再犯率高,但实际上有最低的被举报的犯罪率的罪犯列入错误肯定,这些罪犯即属错误肯定中最极端的类别。但他没有将那些被预测再犯率高,但实际上只有中等的再犯罪率的罪犯列入错误肯定,虽然在他的提案中,这些罪犯也可能获得较长的剥夺犯罪能力刑罚。如果我们问到被假设为再犯率高的罪犯被错误分类所占的比例有多少,错误肯定的比例即会随之蹿升。那些在他样本中由他的指数所预测的再犯率高的罪犯,实际的比例低于50%,其余部分则包括再犯率中等或低等的罪犯。如此演算,最后的错误肯

定所占的比例为56%,这与先前其他的研究结果比较,没有太大的差别,而错误否定所占的比例还是相当的高。

柴肯与柴肯(Chaiken and Chaiken)的报告提出相同的问题。尤其是,他们公开表示该研究中错误肯定的问题非常严重,其中30%被识别为再犯率高的抢劫犯,实际上并没有再犯下任何抢劫案。他们的结论如下:"如此大的误差让许多罪犯被错误地识别为再犯率高的抢劫犯,如果刑事司法体制采用了这种鉴别方式来作判决的话,这个问题就不再仅是研究问题了"(Chaiken and Chaiken, 1982:23)。虽然柴肯与柴肯参与了兰德的研究,他们的结论对于预测的准确度是一个致命的打击。他们指出,这个研究"显示暴力侵犯者之所以是剥夺犯罪能力策略中最适当的人选",是基于"他们所犯的罪行的严重程度、他们的犯罪率,以及他们的暴力行为对我们社会的犯罪带来重大的影响",并在之后作出了以下结论:

> 但是,我们不能建议以这些研究结果作为量刑政策的基础。对于较不严重的罪犯施以较轻的刑罚可能较符合成本效益(基于每个被避免的罪案的监禁费用),而且任何辨识方面的误差只会让罪犯得到比应得的惩罚来得宽容的待遇(这在刑事司法体制的判决前阶段也会发生)。但是,用这个模式来识别暴力的侵犯者,即使只是用于犯下严重罪行的罪犯,也可能会造成正义的问题。我们认为,该模式会造成太多错误的辨识(Chaiken and Chaiken, 1982:27)。

在此,我要提到一个与上述结论相同的研究,这是一个最近在丹麦有关青少年犯罪的研究。我在一般预防这个章节中,已经提过一个由弗兰明·巴韦格(Flemming Balvig)所做的研究。该研究显示较严重的青少年犯罪大多是由少数具有各种严重的社会问题和个人问题的人所造成的(Balvig, 1984c;第68页)。巴韦格在另一个研究中发现,青少年时期特定的物质条件与之后的犯罪行为之间有明显关联。巴韦格认为,以这些物质条件为资料背景,可能可以识别出未来最可能被定罪的青少年类别。但是他也强调:"这些关联并不足以让我们对个人作任何概括性的预测"(Folmer Andersen and Balvig, 1984:12)。这些关联只能让巴韦格针对社会福利作出结论,而不能对剥夺犯罪能力作出任何结论。他所强调的是必须改变或消除那些与犯罪行为相关联的社会条件。

现在,让我们回到兰德的研究。到目前为止,我们只讨论了用以反对兰德研究所提出的方法学评论中一些最重要的部分,它们对于预测的准确度提出高度的质疑。此外,我们必须简略提到以下质疑兰德研究,且具有良好基础的方法学的评论(取自 von Hirsch,1986,第9章和第10章):

第一,兰德的研究是以抽样的受刑人为基础,并自称已经找到一种以受刑人自我报告的抢劫案件为基础的预测工具,如此构成了一个严重的问题。

我们从许多的研究中了解,被关在监狱中的受刑人并不能代表在社会中犯罪的人(请参见本书第65—67页)。因此,那些被关在监狱中并自述犯下许多抢劫和其他严重罪行的组群(即兰德研究尝试找出预测因素的组群)不仅无法代表一般的抢劫犯,也不能代表犯罪率高的抢劫犯。这个看法可以由抢劫犯被发现和被监禁的概率相当低的这个事实来证实。格林伍德所提出的美国加州抢劫案的破案和监禁概率相当低(Greenwood,1982),冯·赫希也指出,在多数美国司法管辖区的这个概率也显得很低(von Hirsch,1986:108。挪威在这方面的概率比较高,但还是算很低:在1984年抢劫、敲诈和勒索加起来的破案率为28%)。这个很低的被发现和被监禁概率,提高了监禁在监狱里的抢劫犯不能代表所有抢劫犯的概率。冯·赫希表示:"因此,格林伍德的研究方法让人联想一些研究者,他们借由对于在毒品勒戒中接受住院治疗的少数毒瘾者的使用毒品历程的研究,找到有关在社会中毒瘾者毒品使用习惯。这些研究结果也同样没有什么价值,因为那些在勒戒中心的毒瘾者可能完全不能代表一般的毒品使用者"(von Hirsch,1986:118)。那些犯罪率高,但从没被发现和受到惩罚罪犯人数或许真的不多。但是,如冯·赫希(1986:119)所指出的,这并不足以排除对于格林伍德的研究框架提出质疑的可能性。一方面,在格林伍德样本中,那些显示具有如失业、毒瘾经历等预测因素的人,有时也具有相当高的年度平均抢劫率。但是我们如果对具有相同因素但没有被监禁的罪犯作一些研究,则可能会发现:"他们其中有许多人从来都没有很高的抢劫率,或是早已没有犯罪的念头"(von Hirsch,1986:

119)。换句话说,格林伍德研究中的高度相关性可能是抽样程序中的一个错误。另一方面,格林伍德对于某些种类的抢劫案的逮捕率和定罪率预设了统一的概率。但是这些概率实际上可能因为例如犯罪前科或有毒瘾等背景特质而存在很大的变化,偶犯所犯的抢劫案可能也比我们知道的要多。倘若如此,"将那些在格林伍德预测指数中显示不好(表示较易再犯)的抢劫犯监禁起来,所产生的犯罪控制效果可能比他宣称的效果小得多"(von Hirsch, 1986:120)。

第二,兰德的研究严格说来应该是"后测"而非"预测"研究,因为该研究中所"预测"的犯罪行为,实际上是已经犯下并由罪犯在访谈中追述的行为。

这类的访谈或许并不可靠,但是公共记录可能更不可靠。然而,这才是"后测"的基本问题:在该研究中,获取有关工作经验、使用毒品经历等等资料,是为了"后测"犯罪行为的概率。但即使了解这些背景因素可以让他们有一个高度的"后测"能力,但这并不表示他们所发展的就是一个实用的预测工具。我们在实际的审判过程中如何得到所需的背景资料呢?有两种可能性:一种是使用兰德研究所使用的方法,访问被告一些有关他们的工作经验、毒品使用等的问题,然后以这些访谈内容作为对他们作出犯罪预测和判刑的基础。我们能够想象,当这些被告知道了这些访谈的用途后,会有多么愿意提供正确的资料。他们的意愿当然会很低,预测工具也因此毫无价值。另一种方法则是以公共记录为依据,但是我们知道有关工作经验和毒品使用这些资料的公共记录很不可靠,所以预测工具也没有太大的价值。

因此,即使预测工具的准确度高,将这些研究结果"转换"成实际的运作可能相当困难,甚至不太可能。

我们在此所提到的问题,使得选择性剥夺犯罪能力概念的问题看起来相当严重。其中最基本的问题即是准确度的问题还是很严重。

其他的资料来源也证明了该预测准确度相当低。克里斯蒂·维谢尔(Christy Visher)对于兰德的受刑人调查作了仔细的分析,并结论道:"虽然在我们所有审视的司法管辖区中,用测量标准当然比随机测量显得准确,但是如果将原本就符合样本数据的测量标准中的预测因素调用到测量标准中,任何测量标准的准确度都会提高。没有任何迹象显示格林伍德的测量标准会比其他的测量标准表现得较好,即使在加州也是如此"(Visher, 1986:205)。维谢尔发现在使用一个具有7个项目的测量标准,和一个对于高度犯罪率罪犯加重一倍刑期的量刑政策后,犯罪控制效果最高仅达13%,加州的数据即显示该效果。此外,维谢尔继续表示:

> 这些用来辨识具有高度犯罪率罪犯的测量标准对于加州罪犯的敏感度比对其他地区的罪犯显得较高。如果在密西根和德州用与加州相同的量刑政策和预测测量标准,基于这3个州的刑事司法实践和罪犯人数的差异,这两州的犯罪率可能会增加(1986:205)。

然而,加州犯罪的降低效果在某些条件下也会下降,比如说用较不完整的官方记录来代替兰德研究中所用的广泛的自我报告数据,或是将该研究的预测模式用于任何其他人口,尤其是用于所有被定罪的罪犯,而不仅是被监禁的罪犯(Visher, 1986:205—6)。

维谢尔的这个重新分析是为犯罪生涯研究小组作的。如前所述(第85页),这个小组对剥夺犯罪能力的问题作了特别深入的研究。根据该小组所作的结论显示,选择性剥夺犯罪能力含有相当多的问题。虽然错误预测率的确会依分类标准而各有差异,但是该比率还是非常高。此外,"按照可得到的统计性标准显示,经由选择性剥夺犯罪能力所获得的犯罪控制效率即使在最佳状况也是相当的微小。比方说,如要减少5%到10%的成人抢劫案件,则必须将被定罪和监禁的抢劫犯人数增加10%到20%"(Blumstein et al., 1986, Vol. 1:195—6)。我们必须提到的是,最近一些对于暴力预测的其他的报告也明显地指出,我们对于青少年(Hopson, 1987)和成年的预测能力(Steadman, 1987)相当低。兰德研究的彼得·格林伍德(Peter Greenwood)似乎依然坚认,可获得的数据足以告诉我们应采取的行动,虽然他现在似乎在提倡早期的改造而非后来的剥夺犯罪能力(Greenwood, 1987)。

到目前为止,我们只讨论到选择性剥夺犯罪能力所引起的准确度和一般效能的问题。但是,我们欣然接受选择性剥夺犯罪能力概念合乎道德的想法。然而,这种想法的确受到许多的争议。

首先,选择性剥夺犯罪能力明显地强调,判决是以预防未来犯罪的可能性为基础。因此,对于未来的预测是审判执行的主要基础。其次,选择性剥夺犯罪能力也非常重视对于过去的经历所作的广泛性评估:以远超过法院正常范围的过去情况为基础,预测出具有高度犯罪风险的罪犯。选择性剥夺犯罪能力对于过去的广泛性评估的强调,比集体性剥夺犯罪能力还要明显。我们应更仔细地审视兰德研究所使用的背景因素,以了解有关道德的问题。格林伍德的预测工具含有7个因素(Greenwood,1982:50):

1. 曾经被判过与目前所犯下的罪行类型相似的罪行。
2. 过去两年来,被监禁的时间超过1年。
3. 在16岁以前被定过罪。
4. 曾经在州立青少年监狱服过刑。
5. 过去两年来使用过毒品。
6. 青少年时期就开始使用毒品。
7. 过去两年来,就业的时间少于1年。

格林伍德用这些因素构成了三个预测的犯罪率类别,即低、中、高三个类别。低度的犯罪风险没有或仅有的一个因素,中度的犯罪风险含有两个或三个因素,高度的犯罪风险包含了四个以上的因素。

依据这些因素来决定判决具有什么道德基础呢？曾经被判过与目前所犯下的罪行相似类型的罪行这一个因素可能没有太大的问题,因为罪犯再次犯下了和以前相似的罪行。

但是以前被监禁过、曾在青少年时被定罪,以及曾在青少年监狱服过刑的这些因素,用来作为减罪情节,以其作为判决的依据,非常不具道德基础。在这个预测工具中,这些因素只有加罪的作用。使用毒品的和失业的经历这些因素,原本应该被视为减轻处罚情节,以其作为判决的依据,更是不具道德基础。依据如失业这种背景给予监禁刑罚,是否合理呢？这种做法不仅会引起很严重的原则问题,在道德方面也会有极大的争议。失业是一个社会的结构特征,也是显示个人贫穷的一个重要特征。如果以失业作为判以监禁的部分依据,则会对社会中的累积趋势形成一种强大的支持,比方说,在贫穷的群体中造成更贫困的情况的趋势。

更糟糕的是,一旦我们开始使用这类预测工具,这些工具所包含的因素可能会愈来愈多。例如,种族因素是否应该被列入审判的预测因素中？选择性剥夺犯罪能力的倡导者实际上以道德为由，认为不应该这么做（Wilson，1983：158）。但是如果事实证明种族因素是一个预测因素，预测工具中包含的失业因素但不包含种族因素的逻辑在哪里呢？如果我们将某个种族的人口中犯罪人口的比率和这些人口中犯罪者的犯罪频率这两个问题分开，或许可以显现种族因素到目前为止没有被纳入预测工具的真正原因。虽然种族因素是一个用来辨认参与犯罪比例的人口因素，但是到目前为止，一些研究显示它无法辨认个人犯罪频率（Blumstein et al.，1986，Vol. I：3—5）。这表示种族因素到目前为止无法成为有助于选择性剥夺犯罪能力的预测因素。

我们也可以稍微不同的方式陈述这一点。以现今的情况来说，监狱的使用与一些因素有相当明显的关联，如受刑人的毒品使用、失业经历（在美国还包括种族因素）等因素。我们将社会中最贫穷的阶级关在监狱里，就监狱的使用而言，如此的关联性，其本身即构成了一个严重的道德问题。如果以刻意和有计划的方式在审判执行中使用上述的因素，进而扩大了这种情况，道德的问题即会变得相当严重。

对于剥夺犯罪能力的结论

集体性和选择性的剥夺犯罪能力，两者都在准确度和原则方面呈现严重的问题。就准确度方面而言，这两种剥夺犯罪能力的方式都有错误否定和错误肯定的问题。

至于道德方面，两种剥夺犯罪能力的方式都具有以未来的行为作为审判基础的道德问题。另一种道德问题，就是以如毒品使用、失业，甚至于种族这些广泛的社会因素作为审判的基础。对于选择性剥夺犯罪能力来说，这是一个相当严重的问题，因此也特别重要。

有关准确度的问题，我们或许最后会问：这些问题为什么会这么严重？尤其是，我们为什么不能预测出"危险性"？这可能是因为"危险性"大多数是依情况而定的。每个犯下危险行为的人都具有其个人的特性，但是他们的行为是在某个背景或是情况中发生。如果处于不同的情况，他们或许不会做出某种行为，也或许会做出不同的行为。由于危险行为是个人与情况相互作用的结果，我们很难预测哪些人会做出危险的行为。这也让我们很难用对于一个情况的样本所预测的危险性（例如：监禁中的情况），推算出同等样本在另一个情况中（例如：释放后的情况，请参见 Monahan，1981：87）的危险性。我们认为会犯下危险行为的人,事实上不会犯下这些行为,而那些我们认为不会犯下危险行为的人,则陷入一些令他们变得危险的情况。

有时候,后者的人数会大幅增加。就拿战争这个极端的例子来说:战争期间,绝大多数年纪较轻的青少年具有危险性或是潜在的危险性。

如此看来,我们是否应该对我们的青少年或是他们其中的一些人施以剥夺犯罪能力呢?即使如此,我们也很难完全消除战争发生的可能性。

威慑

我们谈论了许多有关剥夺犯罪能力的问题。在对这个章节作出结论之前,我们应该对于以"威慑"作为个人预防这方面作出更详尽的讨论。在现代的刑罚理论中,以威慑作为个人预防的理论并不如剥夺犯罪能力理论占有一席之地,但是我们必须在这方面作一些解释。

一些用来反对以监狱作为一般预防方法的论点(请参见本书第3章),或许也可以用来反驳以监狱作为威慑个别罪犯的概念。

我们在前面讨论到以"符号结构"作为个人诠释信息的背景(第62页),在这里特别重要。我们曾指出,当我们愈接近基于某些因素而经常犯罪的群体,以惩罚作为一般预防的方法就有愈少的效果。因为诠释背景使得讯号没有发挥良好的效果,接收者无法理解传送者要表达的意思。我们也可以同样的论点表示监狱对于个别罪犯的威慑效果。

在此,我们也有很多的实证数据来支持我们的概论。如同我们在第2章节中提到改造(第18页)时所述,第二次世界大战前后出现许多有关监狱管理和受刑人社会的社会学研究。这些对于监狱结构和文化的研究,不仅说明了监狱内不会有改造发生的原因,也清楚地显示,除了个案之外,监狱不会有威慑的作用。不论这些研究是否揭示监狱化的过程或是其他对抗监狱情况和系统的模式(请参见第41页),它们都在显示监狱会造成受刑人对于监狱系统和监狱工作人员极不信任且具有相当大的敌意。基于某个文化而定义的"拒绝他们的拒绝者",并不适合用来作为威慑的背景。然而许多社会学和心理学的看法可以用来帮助我们了解"拒绝他们的拒绝者"会造成受刑人沮丧和怨恨,也因此会带来与威慑相反的效果。

捍卫监狱的人士也和一般预防的支持者一样,辩称个人威慑是以"常识"为基础,这表示他们的推论是以"个人经验"为基础。但是他们的诠释背景与监狱环境所产生的诠释背景完全不同。因此,对于个人威慑而言,以"个人经验"作为基础来进行推理,并不是一个很好的方法。

诚然,一些有关累犯的研究可能被用来支持某些威慑效果。我在此指的是莫瑞和考克斯(Murray and Cox)的研究,他们针对芝加哥一些在接受处遇时受到的各种程度约束的青少年罪犯进行研究(Murray and Cox,1979;引用于 Wilson,1983:171—7)。莫瑞和考克斯所作的研究,让人联想到研究选择性剥夺犯罪能力的学生们所用的研究背景:他们不去研究累犯和非累犯之间的对立关系,而是去看每一段时间的行为频率。简而言之,他们找到的是对于罪犯的约束程度和他们后来被捕的频率之间的关系,并且发现处遇的约束性愈大,被捕的频率就愈小。但是这个研究已在方法学上受到严重批评,连尽量挑其好处的詹姆斯·威尔逊,也以"不能将该研究视为权威性的研究"作出了结论(Wilson,1983:175)。他说:"一方面,我们希望了解这些罪犯在比较长的一段时间内的情况……我们也希望能够更了解这些人在法院干预之前和之后被逮捕的犯罪类型(他们或许在犯罪行为的形态上作了很重要的改变)。但最重要的是,我们希望看到的是其他学者们用不同的背景进行类似的研究所得到的结果"(Wilson,1983:175)。此外,我们也可以用类似乌拉·邦德逊(Ulla Bondeson,1977)的累犯研究来比对莫瑞和考克斯的研究,而乌拉是以极为谨慎的方法学针对社区犯罪预防进行研究。简而言之,她所得到的结果显示,即使对一些背景因素加以谨慎控制,约束性与累犯是呈反比的关系。也就是说处遇的约束性愈小,累犯的几率就愈小。该研究在瑞典针对413位被判刑的受刑人做了两年的跟踪调查。这些随机样本都是在1年内,在3个所谓的监督区内(其中包括13个不同的法院)被判三种惩罚中一种惩罚的受刑人。这三种惩罚包括了含有机构处遇的监督、不含有机构处遇的监督,以及有条件刑。该研究的综合性控制是以一个含有36个变量的预测工具实行,且该变量分成6个次指数,其中包括了各种受刑人和社会背景特性。在谨慎地检视再犯风险类别时,属于相同的再犯风险类别中的罪犯依照三种不同的惩罚作比较。比较结果显示受到含有机构处遇监督的受刑人的再犯率最高,受到不含有机构处遇监督的受刑人的再犯率较低,而受到有条件刑的受刑人再犯率最低。一些可能的误差来源被仔细的研究后并没有改变结果。于是乌拉结论道(第335页,由本书的作者译自瑞典文):"因此我们再次发现,个人预防的正面意向似乎导致个人预防的负面效果……当我们将这个负面的个人预防结果转换成实务时,应该有系统地降低整个刑罚制度的重要性,即去刑罚化"(请参见 Bondeson, 1989, Bondeson and Kragh Andersen, 1986; Robison and Smith, 1971:71—72; Trasler, 1976:12—13)。

从个人威慑的观点而言,由于上述的研究相互对峙,我们无法针对它们作出有关威慑的结论。这表示我们可能无法用个人威慑作为监狱的论点。由于乌拉的研究相当谨慎,因此我们可以作此结论:以个人威慑的观点来看,约束性实际上击败了它原本的目的。

监狱是否在剥夺犯罪能力和个人威慑方面站得住脚?

准确度和道德的问题可作为极力反对以剥夺犯罪能力来支持监狱的论点。在监狱中所产生的这些以文化角度所定义的不信任和敌意,也同样强烈地反驳了以个人威慑来支持监狱的论点。

我们在第 2 章和第 3 章以引述瑞典的政府法案 1982/83, No. 85 (请参见第 44 页及 72 页)的方式,通过改造和一般预防对个人预防作出了结论。这个章节,我们也用类似的方式,借由有关剥夺犯罪能力和威慑的引述作结论。这个引述来自瑞典当局,即白皮书 SOU 1986, No. 13—15,这也是一份来自瑞典监狱委员会的近期主要报告。该委员会对剥夺犯罪能力的观点所做的概述如下:

以剥夺犯罪能力作为决定监狱刑期的基础,在预防效果方面一直受到争议。此外,最重要的可能是来自正义的观点……我们认为,在一般的审判执行领域中,绝对不应该有对个人施以剥夺犯罪能力的想法。(Fängelsestraffkommittén, SOU 1986, No. 14:71—72,,由本书作者译自瑞典文)

该委员会对威慑的观点所做的概述如下:

我们认为,对于需要哪些惩罚才能威慑被定罪的罪犯,使其不再继续犯罪的考量,不应影响到判决,只有一些重复的犯罪行为案例才可能是例外的情形(Fängelsestraffkommittén,SOU 1986, No. 14:71)。

因此,就判决方面而言,该委员会对于威慑的论点支持相当有限,对于剥夺犯罪能力的论点则是完全不予以支持。该委员会对个人预防的一般观点,即改造、剥夺犯罪能力和威慑所作的概述如下:

> 因此,我们认为如剥夺犯罪能力、个人威慑这些个人预防,或是罪犯所需的关怀和处遇,都不应在审判个别案件时用来作为依据。(Fängelsestraffkommittén,SOU 1986, No. 14:72)。

在如此的背景下,有人可能会问:当一个国家(在此指瑞典)最具权威的当局以这种方式否决了个人预防的论点,以及许多一般预防的论点时,这个国家将如何继续以监狱监禁作为该国刑事政策的核心方法呢?

我们将在下个章节中继续讨论这个问题。

第 5 章 正　　义

理论的循环

最后所剩的是正义。

人们可能有时会感到,有关刑事政策的理论似乎顺着一个循环进行。"绝对性"的惩罚理论,是最早的刑罚理论,其主要目标在于满足人们对公正报应的诉求。以牙还牙的定律(重点在于伤害与惩罚呈相对的比例,请参见第 16 页)和归责原则(罪责与刑罚呈相对的比例,请参见第 16 页)构成了一些最早的概念。

这些惩罚的理论后来被"相对性"的理论代替,这些理论的首要目标在于保护社会,并寄望通过个人预防和一般预防来达到这个目标。后来,由于社会防卫的理论受到质疑且被淘汰,我们就随着循环回到公正报应的理论。

我们在上一个章节的结论提出了这个问题:当一个如瑞典这样的国家在否决了几乎所有有关社会防卫的概念之后,如何继续以监狱作为刑事政策的核心方法呢?答案是:随着循环回到正义的理论。但是,我们还是可以看到,这些国家并未完全脱离社会防卫的理论,他们所采取的方法还是包括了一些以一般预防为形式的社会防卫。但是,我将在以下的讨论中显示该理论仅具有附属作用。

现代的正义理论

旧的和新的古典主义

刑罚政策中新的正义理论兴起于 20 世纪 80 年代,它的根源可回溯到 18 世纪启蒙时代(Age of Enlightenment)的卢梭(Rousseau)和伏泰尔(Voltaire)时期。那时人们重视两个诉求。其一,对于人类行为的规范应该愈少愈好。其二,对于不得不制定的规范,必须事先具体说明。罪行与惩罚之间的关系必须明确,并以罪行的严重程度来决定。

这个启蒙时代的刑罚思想被称为"古典主义",中产阶级的兴起即是该思想的发展主因。对于日益增长的中产阶级而言,如何有效地保护自己,以避免受到封建地主或贵族的势力和权力的压迫,至关重要。古典主义即成为这个防卫的一部分,其基本论点即"贵族们犯法,与百姓同罪"。"为了维护这个平等,量刑乃是依据罪行的严重程度而定,并非依据罪犯的地位而定或是由法官全权决定"(Christie,1980:116)。

现代的正义理论是以20世纪70年代的所谓新古典主义为背景,而新古典主义又是以启蒙时期的古典主义为基础。

美国的贵格会(the American Quakers)在70年代初期提出了新古典主义,这是通过一份重要的委员会报告开始的(American Friends Service Committee,1971)。贵格会在19世纪时期给予费城监狱许多意识形态上的支持,而这些监狱是让受刑人以隔离来赎罪的地方。我们在前面已经提过,那个时期的感化院原本是以受刑人的改造为目标。但是贵格会所提倡的观点和这些目标几乎完全相反,也就是以罪行的严重程度作为确定量刑的基础。70年代的一些其他重要的报告也都重视类似的看法(请参见 von Hirsch,1976)。

在北欧又是什么样的情形呢?新古典主义的思想在一些国家的计划机构愈来愈重要。该思想对于丹麦和挪威的影响不大,但是对芬兰和瑞典的影响却是相当明显。我们可以从两份有关刑罚制度的基本原则和组织的重要政府报告中,看出这个思想对于芬兰和瑞典的影响力。(芬兰 Kommittébetänkande,1976,No,72;瑞典 BRÅ report,1977,No. 7)。

在这两份报告中,罪行与惩罚之间的相对比例是相当重要的关键词,惩罚尺度和犯罪的严重程度也相当重要。这两份报告的基本概念如下:惩罚必须和犯罪的严重程度成相对比例。通过这种相对的比例,罪犯得到他们"应得"的惩罚。这是这两份报告中对于公正报应的核心信息。基于这个概念,各种罪行需要制定适当的惩罚尺度,也因此必须发展一个公正且具有可预测性的刑罚制度。

20世纪80年代的正义理论

20世纪80年代刑罚思考中有关正义的现代的概念,是以70年代的新古典主义为背景。我们可以在一些国家政策中看到这些概念,例如,瑞典近期的一项全面性的刑罚改革即可看到这些概念,其中的一些改革目前正在进行中。

在瑞典的白皮书SOU 1986, No. 13—15"有关惩罚尺度、刑罚选择以及假释等",含有一些关于这些概念的提案。由于这份白皮书可能是到目前为止由国家启动最完整且发展最佳的一套新古典主义提案,我们将对该白皮书作深入的讨论。

第一,让我们为瑞典的白皮书SOU 1986, No. 13—15(该报告有3册,以下简称第1、2、3册)中的正义论点作出概述。"应得的惩罚"即是这些提案的核心概念,该白皮书第1册以下面的概述解释:

> 我们得到的结论是,在为各种犯罪制定惩罚尺度时,我们不应该着重于对一般预防或是个人预防的考量。我们认为,罪行的惩罚尺度应该基于该罪行的严重程度和人们对该罪行的憎恶程度(以下简称憎恶程度)而定。因此,我们认为在决定惩罚尺度时,以评估罪犯所犯的罪行来衡量应得到的惩罚是基于很合理的出发点。在决定各种罪行的惩罚尺度时,我们必须依据一种对于正义所作的推理。相对的比例和公平性在此成为重要的观念。相对的比例意旨惩罚的尺度应该基于罪行的严重程度,公平性意旨对于同类的罪行判以相同程度的惩罚,这也可以说是"相对比例"概念的结果(Vol. 1:15,由本书作者译自瑞典文)。

以此作为出发点,各种罪行被分配一个"惩罚值",并作出抽象惩罚值和具体惩罚值的分别:

> 罪行的惩罚值意旨一项罪行与其他罪行在严重程度方面的相互比较。因此,惩罚值是罪行严重程度的测量尺度。在惩罚尺度上的惩罚值是罪行的抽象惩罚值,对于已经犯下的罪行所赋予的惩罚值就是具体的惩罚值(Vol. 1:19)。

惩罚值以罪行的严重程度或是憎恶程度而定。该报告对于惩罚值以憎恶程度为基础的陈述如下:

如上所述,我们的观点是,在制定惩罚尺度的时候,我们不能以一般预防或是个别预防作为基础,而是应以人们对于各种罪行的憎恶程度而定。因此,在决定各种罪行的惩罚尺度时,一般均以该罪行应受到什么程度的惩罚为出发点。为了达到这点,我们必须以正义作为基础,也就是说,哪些罪行一般而言应受到什么样的惩罚(Vol. 1:19)。

惩罚尺度的制定是以下列原则为基础:

因此,惩罚尺度应以罪行的严重程度来决定,而类似的罪行应受到同样程度的惩罚(Vol. 1:19)。

由于这些论述相当复杂,我们建议读者暂时先不去研究它们的细节,我们之后会对其作详细的讨论。在这里,主要的重点是一些惩罚值和惩罚尺度的制定,是以罪行与惩罚呈相对比例的概念为基础。

该报告指出,我们对于一般财产性犯罪所定的惩罚值,一般来说太高,因此应当降低。然而,我们对于人身犯罪所定的惩罚值太低,尤其是暴力犯罪方面来说实在太低,因此应该提高。此外,环境方面的犯罪以及毒品犯罪的惩罚值也应提高。

整体而言,这些提议表示一般的惩罚程度应稍作一些调降。但是基于这个背景,这些提议也建议废止原先让大多数的受刑人在服过刑期一半后自动假释的措施(请参见第 78 页),并改以刑期的三分之二作为检视门槛。这些提议的目标在于,以此方式用降低惩罚程度与增长刑期互补,然而,它们是否能互补,仍是一个有待研究的问题。

正义是否独自存在?

在评估这里所述的正义之前,我们必须先提出一个问题:正义是否完全独自存在?

答案是:差不多,但不完全是。除了正义的概念之外,我们也看到一些对于社会防卫方面的强调,尤其是一般预防。

不同的文献对于一般预防的定义或许有一些差异,但是,它们对其主要特性的阐述相同。在比较 1971 年美国公谊服务委员会的报告、1976 年冯·赫希委员会的报告、瑞典 BRÅ 报告(1977, No. 7)、瑞典的白皮书(SOU 1986, No. 13—15),以及冯·赫希在 1986 年所出版的著作之后,我们可以清楚地看到它们的相似和不同的地方。

它们的共同点在于:它们都对于在一个社会里设立刑罚的理由(即将某些行为视为犯罪的理由)和刑罚制度的具体组织和运用的理由(即通过量刑的选择而形成惩罚尺度和刑罚制定的具体立法)作出了区分。

我们可在一般预防中找到在社会中设有刑罚的原因,也就是将某行为定义成犯罪的理由。有关正义的论点可能看起来过于冷酷。因此,必须加上一些对于社会有益的理由,才能使得刻意让人遭受的痛苦变得有道理(请参见 American Friends Service Committee, 1971:61, 66, 149—50; von Hirsch, 1976:37—44; BRÅ report, 1977, No. 7: 199—200; SOU 1986, No. 13—15 Vol. 1:14—15, Vol. 2:67—8; von Hirsch, 1986:47—60)。

然而,我们无法在一般预防或是其他有益于社会的论点中找到刑罚制度的具体组织和运用的理由,上述所有的文献很清楚地显示了这点。我们可在上述的正义原则中找到刑罚制度的组织和运用、惩罚尺度以及具体的刑罚制定的理由。在下列瑞典白皮书 SOU 1986, No. 13—15 的有力的论点中,清楚地显示了在一般预防中无法找到这些理由的事实:

> 有关监狱对于一般预防的影响的研究结果显示,调整监狱的运用并没有改变犯罪的数量。国际间的比较也显示更严厉的惩罚也没有降低犯罪案件的趋势。
>
> 因此,增加监狱的使用并不是降低犯罪率的好办法,也无法预防犯罪案件的增加。就降低犯罪率方面来说,我们必须采取完全不同的措施。基于这个道理显示,合理地降低一般监狱的使用对于犯罪数量并没有重大的影响(Vol. 1:16)。

在社会中设立刑罚制度的理由(这可在一般预防中找到)和刑罚制度的具体组织和运用的理由(可在正义原则中找到)之间的区别是上述所有文献的重要基石。但即使如此,这些文献之间还是有一些差异,虽然这些差异对我们所讨论的议题来说并不重要,但是我们还是应该提出一点来加以说明。

上述的一些文献曾尝试整合在社会中设立刑罚制度的预防理由

和刑罚制度具体组织和运用的正义理由,尤其是瑞典 BRÅ 报告。瑞典 BRÅ 报告是通过强调一般预防的教育功能来建立这个整合与联结的。该报告指出,如果我们强调一般预防中教育功能的威慑层面,具体的判决就必须将犯罪的诱因纳入考量。但从另一方面来看,如果我们强调教育功能,该重点应放在罪行的惩罚值和基于罪行的严重程度和憎恶程度而定的惩罚——这正是惩罚尺度和具体量刑应该基于的重点。这其中的含义是,如果我们不强调这些正义原则,刑罚制度就没有道德基础,也不具备教育功能。两个层面的整合因此而成立(BRÅ report 1977, No. 7:200)。此外,瑞典 BRÅ 的后续报告(即瑞典的白皮书 SOU 1986, No. 13—15)强调犯罪化的教育功能,并含有与 BRÅ 报告类似的推理逻辑(Vol. 2:64—6)。

其他的报告与文献并没有试着对这两个层面作出类似的整合。这两个层面在这些文献中显得各具不同的性质,以正义为基础的具体量刑必须以一般预防为前提:也就是说,如果刑罚体制本身没有预防功能,我们可能已经废除了所有的量刑。由于预防功能,量刑才继续存在,并在施予量刑时以纯粹的正义作为基础。据我所了解,这也是冯·赫希近期的文献(1986:47—60)所采取的主要推理逻辑。

针对这些文献重新强调一般预防,我们应该采取什么观点呢?

第一,在我们这里所讨论的文献,不论它们是否强调有关一般预防的教育功能,我们很难在其中找到任何以一般预防作为现有惩罚和犯罪化理由的详细论点。

这些文献对于预防的效果所下的毫无理由的断言比其他有关一般预防的文献更为明显(请参见第 3 章)。实际上,这些文献主要注重于以正义作为刑罚制度的具体组织和运用的理由的详细论点,这也是这些报告和著作的重点。我们可以从 1986 年的瑞典白皮书 SOU, No. 13—15, Vol. 1:14—15 中找到将一般预防视为不须证明或是理所当然的态度。该报告指出:"我们发现对于一般预防的考量显然是决定犯罪化的重要基础,例如,对于哪些行为采取什么惩罚的决定"(同样,在该报告 Vol. 2:67 中,有许多地方将"常识"视为理由)。

第二,我们在上述的一些文献中还是找到了一些较为公正的论点。这些论点实际上近乎指出刑罚制度本身的预防效果其实相当有限,甚至备受质疑。瑞典的白皮书 SOU 1986, No. 13—15 即可用来作

为一个例子,该报告对于惩罚的概念陈述如下:

> 刑事政策的主要任务是……预防犯罪。但是,就这方面来说,刑罚制度并不是相当有效的办法。瑞典和其他国家的经验可用来支持这个观点。这也显示,漫长刑期和严厉的刑罚与犯罪率之间并没有任何关系(Val. 1:14)。

这段声明的第一个部分直接讨论到惩罚的存在,也就是刑罚制度本身的问题。然而,在最后一句,却将话题从惩罚本身转向惩罚程度。但是,就整体而言,如此的声明至少近乎指出惩罚本身的效果备受质疑。

第三,我们至少在瑞典的白皮书 SOU 1986, No. 13—15 中发现其措辞的细微变化,这其中包括表示惩罚或犯罪化本身即具有预防效果的说法,以及表示无论如何,刑罚制度的具体组织还是具有预防效果的论点。

瑞典的白皮书 SOU 1986, No. 13—15 在指出对于一般预防的考量显然是决定犯罪化的重要基石(请参见上面的引述)之后,继续对该论点作出详细说明,其中指出预防犯罪是"立法者最重要的责任,而立法者的任务是塑造出一个重视预防效果但又不伤害立法精神和正义公正执行的刑罚制度"(Vol. 1:15)。立法的具体组织原本仅是以正义的论点为理由,但该报告在此以稍微改变措辞的方式为其突然加上一般预防的理由。但是,立法细节和具体组织中的预防效果问题与惩罚或犯罪化本身的预防效果问题大为不同。现今,比较容易找到认为后者具有预防效果的支持者。该论点以这种不露痕迹的方式将重点从后者转换到前者,巧妙地将立法的细节也具预防效果的概念纳入其论点中。该报告通过这种遮掩的方式,有效地维持了立法的具体组织也具预防效果的概念。

简而言之,新古典主义文献中的正义观点并不完全独自存在,而是通过一般预防并加上一些社会防卫的概念。正义的论点无法完全独自存在,但是能够依靠的一般预防概念也相当有限,主要是针对如何给予犯罪化和惩罚存在理由的问题。基于学术研究、专业讨论和时势所趋,一般预防即被限制于这个很小的范围内。

然而,即使到了这种地步,一般预防还是没有受到太大的重视。

它被局限在这个小框架中,成为不具详细论点的定理,不仅在一些地方近乎自相矛盾,而且在真正描述论点时具有让人毫不察觉而改变立场的倾向。

以此为背景,我们现在可以继续对正义的推论作详细的讨论,其中包括以正义作为监狱使用的基础的论点。由于瑞典的白皮书 SOU 1986, No. 13—15 是一个重要的国家启动的意识形态来源,我们将对其作详细的讨论。但是我们也应该提及近来国际上的专业文献,即冯·赫希在1986年的著作。

正义的范围

我们或许应该对新古典主义推论逻辑中的这种正义哲学作更详细的解释。

哪一种正义?

托斯坦·埃克霍夫(Torstein Eckhoff)在他有关正义的重要著作中,区分了两个基本的正义形态(Eckhoff, 1971/1974, Ch. 2)。从挪威的版本翻译过来(英文版本中的术语稍有不同),其中的一种可被称为"平均正义"。

一般来说,平均正义所指的是价值的互换。这种互换应该如正义女神忒弥斯手中的天秤一般的平衡。埃克霍夫提出了这种互换的四个具体种类。我们在此暂且不作详述,但重点是,这些互换的具体种类以及一般的平均正义都有以下两个特点。

第一,它们含有某种报复形态的权利或是责任(1974:31):"在此,我所指的权利或责任是以转移为条件,并且也是相反方向或反向价值的重新转移的基础"。

第二,它们含有某种平等性,强调互换的价值应该相等。埃克霍夫在此明确地提到正义女神的天秤(1974:31):

> 这些原则也是以平等的概念为基础。如果要恢复平衡,互换的价值就必须等值。正义女神手中所持的天秤即象征这个概念。如果天秤不平衡,就必须在较轻的一边加上重量,但是不能超过恢复平衡所需的重量。

另一种基本的正义形态被称为"分配正义"。

一般来说，照字义来看，分配正义所指的就是价值的分配。虽然分配正义也是以平等的概念为基础，但是它比较不强调互换价值的平等，而比较重视对于价值接受者的平等对待。这个平等对待有时意旨绝对的平等。例如，接受者们被分配到的鲜奶蛋糕尺寸应该相同，或是所服的兵役月数应该相同。平等对待有时则意旨相对的平等。例如，罪责和惩罚之间的关系应该是每个人都一样的。平均正义总是注重两者之间的关系，分配正义在原则上没有这样的限制。

我们可以主要的正义形态观察刑罚理论中现今的正义意识形态（具体来说，这个意识形态也是瑞典白皮书 SOU 1986, No. 13—15 的概念）。瑞典的白皮书 SOU 1986, No. 13—15 以平均正义为其基础。该报告在讨论到惩罚与罪行之间的"相对比例"时，明确地预先假设等值的价值互换，也就是平衡的互换。分配正义大约是在平均正义实践后开始：在惩罚与罪行之间的平衡建立后，平等对待即会随着开始，并被用来确保同样的罪行获得相同的惩罚。我们或许可以再次引用一段摘要(Vol. 1:15,本书第 98 页)：

> 相对的比例和公平性在此成为重要的观念。相对的比例意旨惩罚的尺度应该基于罪行的严重程度，公平性意旨对于同类的罪行判以相同程度的惩罚，这也可以说是"相对比例"概念的结果。

因此，关键的问题是：平均正义的论点——也就是罪行与惩罚之间形成平衡的论点，是否站得住脚？

通过一些措辞，以正义作为使用监狱的理由给予人们一种相当可靠和精确的印象。通过如"相对比例""惩罚值""惩罚尺度"和"测量"等概念，正义的意识形态给予人们一种可以严格、分析的方式来判断惩罚的时间长度和严厉程度的印象。这与个人预防以及一般预防模糊、不精确的评估完全相反。

正义的意识形态呈现了四种印象：

第一，正义意识形态的推理是基于严格的科学逻辑。

第二，在"相对比例"的计算中，罪行的严重程度或是人们对罪行的憎恶程度，可依制定的标准为基础来评估。

第三，在"相对比例"的计算中，针对平衡犯罪所计算的惩罚严厉程度,可以绝对的标准为基础来评估。

第四,平衡作用的两端——即罪行为受害人所带来的痛苦与刑罚给予加害人的痛苦——是可以相互比较的。

这四个印象其实都是假象。如果将这四个假象分开加以个别审视,它们或许可以被看破或者被忽视,但是,它们却经常同时存在。将这四个假象合在一起审视,则可以攻破以正义作为使用监狱的理由。

因此,我们应该更进一步地审视这四个假象。

推论和循环论证

让我重复说明,以正义作为使用监狱的理由所显示的一般印象是,它是以严格的科学逻辑作为推理的基础。但是瑞典的白皮书 SOU 1986, No. 13—15 的推论却与这个印象全然不同,它的推论建立于基本上是循环的论证上。

让我们对先前所用的一些引述作更仔细的研究,并再次审视瑞典白皮书 SOU 1986, No. 13—15 的主要内容。该报告所推论的主题即是如何决定惩罚值。如前所述,惩罚值是以罪行的憎恶程度或是严重程度而定的。憎恶程度(objectionability)主要是与罪犯的罪责相关,罪行的严重程度(gravity)则与犯罪行为所造成的损害或危险相关。在这两个方面之间并没有很准确的区分,而在该文献中也很难看出这两者的区别。但是,针对这点我们先就此打住。我们在此要强调的重点是犯罪的惩罚值是以罪行的憎恶程度和严重程度为基础。我们在前面第 98 页的引述(取自 Vol. 1:19):"相反的,我们认为惩罚值的评估应该以各种罪行的憎恶程度为基础"。这是取自对于惩罚值的一般讨论。我们也可以从有关惩罚裁定的讨论中看到决定惩罚值的因素:

> 我们的出发点是,犯下的罪行的惩罚值是依据该罪行的严重程度而定,特别是该罪行所造成的损害或是危险,以及罪犯对所犯下的行为的罪责(Vol. 1:22)。

因此,决定惩罚值的出发点无疑是罪行的严重程度或是憎恶程度。

由于惩罚值的裁定是决定惩罚尺度的踏脚石,罪行的憎恶程度或严重程度也成为决定惩罚尺度的出发点。该报告也直接提到这一点,如同前面第 99 页的引述(Vol. 1:19):"因此,惩罚尺度应该以罪行的严重程度而决定……"然而,我们要如何决定罪行的憎恶程度或严重程度呢?根据我们所述的观点来看,这个问题当然具有关键性。

我们可从前面对于该报告第1册的一段引述,对这个问题作一些了解(Vol. 1:19,亦参见 Vol. 2:131):"罪行的惩罚值意旨一项罪行与其他罪行的严重程度互相比较"。因此,这表示用以决定惩罚值的个别罪行的憎恶程度或严重程度是以与其他罪行相互比较下作估计的。换而言之,个别的罪行是以其他罪行为背景的方式被检视,而个别罪行的憎恶程度或严重程度是通过比较后来决定的。

如此的比较当然是相当正确的。例如,侵入民宅的严重程度可能会与抢劫或是强奸罪行的严重程度相比较后来决定。但是,如此的解决办法只是暂时的。因为,这个办法还是没有告诉我们那些与个别罪行作比较的罪行的憎恶程度和严重程度是如何被定义的,也没告诉我们罪行的严重程度和憎恶程度的标准是什么。因此,我们必须重复同样的问题:如何更精准地决定罪行的憎恶程度或严重程度呢?

这个问题的答案是令人震惊的。作为决定惩罚值和惩罚尺度基础的罪行严重程度或憎恶程度,竟然反过来根据罪行应得的惩罚——即惩罚值——决定。

在我们前面引述过的该报告第1册(Volume 1:19)中的这段句子"相反的,我们认为惩罚值的评估应该以罪行的憎恶程度为基础"后,该报告继续指出:"因此,决定各种罪行的惩罚尺度的出发点在于罪行一般应得的惩罚"。该报告的许多其他地方也可以看到这种"作为决定惩罚值和惩罚尺度基础的罪行的严重程度或应受谴责性,竟然反过来根据罪行应得的惩罚——即惩罚值——决定"的说法。在我们前面引述的这段句子,"我们认为,罪行的惩罚尺度应该基于该罪行的严重程度和憎恶程度而定"后,该报告接着指出:"因此,我们认为在以罪行一般应受到的惩罚来作评估,是决定惩罚尺度时合理的出发点"。

在上面的引述中,"因此"这个词具有很大的关键性,它将惩罚值和惩罚尺度应该以罪行的严重程度或憎恶程度为基础的声明和惩罚尺度应该取决于罪行应得的惩罚的声明直接连结在一起,意味着后面的声明说明或补充前面的声明。

对该报告比较有利的解释可能是这样:该报告试着指出惩罚值应该以罪行的憎恶程度或严重程度为基础,而惩罚尺度则应以惩罚值为基础,"因此"(thus)事实上就代表"因为"(because)。将罪行的憎恶程度和严重程度转移到惩罚值是相当重要的,"因为"接下来便从惩罚值转移到惩罚尺度。但实际的情形比这里形容的还要复杂。我个人认为,从第98页的两段引述显示,该报告在这个关键点上显得相当的含糊,而且具有循环性的解释。

让我强调说明,该报告指出:罪行和惩罚之间需要建立一个平衡。惩罚值根据罪行的憎恶程度或严重程度来决定,而罪行的憎恶程度或严重程度是根据罪行"应受的惩罚",也就是惩罚值来决定。

在惩罚值由罪行的憎恶程度或严重程度决定,而罪行的憎恶程度或严重程度由惩罚值来决定的情况下,决定惩罚和罪行之间的"平衡"的任务想必不会那么艰难。

在瑞典的白皮书第2册(第11章和12章)关于这些议题的更详细的讨论中,循环论证看起来似乎不是那么明显,但它的确存在。在有关惩罚值的主要章节(Vol. 2, Ch. 11),一开始便提到一个罪行的具体惩罚值"是对于某个犯罪行为的严重程度的测量"(Vol. 2:131)。换句话说,该章节在此直接用到循环论证。此外,该报告也指出"很难对于惩罚值评估的进行方法作出更仔细的描述"(Vol. 2:149),这句话即表示,有关对于罪行的憎恶程度和罪行的严重程度独立测量的原则性和基本讨论(Vol. 2:147—9),不仅是以需要保护的利益或价值为主,而且简短、笼统。

然而,我们必须公平指出,循环论证的逻辑并非是从这个瑞典的白皮书SOU 1986, No. 13—15开始的。循环论证和绝对性刑罚理论本身一样老旧,且属新、旧古典主义中的一个重要条件。据我所知,在新古典主义中具有最少循环论证的文献即是冯·赫希的著作(1986年)。他在该著作中试着对罪行的严重程度建立独立的判断标准。这些标准的成立具有它本身的问题,这点我们稍后再作讨论,在此的重点是,冯·赫希很明显地试着尽量不使用循环论证。但即使如此,他也无法完全避免使用该论证。他在讨论如何决定罪行的严重程度之后,便给予立法者一些实际的建议。除了强调其他更独立的标准外,他亦指出:"至少对于如窃盗、暴力和欺诈这类犯罪而言,我们可以用罪行的法律定义和关于该罪行可能造成的影响的一般常识,对于这类犯罪所造成的后果发展出一套概略的评估"(von Hirsch, 1986:74,本书作者以楷体字强调)。然而,要是没有考虑到惩罚值,似乎很难对"罪行的法律定义"作出评估。

瑞典白皮书 SOU 1986, No. 13—15 的好处在于该报告主张减少使用惩罚。其他重视正义的文献,自 1971 年贵格会的报告之后也持有同样的主张。更具体地说,瑞典的白皮书 SOU 1986, No. 13—15 认为,该报告所提议的新惩罚尺度可以将瑞典的监狱人数 4 200 位中减少 300 位。虽然我们希望能够减少的数目更多,但如此的结果也不错。

但是,我们的重点是,如此的推论也可能导致对于更严厉的惩罚的要求,进而增加监狱人数。循环论证可能以正义的名义导致监禁标准放宽,但也可以相同的名义导致相反的效果。

其实瑞典已经开始有如此的情况,对于累犯采取延长刑期的措施。这些措施虽然以新古典主义和正义为名义,但实际的背景可能是许多大众对于持续犯案的累犯所作的集体性剥夺犯罪能力的要求,这是过去几年来在瑞典形成的一种现象(请参见第 77 页)。新古典主义推论的循环性使得上述的要求得以影响刑罚制度的规划,并在同时以调整惩罚尺度的形式维持正义的名义。

从这点看来,所谓的"绝对性"的刑罚理论实际上可能是最不"绝对"的。

如果要平均正义的概念——即罪行与惩罚相对的比例——具有意义,罪行的严重程度或憎恶程度以及惩罚的严厉程度至少必须独立定义,而不是形成一个循环。但是,如果达到这样的独立性,又会引起其他对于平均正义造成极大困难的问题。

罪行的严重程度、憎恶程度与道德

瑞典的白皮书 SOU 1986, No. 13—15 和其他新古典主义文献也明显指出,罪行也是以道德来评估的。像"罪行的严重程度"和"憎恶程度"(用于 1986 年瑞典白皮书的第 13—15 页)这类词汇即属道德术语,并含有损坏或伤害以及归责或罪责的意思。

首先,以道德作为评估罪行的标准,是打断循环论证的独立标准。但是这个标准并不固定且相当多变,并会随着一些社会和社会心理因素及指标而变化(请参见 Kutchinsky, 1972)。因此,对于成立罪行与惩罚的相对比例来说，道德是一项相当复杂的准则。

这点极为重要，因为如前所述，正义意识形态的第二个特色，即是它赋予处于平衡作用一端的罪行的严重程度和憎恶程度一个固定标准的印象。我们在此要强调两个主要的变化，各变化中又含有两种类型。

首先，道德评价以及对罪行的严重程度和憎恶程度的认知因时间而异。

一方面，我们找到许多过去对于犯罪行为的道德评价和认知方面有短期变化的例子。比方说，对于亵渎和同性恋的评价即是例子。另一方面，我们也找到一些道德评价的短暂和巨大的变化（也就是所谓的道德恐慌）的例子。道德恐慌具有复杂的背景，通常某些特殊的行为首先引起人们对其产生强烈的关注。然后，权力和当局的代表会对这些行为作出反应。接下来，大众传媒（或是其他的传播系统）查明事实，这可能更加煽动原来的关注，而使得权力和当局代表作出更多的反应。如此不断如螺旋般循环，形成恐慌的道德反应。斯丹利·柯恩（Stanley Cohen，1972）将英国在20世纪60年代对于所谓的"摩德派"和"摇滚派"的反应称为道德恐慌。而类似的术语也描述过挪威在70年代对于酗酒的游民的反应和在80年代对于年轻的毒品使用者的反应（Mathiesen，1975；Christie and Brunn，1985）。上述3个例子都受到了重视，主要是因为它们都具有法律上的影响。60年代英国摩德派和摇滚派后来被警察以超越法律规定的标准对待。挪威自1970年废止强制劳动制度以后，游民不再被监禁于强制劳动所中，但是，后来的道德恐慌使该国几乎重建强制劳动制度。然而，这也造成挪威对于"强制处遇"的规定作重新检讨。此外，对于毒品使用者而言，道德恐慌实际上在刑罚程度方面变得相当重要。因为，在几年的时间内，挪威毒品犯罪的最高刑罚由10年监禁增到15年，甚至到21年。虽然最高刑罚主要是针对职业毒品贩卖者，但是被逮捕的几乎总是少量的毒品使用者或是小贩，而他们也受到了十分严厉的刑罚。

其次，道德评价以及对罪行的严重程度和憎恶程度的认知因空间而异。

我们一方面发现许多道德评价和对于罪行的认知方面因社会的不同而异的例子。例如，在美国和在挪威对于醉酒驾车的看法可能大不相同。这也是说,不同的文化背景会产生不同的定义。另一方面我们又发现许多例子显示在同一社会中,不同的团体或次体系的道德评价和对罪行的认知也各有不同。我在挪威首都奥斯陆的典型"中产阶级"区和"工人阶级"区,针对父母和儿子们作了一个研究,研究中儿子们的年龄均在15到18岁之间。我从这个研究中发现,世代之间和阶级之间对于偏差行为和犯罪行为的评价和认知有相当大的差异。第一个不同点是,父母们一律比儿子们更难以接受这些行为,并且认为更应该约制这些行为。第二个不同点是,不论世代,具有工人阶级背景的人一律比具有中产阶级背景的人更难以接受这些行为,并且认为更应该约制这些行为。这个研究中的问题是以推敲道德评价为重点,询问受访者个人认为问题中的行为是"正确"或是"错误"的(Mathiesen,1966:23)。其他国家的研究,尤其是美国和意大利,也显示类似的差异(Kohn,1969)。受访者们除了被问到他们个人的看法以外,也被问到他们认为别人会有什么看法。这些问题主要是为了了解该环境中的道德风气。父母们被问到,他们认为与他们儿子同龄的其他男孩子们和其他的父母们会有什么想法。同时,他们的儿子们也被问到,他们认为与他们同龄的其他男孩和他们的父母们会有什么想法。无论是父母或儿子们,工人阶级的人们一律比中产阶级的人们在难以接受偏差和犯罪行为并且认为对这些行为更应有约束性方面受到更重的道德风气影响。

我们在此处所述的长时期的变化,以及不同社会之间的差异,可能不如短期间的变化以及社会的小团体之间或是次体系之间的差异来得重要。要判断正义的平衡作用,必须要以特定的历史时代和特定的社会为背景,也是合理的说法。但是,比较令人难以接受的是,正义可在短暂期间内有所变化的论点,以及在同一个社会中人们对刑罚报应可以持有相当不同的观点,甚至不同的阶级间也会持有不同观点。

我要强调的是:"我们在此的说明,并不表示所有有关道德的地方都会有变化"。我在上述的研究中发现,各组之间均有一些差异,但是各组中的大多数都认为研究中最明显的犯罪行为是"完全错误的"行为,这也就是说,这些群体对于这个问题唯一的差异只是各组中大多数的数量的多少。在美国的一些研究显示了如此共识,虽然在该共识的程度上仍有许多争论(请参见 von Hirsch,1986:65)。该共识的程度也可能因不同的社会而有差异。在一个有关美国和芬兰的研究报告中,芬兰的研究显示由法律、法院、法官和大众对各种罪行所定的严重程度具有较高的共识。库琴斯基(Kutchinsky)认为,社会间的差异或许可从社会的异质性、文化冲突、流动性和社会变化的程度加以解释(Kutchinsky,1973)。无论如何,人们的道德评价不会持续变动。

但是人们的道德评价也不会完全固定。即使在短时间内,社会小团体间的差异即足以使有关罪行的严重程度和憎恶程度的道德评价变得更复杂。如果随着社会的异质性、文化冲突和社会变化的增加会降低共识的程度,我们即可以预测,许多西方国家在20世纪末期的道德评价会有更大的差异。

在我们结束这个讨论以前,应该提到冯·赫希在他近期所写的有关《应得的惩罚》(1986年)一书中,在对犯罪的严重程度作分析时,曾经试图克服上述这些困难。他的出发点和绝对性刑罚理论相同,即伤害(犯罪行为所造成的损坏或伤害)和归责(罪责、意图、动机和情况)将决定犯罪者应该负担多少责任。

冯·赫希的观点和理查德·斯帕克斯(Richard Sparks)相同。他首先指出,伤害的评估不能以人们对犯罪的想法作为基础。因为人们认定某个行为所造成的伤害,可能会比实际的伤害大。他认为,伤害必须以实际的伤害作评估,而实际的伤害则应以实证的方式来研究。但是,冯·赫希加上了一条重要的限制条件:"犯罪伤害的实证调查,必须加上价值判断作补充说明"(von Hirsch,1986:66)。他明白地表示,不同的罪行损害不同的利益,这些利益必须受到评估。他继续指出:"我们还要顾及犯罪严重程度的另一个重要因素,即犯罪者对所犯下的行为的归责"(von Hirsch,1986:66)。这表示该因素也涉及到价值判断。

冯·赫希问道:"要如何做这样的价值判断呢?"然后,他继续说明,一方面针对损害而对各种利益分出等级,另一方面针对归责而对不同程度的错误分出等级,可发展一套测量罪行严重程度的体系(von Hirsch,1986:63—76)。冯·赫希试图以这个方式赋予罪行的严重程度一个据实的特性。正面来说,他的论点的确有些清晰度。但是我们必须明确强调的是,在涉及损害和归责方面的问题时,他将重点放在"价值判断"上。在这么做的时候,他必须涉及到犯罪的道德评价问题。冯·赫希很难避免道德评价和它的问题,除非他将其掩盖,让它看起来不像评价的样子。我们先前引用过下面的一些句子,但现在让我们再次引述这段文字:

> 我个人认为,一个规章制定机构应采取一些实际的步骤,规划一个虽不能说完美,但是实用的罪行严重程度的尺度,并用其作为指导方针。至少对于如窃盗、暴力和欺诈这类的犯罪而言,我们可以用罪行的法律定义和关于该罪行可能造成的影响的一般常识,对于这类犯罪所造成的后果发展出一套概略的评估。我们也可以对于各种罪行所侵犯的权利和利益的相对重要性,作出常识性的道德判断。我们至少可以依据行为是因意图、任意或是疏忽而起,来进行归责分级(von Hirsch, 1986:74)。

很明显的,他还是使用了道德评价。

在讨论上述因时间和社会团体之间的差异所造成的道德评价的变化之后,我们还要提到在社会中,个体之间和团体之间在资源和生活机会方面也有很大的差异。

如同我们之前所述(第65页),那些持续从事犯罪和最后被长期监禁的罪犯具有许多问题,其中包括酗酒、毒品、缺乏教育和失业等问题。此外,他们大多来自工人阶级的较低阶层。因此,用以作为长期监禁刑期基础的那些相当严重且令人非常憎恶的行为,通常是由处于环境相当恶劣的人们所犯。我们如果愈了解他们的穷困,就愈难责怪他们的犯罪行为。基于物质缺乏而犯下的行为应该受到谴责吗?基于社会因素或是心理因素所犯下的行为应该受到谴责吗?对于罪行的严重程度和憎恶程度的评估,原本已经因为道德评价在时间和空间上的变化而变得复杂,如果再考虑到上述的这些重要的条件,则会使其变得极为困难。

如瑞典的白皮书 SOU 1986, No. 13—15 这类的古典主义研究,大多拿掉了这些考量,只有在作为减罪的情节或是为了所谓的"以公正为由"的情况下才会采纳这些考量(Vol. 1:22)。但是如果我们纳入这些考量,道德评价本身将变得相当困难。

我们知道,当我们愈了解罪犯的真实生活,就愈能清楚看到他们在资源和生活机会方面的贫困。这表示,将观察点更接近犯罪者,是相当重要的一个部分。

在我们讨论到惩罚的严厉程度时,观察点也会具有关键性。

惩罚的严厉程度和观察点

我们前面提过,正义的意识形态给人的第三种印象,就是让人觉得处于平均正义中平衡作用另一端的惩罚严厉程度,是可以用绝对的标准来评估的。但是,构成严厉的惩罚的原因以及造成惩罚较严厉或较宽松的因素取决于观察点,也就是观察者与所考虑的情况和当事人的距离。

多年以来,许多研究已经开始测量人们对于惩罚的严厉程度的观点。其中,有一项挪威的研究结果相当重要。该研究在这项针对青少年刑事政策的全国性公众意见调查(Mathiesen, 1965b)中,询问了以下的问题:"你个人认为目前的青少年罪犯所受的惩罚大多太过严厉?不够严厉?或是适中?"受访者的回答具有相当强烈的惩罚态度。问卷中只有2%的受访者认为对于青少年罪犯的惩罚太过严厉,67%的受访者认为不够严厉,21%的受访者认为适中,10%的受访者没有回答。

但是,如果以更详细的方式问同样的问题,受访者的回答即产生变化。更详细的问题问到:"对于问卷上所列的方法,你认为对于青少年罪犯用得太过频繁、适中、或是太少?"问卷上列出"撤回指控、不审判""青少年感化院、青少年教养机构""由医生或心理医师等作处遇"以及"监禁"。换句话说,这些问题虽然是在问惩罚方法的细节,但仍以"青少年罪犯"为重点。这些受访者的回答与第一个笼统的问题回答相比,更加仔细——49%的受访者认为监禁惩罚用得太少。但是,51%的受访者认为"由医生或心理医师等作处遇"很少被用到,而31%的受访者认为"青少年感化院和青少年机构"很少被用到。即使"撤回指控或不审判"的回答和第一个笼统问题的回答相比,也达到相当大的比例:有20%的受访者认为"撤回指控等方法"用得太少。

然而,如果以更详细的方式问同样的问题,受访者的回答会更仔细。第三个问题不仅问到有关惩罚方法的细节,也对"青少年罪犯"的各种类型作出评估。这些问题和结果列于表5.1。

表 5.1

	侵入民宅（价值约2 000挪威克朗）	盗窃车辆（价值约2 000挪威克朗）	抢劫（价值约2 000挪威克朗）	强奸
监禁	15	20	37	51
未指明的惩罚	<u>13</u>　28	<u>14</u>　34	<u>19</u>　56	<u>22</u>　73
赔偿	32	43	20	—
警告				
撤回指控				
谴责	17	9	6	1
有条件刑	<u>18</u>　35	<u>11</u>　20	<u>7</u>　13	<u>2</u>　3
青少年感化院				
青少年教养机构	4	5	7	3
处遇				
观察	2	1	2	10
不回答	11	11	12	12
无法界定	9	9	8	7
N	(2101)	(2101)	(2101)	(2101)

表 5.1 的问题是："对于一位 20 岁的初次犯罪的青少年,你认为罪犯依照各类型的犯罪,应该接受哪些惩罚?"(%)(由于受访者可能复选答案,百分比加起来不会达到 100)。

表 5.1 中所列的犯罪类型中,财产犯罪/盗窃车辆是青少年比较常犯的案件,抢劫案显然较少,而举报的强奸案则是相当稀少。我们发现,大多数的受访者对于那些比较常见的犯罪类型,并不选择监禁或未指明的惩罚,而且也具较开放的观念。对于损失 2 000 挪威克朗(在 1962 年价值相当于 180 英镑)的"侵入民宅"和"盗窃车辆"罪行,大多数的受访者选择赔偿而不是监禁或未指明的惩罚。对于"侵入民宅"罪行,受访者大多选择警告、撤回指控、谴责或有条件刑等较宽松的惩罚,而不是监禁或是未指定的惩罚,而对于"盗窃车辆"罪行,仍有大多数的受访者作上述的选择。值得注意的是,对于第一个问题认为惩罚不够严厉的 67% 受访者中,并非大多选择监禁或是未指定的惩罚。

诠释这些回答可能会有许多问题,但是这些结果至少清楚显示,受访者愈了解犯罪者或是他们所处的环境,在惩罚上就会有更细微和更开放的看法。

如果我们将观察点作更大的改变,将对于他人所受的处遇提出看法的人口这个具代表性的样本,改成对于自己的处遇提出看法的挪威受刑人样本,上述的趋势就会更为明显。有一项访谈式的问卷调查在两间执行长期监禁的挪威监狱,对于受刑人提出以下的问题:"你认为自己所受的刑罚是否与所犯的罪行对等?"两间监狱分别有75%和65%的受刑人的回答为"否"(Mathiesen, 1965a:160)。虽然这其中一些受访者可能表示所受的惩罚太轻,但大部分的受访者认为惩罚太重。我们或许可以将这个比例与另一个极端的比例作比较,那就是一般人对于青少年罪犯所受的惩罚是否太过严厉的回答,该调查的受访者中认为惩罚太重的只占2%。

国际性的研究也在观察点方面显示相同的趋势。乌拉·邦德逊于1975年在瑞典的马尔摩(Malmö)城市作了一项调查,针对年龄在18到75岁的人随机抽样,并询问受访者们对瑞典惩罚的看法。受访者中认为惩罚太重的占8%,太轻的占55%,适中的占22%,给与其他答案或是不回答的占18%(Bondeson, 1979:135)。接着,受访者被问及一些具体的问题,这些问题都是关于各种犯罪行为或是被认为是违反道德的行为。受访者被问到他们个人认为这些行为应受到什么样的惩罚,受访者们的回答在这个层面上变得更仔细。我们之前提过库琴斯基(Kutchinsky)认为各国在法律、法院、法官和大众的共识程度上均有差别(Kutchinsky, 1973;请参见第111页),现在让我们引述邦德逊对于自己的研究所做的概述:

> 虽然空间阻碍了对于一些问题的审评,但是我们还是可以指出一些趋势。一般来说,大众具有较细微的法律观点。他们对于某些行为的严重程度的评估与立法或法院不同。因此,这些回答并不能支持伊录姆(Illum)所持的法律意识不具结构性也缺乏内容的论点。但是我们也不能说这些回答肯定了一般大众要求"更严厉的办法来对抗罪犯"的论点(Bondeson, 1979,由本书作者译自瑞典文)。

除了上述的调查外,乌拉也对受刑人作了类似的问卷调查。在她对几个瑞典监狱的受刑人所作的调查显示，51%的受刑人认为所受的惩罚一般来说过重，而只有6%的受刑人认为过轻（Bondeson，1974：438，亦可参见 Bondeson，1975：135）。这个调查数字用来与在瑞典城市马尔摩对于一般民众所作的调查结果相比较（受访者中8%认为惩罚过于严厉，55%认为惩罚过轻）之后，我们可以发现两个结果呈强烈对比。针对邦德逊对于斯堪的那维亚诸国的受刑人与一般大众对于惩罚的看法所作的比较（Bondeson，1974：439—441），我们必须特别提到一点。虽然在一般大众的样本中各研究之间以及次团体之间均具有一些差异，但是这些差异比受刑人与一般大众的样本的差异小得多。邦德逊认为这个研究的受刑人样本和一般大众样本对于惩罚严厉程度的看法所呈现的方向成"强烈的对比"。

简而言之，虽然人们对于惩罚严厉程度的看法有一些共识的趋势，但也有许多相当大且重要的差异。尤其是，看法会随着观察点的变化而改变。所谓的观察点，就是观察者与犯罪者及犯罪者所处的环境的距离。我个人对于这些差异的解释是：这个距离愈大，我们就愈只看表面的情况，对于惩罚所造成的痛苦的了解也愈少。反过来说，这个距离愈小，我们就愈能了解惩罚所造成的痛苦。而这个看法也受到了其他不同的研究结果的肯定。斯坦利·米尔格兰姆（Stanley Milgram，1965）在一个实验的情况中观察到，受令施予受害者痛苦的人与受害者所处的环境距离愈大，就愈能够遵从施予受害者痛苦的命令。尼尔·克里斯特也指出，在第二次世界大战期间，挪威集中营的看守者与囚犯之间的距离愈大，看守者就愈能够对囚犯施以严厉的惩罚，甚至于对其虐待（Christie，1972）。这并不是说，亲密的关系就不会有压迫或暴力的情况，我们可从私人领域明白这个道理，尤其是从家庭方面。亲密的关系是否造成理解，也可能依情况而定。就公共领域（通常指国家领域）而言，观察者与接受惩罚者彼此关系的出发点往往是官僚化的非个人关系。但是，当观察者与接受惩罚者的距离愈近就愈能理解接受惩罚者的情况。

在刑事政策领域中，以政治的观点所得到的结论是：减少这个距离，人们或许可以离实际的情况较近的位置进行观察，并且较能产生同情心。这种结论在原则上很容易做，但却很难实行。

总而言之，以道德来评估罪行的严重程度和憎恶程度相当复杂。

如果这种评估的复杂性独自存在，我们或许还可以接受。因为我们对于各种罪行的道德评价还是有很大的共识。但是实际上，除此以外，我们还要考虑到惩罚的严厉程度的相对性，尤其是该严厉程度必须依赖的观察点。这也表示，就惩罚的严厉程度而言，要评估"正确的"惩罚值更加困难。将这些问题加起来，我们就了解"应得的惩罚"的两端本身就具有很大的问题。

在此，我们还必须提到冯·赫希（1986年）所提出的论点，这些论点主要是为了降低观察点的重要性，进而相对的降低惩罚的严厉程度的重要性。我们在前面（第107—108页）也提到冯·赫希如何试图让评估罪行的严重程度和憎恶程度时所涉及的道德和价值问题看起来没有那么重要。因此，我们可以明显看出，他在试图使得处于平衡作用两端的问题——也就是罪行的严重程度和憎恶程度的问题以及惩罚的严厉程度的问题——看起来没有那么重要。

在惩罚的严厉程度方面，冯·赫希使用的是惩罚的基本（cardinal）规模和等级（ordinal）规模。惩罚的基本规模针对的是：应该以惩罚严厉程度的那些绝对程度作为固定刑罚尺度的基础。惩罚的等级规模针对的是：各个相对的罪行应受到的惩罚。

根据冯·赫希的说法，第一步是要先找出惩罚的基本规模，即惩罚尺度的固定点。接着，下一步就是在基本固定点的范围内决定惩罚的等级规模，即尺度的等级。

这种说法给人的印象是惩罚的基本规模是客观的或是绝对的。"固定"这个字眼让人觉得惩罚尺度的出发点好似相当稳固。但是，我们要如何固定惩罚的基本规模呢？冯·赫希对这个问题没有令人满意的答案。

首先，冯·赫希表示虽然正义——即"应得的惩罚"——只是决定惩罚的基本规模的限制性原则。但是，正义也是在惩罚尺度上决定惩罚等级规模的决定性原则。"应得的惩罚"是决定惩罚基本价值的限制性原则的概念，意味着我们可能不能以正义为基础，精准地决定惩罚的基本点。这些基本点只能限制在合理的罪行与惩罚相对比例范围内。

但是如何固定合理的罪行与惩罚相对比例范围呢？关于这一点，冯·赫希仅给予模糊的回答，或许可以说这个问题还没有答案（von

Hirsch, 1986:43—4）。虽然他试图借由一些实例来解决这个问题，但是他并没有提出任何让立法者使用的实际方法。

其次，如冯·赫希公开承认，正义只能作为固定惩罚基本规模的限制性原则，而非决定性原则，意旨其他的考量也会影响到规模的选择。哪些考量呢？主要是监狱资源，也就是可用的监狱空间。冯·赫希认为我们应该将这个空间和"对于基本罪行与惩罚相对比例是否合乎标准的判断"放在一起考量。他的重点是，惩罚的基本规模应该先根据可用的监狱空间而暂定。然后，我们可以检视这个"暂定的惩罚基本规模是否合乎基本罪行与惩罚相对比例的限制"（von Hirsch, 1986:96）。在某些情况，监狱的空间小到无法达到标准，以至于即使犯下严重罪行的犯罪者没有被判入狱，这即表示必须增加监狱的空间。在一些情况下，监狱的空间太多，以至于犯下较轻微罪行的犯罪者也被判刑入狱，这即表示必须减少监狱的空间。

但是，如此依据监狱空间作为额外标准，等于开始使用一个从历史以来一直借由一个国家或州立政府的经济和政治历史而作决定的标准（冯·赫希谈论美国的州立政府）。以此作为固定惩罚尺度的基本固定点的基准，其本身就有问题。当然，以意大利、德国或挪威的监狱空间作为基准点所达到的所谓惩罚尺度的绝对的基本固定点，将会与以美国监狱空间为基准点所达到的惩罚尺度的绝对基本固定点有很大的差异。因此，这些固定点实际上根本没有绝对性、基本性或固定性。此外，也是最重要的一点，冯·赫希提到"有关基本罪行与惩罚相对比例是否合乎标准的判断"或是惩罚的基本规模"是否合乎基本的罪行与惩罚相对比例的限制"，就会让对他质疑的人提出这个问题：如此说来，这些要被决定的罪行与惩罚相对比例的限制，也就是我们要寻找的惩罚基本规模。因此，我们实际上并没有得到任何结果。

冯·赫希一定注意到了这些问题。实际上，他在回答有关惩罚基本规模的问题时，持着很大的保留态度，他说："在固定惩罚尺度方面，的确没有一个唯一的正确方法"（von Hirsch, 1986:100）。但是冯·赫希认为"这些考量不但有条理，而且以一般的应得的惩罚概念为基础，而让整个过程具有合理性"（von Hirsch, 1986:101）。

但是，由于罪行与惩罚合理的相对比例的范围仍然很难评估，上述的额外条件也充满问题，这些考量只是让整个过程看起来合理。他建议的过程掩盖了真实情况。实际上,观察点和相对性的问题仍然存在。

监禁的内容

如前所述,正义意识形态带给人们的第四种印象,就是让人觉得处于平衡作用两端的罪行与惩罚——即犯罪行为给受害人所带来的痛苦与刑罚给予加害人的痛苦——是可以相互比较的。

但是当我们更仔细审视监禁的实际内容时,就会发现,与这个假定前提相关的问题以及与平均正义结构相关的一般问题更为严重。

监禁的痛苦

令人费解的是,当今的犯罪学家们在他们所著的许多有关剥夺犯罪能力、伤害和归责,以及惩罚的基本和等级性规模等等文献中,都没有提到监禁的痛苦。

但是,对于监禁的痛苦作描述与分析,是犯罪学和社会学的一种传统。早在30多年前,格雷沙姆·赛克斯(Gresham Sykes)在他所著的《被监禁者的社会》(The Society of Captives, 1958)中便对监禁的痛苦作了最佳的描述。我们在此必须提及他的叙述(亦可参考 Christie, 1981; Foucault, 1977)。

赛克斯使用"痛苦"这个词并不表示过去经历的痛苦或是身体上的某种疼痛。他所讨论的第一种痛苦,即是涉及人身自由被剥夺的痛苦。"新泽西州立监狱受刑人所遭受的所有痛苦中,最明显的就是自由的丧失"(Sykes, 1958:65)。在监狱里,受刑人的行动受到限制。但更严重的是,受刑人与家庭和亲友之间的关系被断绝。受刑人在尚未被关进监狱以前,并不一定会用到这些进入或维持上述关系的自由。但重点是,这个自由的确存在,而丧失了这个自由"会使受刑人感到失去感情关系、孤独和寂寞,进而觉得遭受到极大的剥夺或感到焦虑"(1958:65)。更严重的是,监禁即代表"自由社会在道德上对于犯罪者刻意地排斥"(1958:65),这对受刑人的自我概念不断地造成威胁。我们必须指出,自由的剥夺是一种"洋葱式"的系统,先是监狱内孤立的机制,然后是监狱内孤立中的孤立。

赛克斯所讨论的第二种痛苦,即是物质及服务被剥夺的痛苦。在监狱中,对于最低限度的物质需求,通常可以得到满足,"但是依据每日摄取的热量、休闲时数和个人活动空间的大小等衡量生活水平的标准,其实忽略了一个重点"(1958:68)。那就是,在现代的西方文化中,物质的拥有在个人的自我概念中占相当大的部分,"因此剥夺这些物质,会对个人的人格最深处造成很大的打击"(1958:69)。虽然受刑人在监狱内所受的物质缺乏情况并不一定比在监狱外来得严重,但是监狱中对于受刑人物质及接受服务施以系统性的剥夺,会造成受刑人的自我概念遭受到系统性且极具威胁性的打击。

第三种痛苦是与异性的关系被剥夺。这个问题显然不仅是生理上的问题:"缺乏异性关系所造成的心理问题可能更为严重"(1958:71)。这个情况令个人的性别状态受到自我质疑。基本上,这种剥夺将个人与异性隔绝,然而异性的反向性却赋予个人性别的意义。因为自我的影像是我们寻找自我认同的一部分,而自我影像又是从他人眼中反映出来——即库利(Cooley)的"镜中自我"理论,这个剥夺会对受刑人的自我形象造成模糊但严重的威胁(1958:72)。

第四种痛苦即是自主权被剥夺的痛苦。受刑人因"所有行为的细节都被无数的法令规定控制",而被剥夺了自主权(1958:73)。我们生活中有许多领域的确也有压抑自决权的现象,但是由官僚人员来规定,给人的感觉与习俗的规定非常不同。在监狱中,自主权的丧失完全出于被迫,也因此更令人难以忍受。自我概念又成了主要的问题:繁琐且通常是毫无理由的条规"由官僚人员传达下来,对于受刑人的自我形象造成严重的威胁,因为这些条规让受刑人变得如孩童般的柔弱、无助和依赖"(1958:75)。

第五种痛苦即是安全被剥夺的痛苦。"受刑人被迫与其他通常具有长期暴力和攻击行为的人有长久和密切的关系"(1958:77)。这是相当容易激发焦虑的情况,即使对于累犯也是如此。至少在挪威,我们从一些受刑人明确地指出希望住在隔离牢房的情况,可以看出这种焦虑的存在。隔离与前者的情况相较之下,看起来并没那么糟。此外,受刑人住在监狱人员的掌控下也会激起受刑人的焦虑,比如说:承受搜查队的搜查、突击检查、缉毒警察的临时审问等情况。

赛克斯的结论是:"因此,监禁是痛苦的"(1958:78)。在当今的犯罪学文献中,这些监禁的痛苦通常仅被列为理所当然的一般常识。由于被视为理所当然,它们在犯罪学上常常受到忽视。这就是我们将它们的一些细节提出来讨论的原因。虽然各个国家的监狱都会各有不同,各个监狱也一定会彼此有些差异,但是上述的基本和一般性的剥夺却大致相同。

除了上述所列出的痛苦以外,我们还要提到监狱支配受刑人生命的权力所引起的痛苦。监狱控制着范围相当广泛的正式与不正式的奖惩,这对监禁者来说极为重要,有时甚至生命攸关(令人费解的是,在格雷沙姆·赛克斯看来并不是那么重要)。

在监狱外面,我们可能会觉得由监狱掌控奖惩并不是那么重要,隔离牢房与一般牢房的差别也可能很小,每天6元或8元挪威克朗的零用钱看起来差别也不大。对监狱外面的人来说,监牢反正就是拥挤的,零用钱是很少的。但是从监狱里面来看,就会有极大的不同。从监狱外面看起来很小的差异,在监狱里常常会被放大,而且某些部分会变得很重要。有一些有关监狱的研究一直着重于上述现象,有一些研究针对一些较小和较开放的监狱(Mathiesen, 1965a),另一些研究针对较大且较封闭的监狱(Kristoffersen, 1986)。挪威社会人类学家克里斯托佛森(Kristoffersen)曾在奥斯陆行政区监狱(Oslo District Prison)担任过守卫工作,并发表了《琐事的暴政》(*The Tyranny of Trifles*)这份重要论文。受刑人将监狱环境变成比较的参考标准后,便会从监狱内将类似上述的差异放大。受行人如果仍然以监狱外的社会作为参考标准,他们可能仍然保有外界对监狱中的一些差异的看法。如果他们不保留这点,而持以监狱的参考标准,就会持有监狱内对这些差异的看法。这是正常的情况,至少在执行长期监禁刑罚的监狱就是如此(Mathiesen, 1965a:76—80)。如此一来,6元或8元挪威克朗的差别的确会变得很重要。

此外,监狱外面的观察者也必须了解监狱掌控了奖惩的重要性。信件是否受到检查、受刑人是否可以放假、假释出狱或是继续监禁等项目,都是监狱或上级机关所掌控的重要奖惩。对于目标在于让受刑人乖乖听话的监狱管理人员来说,这并不表示这些奖惩具有奖励或惩罚的效用(这也是赛克斯认为以权力的角度来看,它们并不重要的理由)。但是从持有不同目标的受刑人眼中看来,监狱管理人员对于他们的控制的确代表了权力(Mathiesen, 1965a;亦可参见 Goffman, 1961)。

我们必须了解监狱的决策体制大多数是自由裁量的,监狱必须遵循的规定具有非常大的弹性,非正式的挪威术语称之为"橡皮筋法则"。这也说明了为什么受刑人在控制和限制监狱决策方面,缺乏有效的法律办法。我在其他的文献中,曾用父权制来描述监狱权力的特性:在可自由裁量的背景下,该权力基本上如同封建制度中的权力,又如封建地主的权力。换句话说,过去遗留下来的封建思想在当今合法的官僚架构下依然存在(Mathiesen, 1965a, Ch. 6)。

针对监狱控制的重要且有时甚至生命攸关的奖惩来看,监狱的自由裁量和父权制的决策结构,对受刑人来说即表示监狱潜具巨大的权力。

正义和监禁的内容

我们在这个章节讨论了监禁的一些痛苦、权力和权力的执行。将这三个因素放在一起,监狱变成痛苦就归约为一个系统。我们要问的问题是:如何在平均正义的平衡作用上对这类痛苦进行"秤量"?

问题在于我们很难用一套痛苦去"秤量"另一套痛苦。犯罪的确会让他人受到痛苦,至少,对于受害人来说是如此,尤其对于少数受到暴力犯罪的受害者来说更是如此。然而我们也了解到,犯下这些罪行的罪犯在被关进监狱后也会受到痛苦。但是,这两"种"痛苦是不能用共同标准测量的实体。因此,我们不能如同在惩罚值、惩罚尺度和罪行与惩罚相对比例的结构中操作天秤一般,用一种痛苦来"秤量"另一种痛苦。

一方面,车子被偷、被闯空门或是被抢,对受害人来说被剥夺的是财物,有时还包括完整性和健康。另一方面,犯下这些罪行的罪犯在狱中不仅一律受到自由、财物及服务、异性关系、自主权和安全的剥夺,在每天的生活中也受到可怕的权力掌控。我并非说受害者所受的痛苦并不重要,虽然我个人认为有些时候真是如此。我也不是说受刑人所受的痛苦看起来比受害人的痛苦更深,虽然我个人也认为有些时候真是如此。我所指的是,不同的痛苦本身具有的意义非常不同,因此无法比较。至少无法以这种方式精确地作为惩罚值、惩罚尺度或是罪行与惩罚相对的比例的基础。

需要剥夺多少人身自由、医疗服务、自尊和自主权才能平衡闯入民宅或是恣意毁坏一间夏日别墅所受的痛苦?在这个假设的例子中,两"种"痛苦含有许多的复杂因素和强烈的主观经验,这也是平均正义失败的原因。

监狱是否在正义上站得住脚？

我们已经讨论过许多问题,现在让我们将这些问题连结起来。

在监禁取代体罚之后,惩罚的模式就开始转变——惩罚变成个人被剥夺多少时间的问题。罪行的惩罚值可以用个人被剥夺的时间来计算的这个概念,是通过监狱达到平均正义的基本前提。另一个概念是,受刑人被剥夺的时间具有两大特性:

第一,时间被视为一种客观的实体,也可以说是互为主体——即对所有的人来说,它都是以同样的方式在计算。在我们的社会里,我们已经同意了用相同的时间测量,如秒、分、日、月和年。

第二,时间被视为一种比例尺度。方法学的程序一般有四种尺度。第一种是名义尺度,这些测量仅表示单位是以互不相容的类别来分类,如性别。第二种是顺序尺度,测量单位是以等级顺序排列,如社会地位。第三种是等距尺度,测量单位可以估算出不同类别之间的距离,如依照摄氏温标测量的温度。第四种则是比例尺度,除了有等距尺度的所有特性外,还有"绝对零点",所以可以比较不同的数值之间的比例,如重量,我们可以说10磅是5磅的两倍(Hellevik, 1977)。监禁时间被看成具有"绝对零点",如同重量一样。因此,我们应当可以说10年刑期是5年刑期的两倍。

因此,当受刑人被剥夺的时间被视为客观且可用比例尺度测量时,就可能发展一个罪行与惩罚相对比例的体系,即平均正义。某一种犯罪行为所受到的报应是3年的监禁,另一种罪行得到6年监禁。相同的,我们可以说后者犯罪行为的严重程度与憎恶程度是前者的两倍,如此即在罪行与惩罚之间建立了平衡。

但是,这两项监禁时间的基本前提都告失败。

第一,监禁时间并非客观也不是互为主体:我们并没有就监狱时间的意义方面达成协议。罪行与道德信念相关,惩罚的严厉程度则与观察点相关,尤其是观察者与被观察者的距离。因此,监禁时间的意义,即监禁两个月、两年或是20年的意义与道德和观察点有关。我们可从目前国际上在关于监禁时间重要性的评估方面有极大差异,看出这一点。如果监禁时间是客观的,各国应该向相同的惩罚刑期迈进。

但是我们知道他们不但没有往这方面迈进，反而彼此有极大的差异。

第二，监禁时间实际上并未形成一种比例尺度：监禁的内容含有痛苦和权力施用的特性，而痛苦和权力并没有绝对零点。因此，将痛苦作比较，并说这个痛苦是那个痛苦的两倍，或是将权力的施用作比较，并说这个权力的施用是那个权力施用的两倍，是毫无意义的。如果监禁的内容受到重视，监禁在方法学程序上的尺度应该下滑。但是我们甚至还没达到等距尺度的阶段，痛苦和权力的施用的"多"和"少"是在顺序尺度阶段。这也就是如冯·赫希这类谨慎的学者们在理论上想要将惩罚的正义定位的地方（请参见第117页有关惩罚的等级规模）。但是实际的立法和审判的执行，已经很明显地预先假设了一个站不住脚的比例尺度，而且很难想象，如冯·赫希所提出这类讨论能够停止立法者和法官继续作这种预设。实际上，讨论的科学性愈假，有关比例尺度的讨论就愈受到重视。此外，我们通常面对的并不是顺序尺度，而是名义尺度：在隔离牢房待14天和被拒放假或是信件受检有所不同，但不一定表示该情况会比被拒放假或是信件受检"更好"或"更糟"。这种情况在我们从以笼统的方式来评估惩罚，转变成以受刑人情况的具体资料背景评估惩罚后变得更明显。情况的不同，即表示隔离可能在一种情况下令人感到可怕，但是被拒放假或是信件受检可能在另一种情况下令人感到可怕。换句话说，情况背景的不同常常使得名义尺度成为唯一正确的尺度。

立法者和法官们为了用时间作为惩罚，就抛开了我们上述的议题，仅抽出时间来用。我们可以这么说：时间被视为一种缺乏内容的类别。

数学家或许是以这个方式看待时间。对于数学家来说，时间是抽象的。但是当立法者和法官们也这么做时，他们即从事实中抽出时间，这些事实包括对于罪行的道德评价的差异、评估惩罚严厉程度的观察点的重要性、痛苦和权力的施用。如此，他们也忽视了罪行和惩罚不能用相同尺度测量。

当立法者和法官们这么做时，他们即遮掩了事实，并给人一种监狱在平均正义上站得住脚的印象。我们提到的所有因素都指着同一方向，显示监狱在正义上其实是站不住脚的。

尾注

*冯·赫希除了分析监狱的空间外,也提到了一种他认为应该强调的剥夺犯罪能力。

如同我们在本书第4章所指出的,冯·赫希坚决反对以集体性的和选择性的剥夺犯罪能力当作以监狱作为惩罚的理由。但他在著作的最后(从第13章开始)讨论到"应得的惩罚"时,却出乎意料地介绍第三种剥夺犯罪能力,称为"分类性剥夺犯罪能力"应当处于集体性和选择性的剥夺犯罪能力之间。冯·赫希希望能将这种剥夺犯罪能力与"应得的惩罚"合并。他指出,一般来说,集体性的剥夺犯罪能力试着以针对重罪的方式,达到全面性的剥夺犯罪能力作用。分类性剥夺犯罪能力则全然不同,它针对的是某些特定的犯罪类别。选择性的剥夺犯罪能力主要针对犯罪者与累犯相关的特性。分类性剥夺犯罪能力则全然不同,它针对的是找出与较高累犯率相关的犯罪类别。此外,分类性剥夺犯罪能力考虑到累犯的严重程度:也就是说,哪一些犯罪类别与犯罪频率特别高的累犯相关。再者,分类性剥夺犯罪能力也试图将对于某个犯罪类别的累犯的重视和对于正义的重视合并。重点是能够发展一套综合性量刑政策,以达到在审判中考量到公正和正义的同时也能降低犯罪。更准确地说,应该先建立仅以"应得的惩罚"为原则的暂时性指导方针。接着,即应重新设定刑罚尺度上的固定点,以反映非选择性犯罪控制的目标,尤其是分类性剥夺犯罪能力(1986:161)。但是任何调整都不能超过基本的罪行与惩罚相对比例所设立的限制,任何改变也不应扰乱这个限制中惩罚的比较顺序(von Hirsch,1986:161—2),这个想法是以杰奎林·科恩(Jacqueline Cohen,1983)的研究为基础的。

在此,我必须提出两个重要的反对意见:

第一,分类性剥夺犯罪能力似乎是集体性的剥夺犯罪能力的子类型。至少,令人很难理解的是,这两种拥有相同问题的剥夺犯罪能力,在原则上有什么差异?就我所了解,连冯·赫希自己也似乎承认这个问题(von Hirsch,1986:165—6),尤其是当他坦然指出,在"我们对于分类性剥夺犯罪能力的效率有更多了解之前,尝试我所提过的融合战略还过早"(1986:166)。

第二,从实际的立法和审判观点来看,试图在分类性剥夺犯罪能力中加上正义的考量似乎相当不切实际。立法者在动荡的政治环境下工作和生活,要他们思考我们这里所提到的抽象的问题,是极为困难的。实际上,冯·赫希在指出预防未来罪行的考量"应基于立法委员会的能力和运作的环境而定"时,已经承认了这个问题(1986:166)。

此外,我们还应提到另一个试图将应得的惩罚与剥夺犯罪能力结合的尝试。诺弗尔·莫里斯(Norval Morris)和马克·米勒(Marc Miller)曾经指出,在指定且广泛的应得惩罚范围内,危险性的预测——即攻击性犯罪的预测——是可被接受的(Morris and Miller, 1983)。莫里斯和米勒指出:"我们认为,以危险性的预测为基础的惩罚,不应超越不以该预测为基础的惩罚。因此,'应得的惩罚'的观念就可为可允许的惩罚上限作出定义"(Morris and Miller, 1983:6)。他们承认这个危险性的预测准确度很低——最佳的期望是每三个暴力预测中会有两个错误肯定。但是,他们认为这两个错误肯定的预测,并不表示被预测的罪犯是"清白的"。他们指出:"总的来说,被预测为危险的人物不再做出任何危害的行为,即使这是预测本身的错误,也并不表示分类是不正确的"(1983:20—21)。他们以伦敦战后时期的未爆弹这类危险物品来类推,并指出:"大多数的未爆的炸弹都是'错误肯定',但是它们还是有高度的引爆可能性,而且也的确很危险"(1983:18—19)。

他们的这个论点中有一些瑕疵:

第一,他们所接受的低预测准确度的基础是站不住脚的。许多不同的理论和知识——从现象学到韦伯社会学(Weberian sociology)——都针对在人类行为、意图和意识以及实体的移动之间作类推提出过警告。此外,也因为它们之间的差异,我们对于像炸弹之类的实体所具有的实际潜在危险的了解,比对于人类的实际潜在危险的了解来得多。莫里斯和米勒其实并未谨慎地看待预测的不准确性。他们不但忽视了这个问题,而且认为即使预测结果不良,准确度和知识依然存在。

第二,这也是最重要的一点,即莫里斯和米勒并没有指出要如何定义预测不应超出的"应得的惩罚"的范围。他们认为,对于某一个罪行有许多公正的惩罚,而且不是不应得的惩罚的概念应当可以作为对于实际情况考量范围的限制,而在"不是不公正的惩罚范围内"作判决时,可以考虑各种不同程度的危险性(Morris and Miller, 1983:37)。但这个论点并没有解决固定点的问题。莫里斯和米勒提倡剥夺犯罪能力,但是提出的仅是广泛且毫无限定的应得的惩罚范围。他们如此的做法,其实具有在正义的名义下促进较高的惩罚程度的危险——这也正是瑞典目前面临的问题(请参见第82—83页及第108页)。

第6章 监禁的未来

个人预防的理论——改造、剥夺犯罪能力及个人威慑——无法让监狱站得住脚。另一套重要的社会防卫理论——一般预防的理论——同样无法让监狱站得住脚。有关正义的理论也得到相同的结果。监狱就其本身的目的而言,不仅完全站不住脚,更是彻底失败的。

这是我们谨慎且仔细检视后所得到的结果。这个结果强力地提出我们要如何处理监狱的这个问题。在试着回答这个问题以前,我们必须先关注另一个问题:既然监狱就本身的目的而言彻底失败,监狱存在的理由究竟何在?

监狱的意识形态

一般来说,尽管监狱的功能彻底失败,但它还存在的原因可能在于我们社会中普遍且根深蒂固的监狱意识形态。

意识形态是一种让社会生活有意义且具正当性的信仰系统。有关监狱的意识形态将监狱视为一个具有意义和正当性的机构和惩罚。监狱的意识形态含有两个主要的部分:支持性和否定性的部分。

支持性部分

我大约在15年以前就指出,监狱在具有福利国家特性的先进资本主义社会中,提供了四个重要的意识形态功能(Mathiesen,1974:76—78)。

我将第一个功能称为清除功能。我把监狱视为一个机构,且该机构将资本主义社会中不具生产力的人口安置于其中,予以控制以使得他们被社会大众遗忘。以这个观点来看,我认为监狱是一个庞大的清除体系的一部分,该体系包括各种不同的机构和机构制度。

第二个即是权力流失功能。我认为那些被体系清除的人口,被安置于一个具结构性的环境,并让他们在其中继续不具生产力且对于容纳他们的体系毫无贡献。工厂仰赖工人的贡献,赋予工人权利,因为他们可以随时停止这些贡献。但是监狱不同于工厂,它不仰赖受刑人的贡献。

第三个即是转移功能。愈来愈多社会性危害行为是由拥有权利的个人和阶级所犯的。但是那些被惩罚机制逮捕和被监禁的人口,大多数是处于工人阶级中较低阶层的传统犯罪者。我认为用监狱严厉地对待这些人,为的是转移我们对于那些具有权力的人所作的危害行为的注意力。

第四个即是象征性功能。我认为象征性功能与转移功能密切相关,但却有一点不同:那些被惩罚机制监禁的人口在被监禁后就被污名化,变成"黑色的",在监狱外的我们本身虽然也是灰色的或是黑色的,却可在这个背景下将自己看成"较为洁白的"。

一个基本的分析概念即是:尽管其他形式的机构和机构制度也有上述这些功能,监狱却以独特的方式结合了所有的功能。这也是为什么即使其他形式的机构已经瓦解,监狱却能够继续存在的原因。

我认为以上描述的这些功能都具有意识形态。我们在此可以很清楚地看到,意识形态的功能具有实质的支柱(Mathiesen, 1980)。就可观察到的后果而言,监狱在实质上协助划分社会中"具生产力"和"不具生产力"的群体。监狱很明显地成立了一个结构,将受刑人置于一个倍感无力的处境中。此外,它也成立了一个将某个阶级的群体置于某种情况的结构,以分散我们对另一阶级群体的注意力。最后,它还用各种具体或非具体的方式将上述某个阶级的群体污名化。但是这些功能均属于意识形态:它们让监狱看起来有意义且具有正当性。

上述分析发表后的这15年,从未有任何其他的分析或数据能够在基本上否定我在这里所概述的功能的重要意义。现在,让我加上第五项功能,它可能和前面四项功能一样重要,我将其称为行动功能:在我们的社会中,监狱与监禁是最明显的一种惩罚。在早期,体罚是最明显的一种惩罚,但是我们的社会现在已经超越了这种惩罚。监狱和体罚一样明显,但它不是在个人的层面上,而是一个机构性实体。就此方面而言,这两种惩罚之间存有共同点和不同点。它们的共同点在于两种惩罚都明显、积极地"显示"当局处理了犯罪的问题。然而它们的不同点在于体罚是针对个人,监狱则是针对建立一个涵盖多数人口的具体制度。这个从前者到后者的改变即是随着社会的变化:由于现代社会的规模和复杂性,针对犯罪需要集体的解决办法。在我们这个时代的政治层面上的行动者们借由依赖监狱、兴建监狱、兴建更多的监狱以及通过立法来加长监狱刑期,就找到一种方法显示他们针对犯罪这类行为采取了行动,同时也顾及了法律与秩序。这也是其他惩罚无法达到的功能。

这些分析可与第1章的初步讨论连贯。我们在该初步讨论中强调的是,监狱发展中的三个主要阶段,可被视为用来规训具有扰乱性或威胁性的人口的机构性尝试。然而,在我们这个时代,这些人口是由国家严重的正当性危机所引起的基本社会动荡造成的(请参见第9—12页)。我们在以上的章节中所讨论过的各种有关惩罚和监狱的理论,对于我们认为所需要的这些规训来说,不但在意识形态上可被接受,而且是理性化的描述。这里所讨论到的监狱意识形态功能,可以解释为什么虽可被接受且合理形成的监狱无法达到我们的需求,却能继续存在且持续发展。

否定性的部分

我们上述所讨论的意识形态功能构成了"支持性"的意识形态部分,使得监狱的存在被看成是正面的,而且监狱对犯罪这类行为采取了行动。监狱的意识形态也含有所谓的否定部分,即否定监狱彻底失败的这个部分。

对于监狱彻底失败的否定,在社会的三个重要公共领域中进行:第一个是最广泛的公共领域,其中包括现代大众传媒所能触及的范围;第二个是较窄的公共领域,其中包括直接与犯罪预防相关的机构,如警察机关、法院、检察机关和监狱本身;第三个领域也是最狭窄的领域,其中包括某些专业团体,如研究机构。

这三个公共领域是同时进行的体系,其任务原本应当是持续地审查和控制如监狱这类机构。第一个领域可被称为"外在"的控制反馈圈,第二个领域可被称为"内在"的控制反馈圈,第三个领域则可被视为"核心"的控制反馈圈。因此,在这三个领域中,针对监狱彻底失败所进行的否定特别重要。

在第一个公共领域或反馈圈,对于监狱彻底失败的否定是通过我所谓的"不承认"进行的;在第二个公共领域或反馈圈是通过所谓的"假装"进行的;在第三个公共领域或反馈圈则是通过"忽视"进行的。

在最广泛的公共领域,也就是"外在"反馈圈内,对于监狱彻底失败的不承认一直进行着。无论是在报纸、电视或是任何媒体可触及的范围,监狱绝对不会被看成彻底失败,而会被视为虽然不总是完全达到其宣称的目标的方法,但仍然是达到该目标的必要方法。由于以监狱作为解决方法已被视为范式(请参见第45—48页),犯罪率的上升即被视为需要更多监狱的迹象。

在较狭窄的公共领域,也就是"内在"的反馈圈,如警察机关、法院等,也有一些对监狱的彻底失败持有"不承认"的态度。但也有一些机关承认监狱的彻底失败,这可从本书前面提到的一些瑞典当局的资料看出来。在警察机关、法院或是检察机关中,许多人都知道监狱彻底失败的事实,但却假装若无其事:即使监狱并不成功,而且他们差不多都明白,却还是假装监狱是成功的。在警察机关和法院等机构,都可看到如此这般的假装。为什么呢?这是因为如果没有"假装",这个领域中许多人和机构所作的工作会显得毫无意义,并产生反效果。

我们必须了解较宽和较窄的公共领域的界线是互通的,以便"内在"圈子中的假装可被注入"外在"圈子的不承认的模式中,或许在许多方面创造它,或至少支持它。换句话说,这两个领域有很重要的互动关系。

最狭窄的公共领域也是所谓的"核心"反馈圈,它是由如研究学者等专业小组组成的。这个领域中可能也含有不承认和假装,但是对于专业人士来说,尤其是对研究学者来说,不承认监狱的彻底失败很难,而且按照传统的专业和研究道德来看,更难在监狱彻底失败时假装或谎称监狱的成功。于是,他们便以忽视来面对:他们对于众所皆知的监狱是无效的事实以及监狱在建立平均正义方面有很大问题,采取忽视的态度。也就是说,在刑罚制度的整体功能背景中,对其完全不做任何讨论。如此一来,监狱的这些问题便在一些讨论中被遗忘了。

然而,这些领域之间的互动依然是存在的:最狭窄的领域与另两个领域间的界线是互通的,以便最狭窄的领域中"忽视"监狱彻底失败的性质能够蔓延到其他两个领域中,并强力支持假装和不承认等性质。对于监狱彻底失败的"忽视",虽然不能创造另两个领域的假象的发展(这会让研究学者看起来有很大的影响力),却还是能够予以支持。

我们必须确切地指出,并不是所有的研究都具有忽视监狱彻底失败的性质。许多研究的确具有批判和寻求事实真相的性质,如果不是如此,这本书也不会诞生。但是我们必须明白一个真相:其他两个领域中如报社记者、警察局长或法官等的信息接收中心,实际上只是在寻求赞同而非信息。因此,有关忽视的信息即被选择性地传送到这两个领域中,以符合这些领域的信服和需求。这也使得忽视监狱彻底失败的人们担负更大的责任。

读者们可能很容易接受上述的最广泛领域中的"不承认"和较狭窄领域中的"假装"概念。但最狭窄领域中的忽视过程,尤其是针对研究方面,可能需要更进一步的说明,我们之后会对其作详细的讨论。

应该怎么做?

从某方面来说,"应该怎么做"其实是个相当简单的问题。就监狱的彻底失败的事实,合理看来我们应该将监狱缩减,进而废止。但从实际的观点来看,这个问题显然并不简单,尤其在策略上有相当严重的问题。

在面临这个问题时,我们必须记住监狱在功能和自我辩护方面的意识形态特性。监狱的清除、权力流失、转移、象征和显示行动的功能,使其显得有意义且具有正当性。普遍且又令人迷惑的监狱意识形态则通过公共领域或反馈圈的范围将该正当性加以巩固。

我们可以此作为出发点,草拟一些可能的步骤,并在同时记住这是初步的分析,而非结论性的分析。

从哪些地方开始?

我们可从哪些地方开始挑战监狱在意识形态上的辩护呢?我个人认为可以从如挪威、瑞典和英国等国家开始。广义地说:从左派开始,即从社会民主主义和左倾主义开始。为什么呢?广义来说,因为左派所鼓吹的意识形态直接反对以监狱作为解决办法的论点。如果这点受到重视,基本上即可挑战监狱被假定的意义和正当性。

我认为对于社会主义者和社会民主主义者来说,意识形态的组成包括团结性和补偿性。

这里的团结性是指无论是在一个团体、社会地位或是社会阶级中,两个以上的行动者之间的作用的关系,也就是具有任务导向、表达性和同情情绪性的关系。团结性亦指一个团体也包括在该团体、社会地位或社会阶级中政治地位或社会地位较弱的成员,并能够为这些成员完成任务,或为其提供感情上的支柱。

补偿性是指以具体方式实行团结性的机制。"累积"的过程——也称为马修原则(Matthew 13.12)——意指富者更富,贫者更贫的现象,这也是近期资本主义社会结构的基石。我们可在社会的一些维度中看到这种累积。补偿则是与累积相反的过程,弱势者在补偿过程中受到补偿,累积的过程也因此被削减或是被逆转(Aubert, 1976)。

以左派社会主义者的立场来看,在如挪威、瑞典或英国等社会中的社会民主主义不但没有达到团结性,在补偿方面也毫无有效的办法。以左派社会主义者的立场来看,如要团结性和补偿性发挥作用,必须在资本主义的市场生产体系和经济方面作基本的改变。因为该体系和经济强而有力地维持着累积过程中的不团结和不逆转的趋势。但社会民主主义至少投合团结性和补偿性的意识形态,这对我们在此的目的而言,是相当重要的。如同我们之前指出,该意识形态直接反对以监狱作为解决办法,并挑战它的正当性。

我们先暂且不谈无受害者的这类犯罪类型,并针对所谓的"传统"犯罪。虽然这是一个很模糊的类型,但也是一个相当有意义的犯罪类型,因为我们监狱中挤满了犯下这类罪行的罪犯。被定义为传统犯罪的事件通常包括了受害者和犯罪者两方。许多研究结果显示,虽然在这类犯罪事件中有一些差异存在,但是这两方都大多属于在政治上或社会上的弱势群体。不论这类犯罪事件是发生在英国的都会中心地区、斯德哥尔摩的某些地区或是奥斯陆阿克尔河沿岸的吸毒者之间,情况都是如此。传统性的犯罪大多属于弱势之间的冲突。

以监狱作为解决办法,不为受害者或犯罪者带来团结性,也不给予受害者或是犯罪者任何补偿。

我们对于犯罪者,无法从监狱办法获得团结性或是赔偿并不感到惊讶:犯罪者被视为有罪的一方,因此必须承受痛苦。但是让我们吃惊的,至少和理论背道而驰的是监狱办法无法给予受害者团结性和补偿。对于受害者的讨论相当多,但是付诸的行动很少,而监狱并没有给受害者任何好处。目前受害者的情况如此,但对于潜在的受害者也是如此,因为监狱并没有改造、威慑或是剥夺犯罪能力的作用。

因此,监狱对于受害者和犯罪者来说,在基本上是毫无团结性和补偿性的办法,并与基本的社会主义及社会民主主义宗旨相互抵触。然而,保守的政治意识形态,基本上强调个人主动性(而非团结性)和通过市场力量约制(而不是通过补偿),不但没有与监狱办法冲突,反而符合监狱办法。

因此,只有左派才能够培养反对监狱的意识形态,和监狱意识形态对抗只能从左派开始。

采用哪些知识来源?

我们接下来要讨论的是,左派思想可以采用哪些知识来源作为挑战监狱意识形态的启发?依我看来,有两个主要的可能来源。第一个来源是以英国为背景,并被称为"左派现实主义",让我们了解一下这个主义。

左派现实主义?

左派现实主义是一个从20世纪80年代开始发展的有关犯罪和犯罪控制的犯罪学和思想的学派。该主义一开始是一种对于具激进性、批判性和左派的犯罪学的反应。该主义将这种犯罪学中很大的部分视为"左派理想主义",并提倡一个属于现实倾向的选项,虽然该选项还是属于左派。虽然左派现实主义这个名词来自英国,欧洲的其他国家在同时也有类似的思想和学派,但是英国的学派和其他国家的学派相比,具有更多的整合。

左派现实主义的目标在致力于社会主义,因此可被社会主义者和社会民主主义者用来作为挑战以监狱作为解决办法的知识来源。在英国,伊安·泰勒(Ian Taylor)所著的《法律与秩序,社会主义的论点》(*Law and Order, Arguments for Socialism*, Taylor, 1981)是最早肯定左派现实主义的一本著作。在这之后,20 世纪 80 年代也有一些其他类似的书籍,其中包括约翰·利(John Lea)和乔克·杨(Jock Young)所著的《应该对法律和秩序作些什么?》(*What is to be Done about Law and*

Order, Lea and Young, 1984),理查德·金赛(Richard Kinsey)、约翰·利以及乔克·杨所著的《对于犯罪战斗的失败》(Losing the Fight against Crime, Kinsey et al., 1986),罗杰·马休斯(Roger Matthews)和乔克·杨所著的《对抗犯罪》(Confronting Crime, Matthews and Young, 1986)以及许多其他的著作(请参见 Taylor, 1982; Lea, 1987; Matthews, 1987; Young, 1987; Young, 1988)。

左派现实主义者的主要论点经常在许多重要的文献中不断重复,我们可以在不做太多简化的情况下,概述它的几个基本概念。

第一,他们坚认左派低估了传统的工人阶级犯罪问题的重要性,这其中也包括后来被称为批判性犯罪学中很大的部分(请参见 Lea and Young, 1984:11, 102—3; Kinsey et al, 1986:59—60)。然而,右派又以不加鉴别的方式夸大犯罪率。左派现实主义者认为,现实主义犯罪学应该走在这两股趋势之间。但他们特别提到左派以理想化的方式将犯罪的重要性最小化。他们也坚认,以所谓的"左派理想主义者的立场"来看犯罪,就会将工人阶级的犯罪看成是"统治阶级为了导致道德恐慌,分散大众对真正困扰他们的问题的注意力而策划的错觉"(Lea and Young, 1984:102—103),以及"媒体以毫无任何合理根据所煽动的事件"(Young, 1987:338)。于是,在如此的背景下,左派再利用次文化理论和相对剥夺理论(而非绝对剥夺理论)(Lea and Young, 1984)以及将犯罪"解构"成犯罪过程的各种不同方面等方式(Young, 1987),使得传统犯罪的起因受到极大的关注。他们认为,所谓的现实主义犯罪学的最基本的原则即是"忠实面对所研究的现象"(Young, 1987:338),在此即指犯罪。但是,他们也强调,犯罪学的问题是它无法解释犯罪(Young, 1987:338)。

就犯罪起因的问题方面,他们认为左派误将传统犯罪(如黑人青年所犯的传统犯罪)视为政治上或是殖民上的斗争中的一部分,这其实就是犯罪被理想化。他们指出"那些引用少数黑人青年犯罪性的'社会和政治性质'的人并没有提出证明,以显示这种犯罪性对于社会正义的战斗是有所贡献的,而不是使该战斗失去士气且变得衰弱"(Lea and Young, 1984:134)。

第二,他们在许多重要的文献中坚决指出,警察机关应该是社会主义犯罪政策的核心机构。但是,这些作者也强调这些警察机关应该重新组织,舍弃原本所采取的军事化警务路线,加强警务最小化并着重地方以民主方式控制警力,这也会使得社会大众更积极提供警方打击犯罪所需的相关资料。他们认为:"只有涉及重新建构警察、地方社区和地方政府之间关系的一个知识和信息完整的社会主义政策,才可能使我们的城市成为工人阶级能够居住的地方"(Kinsey et al., 1986:36)。此外,"只有重组警务、警务目标和警务方法,再加上地方政府以民主的方式控制警力,才能使打击犯罪向前迈进"(Kinsey et al., 1986:56)。左派现实主义者对于警察的着重以及对于警察应依其建议而改变的坚持,与他们对于政府的看法有关。他们指出:"对于左派理想主义者来说,政府是统治阶级的直接工具"(Lea and Young, 1984:101)。但是他们认为,政府含有更具建设性的角色。

第三,他们坚认"早期激进犯罪学的一些基本概念,在经过左派理想主义后仍旧存在于现实主义中"(Young, 1988:175)。虽然左派理想主义具有上述的基本瑕疵以及其他这类理想主义所具有的瑕疵,例如:被压迫群体的理想化、不愿与社会学实证主义妥协、具有将犯罪视为仅是社会控制机制中的附带现象的倾向,以及不愿接受改革等问题(Young, 1988:174—5),这些基本概念依旧存在。这些基本概念依旧存在的重点,似乎显示理想主义的倾向虽然没有消失,却被所谓的左派现实主义所取代。然而,左派现实主义吸收了过去的一些重要元素,但却不采用过去那些过于简化的概念。他们坚认,左派现实主义不受政治的约束,因此可以由犯罪追溯到社会结构特征,并在必要时对警务和司法行政其他方面作全面性的评论。左派现实主义意识到犯罪统计的一部分是来自控制机构的行为和评估。此外,他们也坚信,犯罪的起因也有主观成分,尤其是在对于正义和非正义的个人体验方面。他们致力警告,倘若没有政治和道德方面的考量,就无法在犯罪的起因、犯罪统计的形成,以及犯罪的对策方面有所进展(Young, 1988:175—6)。

简而言之,左派现实主义似乎以发展现实主义范式为其任务,将犯罪视为实际的问题并以警力打击犯罪与批判性犯罪学长久以来的概念结合,但去掉这些概念中不合实际且过度夸大的方面(对于Young 的诠释,1988)。这个新的范式试图与行政犯罪学(英国内政部支派)和保守的右派现实主义犯罪学(James Q. Wilson 支派,请参见第 77—78,85 及 93 页)竞争,而这两个犯罪学派都和所谓的左派理想主义一样,比较重视社会控制,而不是犯罪起因。

我们应该如何评估所谓的左派现实主义者所作的努力呢?我在这里要提出三个主要的反对意见:

第一,左派现实主义者对于所谓的左派理想主义的描述既不正确,又过于夸大。批判性犯罪学在国际上刚开始的时候,传统性的犯罪行为的影响可能真的被低估,传统犯罪可能真的仅被看成是政治战斗的一部分,国家政府(其中包括警察机构)也可能被看成是统治阶级的直接工具。

但是我们发现,他们这些过低的评估、看法和概念,曾是颠覆过去对于犯罪和警察的看法和常识的有效方法。所谓的左派现实主义者在他们的评论中,忽视了范式骤然的变化在历史上的重要性。然而,令人费解的是,一些现实主义者也忽视了他们自己在这些变化中所扮演的历史角色。

此外,如果左派理想主义的夸大描述在某一段时期内曾经属实,目前确实已不再如此。所谓的左派现实主义者以没有研究证明的方式,继续以 1968 年的状态而非 80 年代的现状来描述左派理想主义(请参见 Young, 1988)。诚如米芙·麦克马洪(Maeve McMahon)所指(就所谓的犯罪被低估而言):"学者乔克·杨的描述相当笼统,并掩盖了批判性犯罪学的复杂性、多元性和深入的见解"(McMahon, 1988a:113)。

我们必须特别指出,左派被一些人分析为具有阴谋性的特质。让我复述他们的分析:犯罪看起来像是"统治阶级为了引起道德恐慌所策划的"错觉(Lea and Young, 1984:102)。在分析有关犯罪和偏差行为的舆论潮流方面,"道德恐慌"的概念(Cohen, 1972)已被证实有相当好的效果。这个概念被用来精确指出依靠什么样的过程,能够使即使相当分歧的利益(如,在一个社会中)在某种条件下以某种方式互相交流,以激励这些利益各自发展一个特别的方向,进而得到具有一致性的舆论。我到目前尚未看到有关道德恐慌概念的分析,这个概念将犯罪视为由一个统治团体故意造成的错觉,并借以引发恐慌。同样的,"政府是统治阶级的直接工具"(Lea and Young, 1984:101,请参见前述)这般的断言与一些重要和严谨的分析相互矛盾,例如,针对以国家政府作为控制系统的复杂性和分化性的分析(请参见 Scraton,1987)。

第二,除了左派现实主义者在所提出的论点中完全扭曲了批判性犯罪学以外,他们的论点中和论点之间也存有许多具体与实质的问题,而这些问题也比任何对手的扭曲更为严重。简而言之,所谓的左派现实主义者坚称,内城区的犯罪只能依靠相对剥夺理论结合次文化理论加以解释。相对剥夺意指期望超出了机会,次文化的解决办法则被视为在受到相对剥夺和边缘化时所形成的办法。

诚然,这些概念以及由这些概念散发出来的理论性观点,已被证实可用来作为偏差行为的部分解释,对于美国社会学来说,更是如此。此外,学者乔克·杨与他的研究伙伴们更强调一个重点,他们认为相对剥夺所造成的挫败或许可以为一些情况作一些解释。比如说,20世纪 30 年代和目前这个时期的差异,那个年代虽然失业率高但暴乱相当少,然而,人民的政治意识却相当高(Lea and Young, 1984:218—19)。他们能够证实犯罪是晚期资本主义特有的症状。但是他们坚认绝对剥夺对于了解犯罪没有任何重要性,这个论点的确会造成一些问题。其中一个问题是,该论点含有傲慢的态度:只要穷人不知道,也没有其他人可以比较,问题就可能不会出现。这些所谓的新现实主义者并没有提出如此声明,但我们或许可以推论出来。更重要的是,坚认绝对剥夺对于了解犯罪没有任何重要性,似乎低估了这种剥夺在社会上的重要性。比方说,绝对贫穷和缺乏在具体结构城市生活各个方面时引起如犯罪行为所扮演的角色。最后,如此坚决的看法,容易忽视绝对剥夺与相对剥夺之间不同的互动可能产生不同的结果。在极度缺乏的条件下,相对剥夺可能造成一种行为模式,而在富裕的情况下,相对剥夺则可能引起另一种行为模式。简而言之,所谓的左派现实主义者批评其他左派过度依赖绝对剥夺和贫穷作为因素,但他们似乎也落入过度依赖相对剥夺的情况。

所谓的左派现实主义者坚认,犯罪率会随着经济边缘化和相对剥夺而增长,并与警务军事化陷入一种恶性循环。这也是左派现实主义者呼吁警务最小化,以及通过社区的控制达到警察问责的原因。在理查德·金赛等人的著作中,针对如何达到这个目标提出了详细的说明(Kinsey *et al*, 1986)。

然而,用"理想"这两个字来形容这本书对于达到上述目标的详细说明,是最适当不过了。该书的作者们呼吁警察机关应有全面的改组及权力的限制,并且应有符合大众需求的警务制度。但是我们仅看到他们对该呼吁的理想的概述,而非该呼吁的策略的概述。

这些学者们指出,要将公众启动警察行动和接近警力提到最高限度,让警察自己启动行动和使用强迫手段降到最低限度,这些都是必须依靠法律、政治和组织的改革才能获得的结果(Kinsey et al., 1986:189)。但是他们所提出的法律、政治和组织的改革仅停留在理想的层面。据他们所说,警务最小化的立法架构"应该寻求""必要的强迫手段的最低限度的定义"、"精确的警察权力范围的定义"以及"将警察自己启动的警察行动降至最低,并将公众启动的警察行动提到最高限度"(Kinsey et al., 1986:193)。据他们所述,"只有将警察工作条件作基本的改革"(Kinsey et al., 1986:199),才能将警力干预大众生活降至最低限度。他们又说如要达到警务最小化,"必须"在警力中成立一种所谓"警务一般化"的措施(Kinsey et al., 1986:201),等等。

有关理想的声明,在某些特定的关键时刻可能非常重要。我们稍后在这个章节也会提出一些理想,说明目前在刑事政策和犯罪控制这些领域中,重新采取一些理想是极为重要的。但是金赛等学者们在自称避免提到理想(且讽刺他人提到理想)的分析中提到理想则极为令人费解,尤其是他们在这些分析中宣称将完全使用仅属操作性的步骤代替理想来达到组织的改革。

此外,在所谓的左派现实主义者的论点中,"犯罪"与"警务"的部分彼此之间的关系有很严重的问题。依我看来,这是一个核心问题。他们在有关犯罪的论点中,提出了有关犯罪的社会因素的分析。我们前面简述了这些分析本身的一些困难,现在我们暂且将这个问题搁置一旁。我们在这里的重点是,当他们提到解决办法时,便完全遗忘对于犯罪起源的分析、对于这类分析的坚持以及对于他人在这方面不够坚持的评论。他们所提的解决办法是通过警务达到犯罪控制,而这几乎是仅有的办法。让我们再次引述他们的论点"只有重组警务、警务目标和警务方法……才能使打击犯罪向前迈进"(Kinsey et al., 请参见上面的引述)。他们也提到了犯罪的起因,如处于社会边缘的青少年没有其他的政治选项(Lea and Young, 1984:270—73),但这并不是他们论点的中心。虽然他们所作的分析是关于犯罪的社会因素,但是他们论点的中心还是警务。

因此,他们所作的分析在此产生了分歧,对于犯罪社会起因的分析应当导向社会性的解决办法,但是该分析却导向使用更多的警务,以及更多成型的社会控制办法。一如米芙·麦克马洪所述"揭示工人阶级为受害者,却唤起更多对于这些工人阶级使用更强的警力的呼吁"(McMahon,1988a:119)。

第三,在所有的所谓左派现实主义中,几乎找不到任何有关惩罚体制和监狱的讨论。这个省略具有相当大的关键性:这表示他们并没有告诉我们那些通过加强警务而被纳入刑事司法体制的罪犯,是如何被处理的。这也将我们带领到本书所关注的重点。

对于监狱的关注一直是批判性犯罪学固有的特性。然而,在左派现实主义中,对于监狱的关注却似乎随着时间而减少。

伊安·泰勒(Ian Taylor)在他1981年所著的这本有关法律、秩序和社会主义论点的书中,还提到监狱。他在这本书的"重建社会主义犯罪学"章节中,用了大部分的章节讨论英国和斯堪的纳维亚诸国的监狱动向,并关注于改造、正义和监狱的废除(Taylor,1981:125—46)。但在这之后,其他的书籍就比较少提到监狱。

约翰·利以及乔克·杨在1984年出版了一本对法律和秩序方面来说相当重要的一本书(Lea and Young,1984),但他们只在这本书的最后几页的"犯罪控制必须受到重视"标题下稍略提到监狱(Lea and Young,1984:266—7),并在其中指出左派现实主义在基本上反对传统和左派理想主义者对于犯罪控制所采取的办法。他们指出,法律与秩序中严酷的惩罚只会让犯罪问题更加严重,而理想主义者却无视这个问题。他们又指出,左派现实主义的犯罪控制计划必须含有监狱行刑替代方法,以帮助罪犯回归社会,在犯罪事件发生前使用威慑而不是在犯罪事件后采用惩罚,以及尽量避免使用监狱,这表示应该仅在"社会处于极为危险的处境"时才使用监狱(Lea and Young,1984:267)。这本书中没有任何有关使用有效的监狱行刑替代方法本身具备的问题以及哪些是"替代方法",它也没有提到监狱最小化的策略,更没有针对能够使用监狱的"极为危险的情况"提出任何指导方针(尤其是完全没提到各种有关预测危险相当困难的研究工作,请参见第 77—83 页)。

然而,后来的书籍则更少提到监狱。金赛等人在 1986 年有关打击犯罪失败的一书中(Kinsey et al., 1986)零星地提到了监狱:其中包括对于英国无作用的监狱系统自有史以来有最多的监禁人口(Kinsey et al., 1986:2)的悲叹,对于"更严厉的刑罚并无多大威慑作用"的声明(Kinsey et al., 1986:57),以及对于国家政府应该"退出"某些如拘留所和执行长期监禁刑罚的监狱等具有不利效果的机构的声明(Kinsey et al., 1986:205)。这些零星的讨论仅显示他们对监狱的厌恶而已。在 1986 年另一本有关打击犯罪的书中(Matthews and Young, 1986),作者史蒂文·博克斯(Steven Box)和克里斯·哈勒(Chris Hale)的确针对失业、犯罪、监禁以及监狱过度拥挤等问题提出讨论(Matthews and Young, 1986:72—96),但是这两位作者并不属于这个学派。他们的观点与左派现实主义者截然不同,左派现实主义者宣称黑人族群在街头犯罪方面持续增长,这两位作者则认为,失业的年轻黑人族群所受到的量刑有愈来愈严厉的趋势。

除此以外,其他相关的重要书籍仅略微提到监狱。这是前面所提的研究和科学这个最狭窄的公共领域"忽视"监狱失败的好例子(请参见第 130—131 页)。

然而,罗杰·马休斯近期的一篇文献(Matthews, 1987)并没有忽视监狱失败的问题,他在文献中指出:"在激进现实主义所提到的问题中,并没针对惩罚的问题作充分的讨论"(Matthews, 1987:379)。他也指出,激进现实主义面临着必须提出切实可行的监狱行刑替代方法的压力。但是他也指出:"不论监狱是以什么形式存在,都会在可预见的未来中一直存在"(Matthews, 1987:393)。他认为仅仅列出监禁的缺点,即会产生自满的态度。我们可就此提出两个重点:

第一,该文献作者指出:"对于监狱无尽的评论中明显忽视的是一套运用惩罚的合理原则,以及一个有系统的分析负责分析这种原则可如何定义谁应该被监禁、被监禁的理由以及监禁的时间"(Matthews, 1987:393)。换句话说,作者要求监禁的正当理由和条件。但是他在提出这些要求时,并没有提到如新古典主义和具剥夺犯罪能力倾向的惩罚办法中的许多困难,而这些办法刚好试图为监禁找出正当的理由和条件(请参见本书第 4 章、第 5 章)。然而,他又在下一页提出该要求时指出"正义模式",已经启动了一种愈来愈不公正的惩罚制度(Matthews,1987:394)。因此,他对于谁应该被监禁、被监禁的理由以及监禁的时间的定义原则的要求在此变得非常模糊。

第二,由于监狱总是对被监禁的人口造成负面的影响,并使得犯罪率居高不下(Matthews,1987:393—4),罗杰·马休斯认为"重新提倡改造是当务之急"(Matthews,1987:394)。他也指出:"因此,我们迫切需要再次肯定改造并检视监禁的模式……或许可以提供建设性的惩罚模式,以帮助受刑人回归社会……对于改造如此的重视,不但需要策划更具建设性和感化性的监禁模式,也应确保监禁是在没有其他可行的替代方法时才使用的方法"(Matthews,1987:394)。

这个有关回归到改造意识形态的模糊论点与有关监狱改造的各种具体证据相互矛盾(请参见本书第 2 章)。该论点没有提到将改造和刻意让人遭受痛苦结合时本身具有的问题,更没有针对所需建立的改造计划的原则提出任何建议。

这就是罗杰·马休斯在反对所谓的左派理想主义者的"不可能主义"时所作的努力。

让我在此作一个总结:这个所谓的新现实主义(也就是左派现实主义)在许多方面严重地曲解了批判性犯罪学。这个主义在解释犯罪方面以及提供最小化和可靠的警务模式这些方面所作的努力具有相当严重的问题。这个新现实主义对于犯罪的社会因素的重视与以警务作为犯罪问题的解决办法的重视,彼此存在问题和裂缝。以监狱作为解决办法而言,新现实主义不是忽视这个问题,就是以含糊的概念来为监狱辩护,使这些概念在很久以前就受到严重的质疑。

然而,最后两点尤为重要。以一个新的形式来强调警务,无疑是将整个论点的要旨转向重新成型的正式控制。由于处于刑事司法体制中枢和重要部分的监狱问题始终没有被触及,并且可能被赋予新的面目,这个要旨就更加强烈。我们不得不同意斯丹利·柯恩(Stanley Cohen)的论点,他认为这个学派已经退回到"采用一般刑法模式作为社会控制"的地步(Cohen,1986:131)。针对这个学派所持的改变犯罪情况的观点,也就是该学派主要关注的焦点来说,这个倾向指向非常传统的路线和暗淡且没有希望的未来。然而,该倾向对于这个学派在改变监狱彻底失败的观点上更是如此。

是否还有其他知识来源可以启发左派挑战监狱意识形态呢？有的，那就是历史。

历史

当我们处在当下的环境时，当下的状态容易显得永远无法改变。

但是当我们处于当下的环境之外，我们便了解当下会成为过去，而且当下、之前和过去各有不同。实际上，我们都知道之前或是过去可能常常与当下这一刻的情况截然不同。在历史中有些情况具有持续性，但有些情况具有变化。

刑罚政策领域在这方面有充足的证据，无论是在长时期或是短时期。具体来说，历史中有实质的证据显示，主要的刑罚制度的规模曾经被冻结和减缩，该制度也曾经被部分废除和完全废除。

这四个可能性的存在，是因为刑罚制度的发展以及在该制度中的人口数字的变化并不是外在改变（如犯罪率的变动）的直接反映（请参见第1—2页），而是由政治的选择来定义——不论这些选择受到多少环境的改变或是过程的限制。

现在让我们简略看一下显示这四个可能性的可行性的资料。

冻结监狱兴建的概念是从1985年第八届联合国全体会议针对预防犯罪和罪犯处遇的子会议上开始的（Mathiesen，1985）。那时，许多国家的监狱人数持续上升，并有许多大型的监狱兴建项目。会议上代表们强调必须停止监狱人数上升的现象和监狱的兴建项目，并作重新思考。会议中的代表们的反应表明了他们的想法，虽然该倡议没有提出任何提案或提议，但是这个概念受到了广大的回应及罕见的赞许。这些赞许或许来自较年轻的代表们，但无论如何，冻结监狱兴建的提议似乎在联合国官僚体制下为与会的代表们减轻了某些压力。许多代表要求更多的相关资料，并获得了这些资料。

我们在本书的第1章看到欧洲一些如瑞典、丹麦和挪威等较小的国家的监禁人数也在持续上升。尽管这些国家在降低监狱人数方面作了一些努力，也无法改变这个现象。但是，针对本章节的讨论议题，这些努力的细节具有一些重要性。我们在前面（第78—79页）提过，瑞典在1983年为了冻结监狱人数，开始对该国许多受刑人实行1/2刑期假释。我们在前面（第78页）看到，这个政策对一般大众没有造成严重的损害。这表示20世纪80年代的几年间，瑞典监狱人数一直维持在 1982 年之下。我们也看到这个改革引起了争论,并且后来可能基于错误的理由而被放弃(第 81 页)。此外,必须强调的是,该国监狱人数在 1989 年初又超过了 1982 年。但是,这并不能贬低实际上将监狱人口冻结几年是有可能的事实。

丹麦也有类似的经验,只是使用的方法不同。该国在 1982 年开始对一些财产犯罪制定并降低了最高刑罚,此外,也降低了可获假释的最短时间和放宽有关酒后驾车的条例。降低财产犯罪的最高刑罚主要是为了将整体量刑标准降低 1/3。该国的每日囚犯平均数自 1977 年起持续上升,但在 1982 年有所下降,并在隔年维持着同样的平均数。但是,这个新的平均数字并没有维持太久——有关量刑标准的新条例还是赋予决策机构大量的自由裁量空间,每日囚犯平均数也因此再度上升。但这个监狱人数能够呈现稳定状态的事实,可以具体显示不太庞大的措施也可以影响到监狱人数。

瑞典和丹麦经验的详细说明显示,在拟定提案中多投入一点心思,并多加重视强制性条例而不是自由裁量的条例,或许可以长期稳定监狱人数,或是至少稳定或控制监狱人数的增长。

这些重要的例子显示,大量降低监狱人数的目标,是可能经过长期的努力而达到的。

安德鲁·拉瑟福德(Andrew Rutherford)在《监狱与司法过程》(*Prisons and the Process of Justice*)这本重要的著作中检视了三个在历史上监狱人数大量降低的例子(Rutherford,1986),其中包括英国 1908—1938 年、日本 1950—1975 年,以及荷兰 1950—1975 年。

这 3 个国家的监狱人数都在上述的时期内大幅降低,并维持在一个新低的水平。在拉瑟福德的分析中,这 3 个例子呈现了两个可以解释这个现象的共同特点:

第一,这 3 个国家的"重要决策者都对于监禁是否带来任何利益这方面,持着深切的怀疑态度"(Rutherford,1986:145)。以下是针对这 3 个国家在这方面的质疑和疑问所作的详细说明:在英国,其首相温斯顿·丘吉尔(Winston Churchill)所扮演的角色是一个重要原因。

第二,"官员们在整个刑事司法过程中对于犯罪的反应"(Rutherford,1986:146)也相当重要。

在荷兰和日本,由于公诉检察官所采取的做法,尤其是倾向驳回指控的选择，使得法庭不会受到犯罪人数增加的影响。此外，政府当局对于监狱过度拥挤的情况采取无法接受的态度，也是原因之一。然而，在英国，法院执行审判时避免使用拘留是关键性的干预策略。因此，虽然这3个国家各有不同的人事部门介入监狱人数降低的现象，但是这3个国家的共同特点是：这些人事部门在整个体制的实务中所扮演的角色。

我们或许可以如此推论，政府高层的决策者所持的怀疑态度与体制基层单位所采取的做法的结合可能非常重要。这两个层面朝着同一方向运行，可能是监狱人数持续下降的原因。或许政府高层对于监禁的利益所持的怀疑态度，比较能够导致监狱人数暂时降低或是维持不变。然而，监狱人数要持续降低，则需要靠两个层面以结合的方式运作。

在历史上也有刑罚制度部分废除的例子。我们在此简述两个例子：

第一个是挪威废除强制劳动的这个例子（详情请参阅 Mathiesen, 1974:90—97）。如同我在第1章所述，挪威在1970年的改革中将在公共场合醉酒去犯罪化，对监狱人数仅有暂时性的影响。但是，针对本章节所讨论的议题，这个例子的细节具有一些重要性。强制劳动是从1900年所谓的游民法开始的，该法令将在公共场合醉酒视为犯罪行为。这个强制劳动主要是用来对抗街头酗酒的游民，并表示酗酒者可能会被监狱系统中的机构监禁多年。虽然在60年代后期，挪威的刑事政策一般来说被视为具有较保守的趋势。但是在该时期，许多医学、法律和犯罪学专业人士对于这个强制劳动制度大肆批评。他们认为强制劳动制度既不公正又没有效率。挪威的受刑人协会对于收集和传达这些批评很有效率，并将这些批评传达到政治决策机构以及刑事司法体制中参与实务的基层单位。1970年，挪威国会一致通过废除强制劳动制度的决定，这个决定在那个时候大幅降低了监狱人数（将挪威全国2 000名受刑人减少了250人）。虽然后来这个制度的废除对于整体的监禁人数并没有太大的影响，但是属于这一类型的人们，尤其是穷困、赤贫或是无家可归的酗酒者再也没有被关起来。对于我们目前所讨论的议题来说，这是一个很重要的结论。

废除挪威游民法中强制劳动制度的例子，呈现了一个重要的特点:强制劳动制度的废除,不仅需要政府高层对该制度持怀疑态度,以及该制度基层单位的同意,更需要这个制度外的专业团体对于改变该制度的广泛支持和给予强大的压力。废除强制劳动制度的成果,就是基于这三个方面的互动所造成。但是我们必须明白,要求改变的压力主要来自专业团体,一般大众大多没有那么热衷,我们之后会回到这点。

挪威是一个小国家,所具有的刑罚制度属于小规模。我们所举的第二个例子的国家很大,所具有的刑罚制度也属于大规模,这就是在美国马萨诸塞州(Massachusetts)解散少年罪犯的培训学校的实例。这是一个广为人知的实例(Rutherford,1974;亦可参见 Rutherford,1986:121),基于大众对于培训学校和青少年监狱的批评,青年服务部的首长杰罗姆·米勒(Jerome Miller)在 1972 年关闭了该州所有的培训学校,并显示如此能够持续地减少监狱人数。这个实例浮现了一些与废除挪威游民法中的条例的例子类似的模式,其中之一即是周遭环境在它们被废除或解散之前,对它们所作的强烈批评。此外,该实例与挪威的游民法的例子另一个类似之处,在于首长杰罗姆·米勒显然有政府高层做他的政治后盾,并且能够通过重要的大众传播工具传达他的信息。这个实例所处的环境背景以及政治关系,有利于这位首长迅速地废除这些培训学校。

我们讨论过了监狱人数冻结、降低以及刑罚制度被部分废除的例子。历史上有没有刑罚制度或惩罚体制被完全废除的例子呢?回答是:有的。我们如果回顾历史便能看到这些例子。

德国的犯罪学家塞巴斯蒂安·谢勒(Sebastian Scheerer)在他所著的一篇有关过去废除主义者的胜利的文献中指出:"在人类的历史中所有的重要社会转变,即使在成为实际转变的几年之前,总是被多数的专家视为不切实际、愚蠢的或是不可能的(Scheerer,1986:7)。"他指出,罗马帝国在衰亡前的 25 年拥有多么宏伟的蓝图,它的军队是多么光荣地打败了匈族。"然而,在公元 476 年 8 月西罗马最后的一位皇帝被迫退位时,人民的日常生活并没有太大的改变,即使这是一个延续了一千多年且被视为所向无敌的帝国的结束(Scheerer,1986:7)。"谁能够在当下预见这种事情的发生呢?

谢勒提出了另一个和我们议题较为接近的例子:他指出,现代的奴隶制也是一个适用的例子。在 15 至 19 世纪期间,估计约 1 500 万非洲人被带到了新大陆。奴隶制也成了世界贸易不可缺少的一项特点。在 19 世纪早期,也就是正式废除奴隶制(美国在 1865 年正式废除)的几十年以前,"主张奴隶制废除者的人数相当稀少,且大多被视为相当棘手的人物"(Scheerer, 1986:7)。奴隶制直到它崩溃的那一天,仍然看起来相当稳固。那时候,谁会想到奴隶制会完全瓦解?促进奴隶制废除的条件相当复杂且可能难以充分地阐明,但是我们确实知道,政治性的选择和决定有深入的影响。

在这里要提出的第三个例子即是欧洲的猎巫运动。海利奇·克拉马(Heinrich Institor Krämer)和雅各布·史宾格(Jakob Spränger)在 1487 年发表《女巫之锤》(*Malleus Maleficarum*,或称 *The Witch Hammer*)这本有关女巫的重要神学和法律教条式的著作时,谁会相信猎巫制度有一天会全然消失呢?同样的,谁会相信宗教裁判制度有一天会消失呢?

这个例子与罗马帝国和奴隶制不同的地方,在于克拉马和史宾格在这个阶段的早期就受到了质疑。他们在撰写这个重要的文献之前,就已经花费许多精力鼓吹对于女巫施以火刑的运动,但是遇到许多人的抵抗,其中有些人反对他们对于需要消灭那么多的女巫的说法,另一些人则质疑他们是否具有当法官的能力。这两位宗教裁判所的裁判官甚至还面对有时非宗教当局保护女巫的行动(Alver, 1971:25)。简而言之,他们在窘迫的情况下,求助于当时驻于罗马的教皇英诺森八世(Pope Innocent VIII)。教皇英诺森八世在 1484 年 12 月 5 日公布了对于女巫的训令(*Summis Desiderantes Affectibus*),其中对猎巫运动提供了具决定性的教会允许。这两位宗教裁判官以这个训令作为权威后盾,撰写了《女巫之锤》一书,而这本书基本上是一本猎巫手册,其中除了含有证明女巫存在的教条式论点(包括对 12 世纪撰写的《主教会规》*Canon Episcopi* 所作的反证,《主教会规》中表达了"相信夜间与魔鬼同行或走向魔鬼"都是幻想的看法)以外,还有对于巫婆所犯下的亵渎行为的详细描述,以及猎杀女巫的法律手册。这本书在 30 年内印行了 14 版(第 2 版中附有罗马教皇英诺森的训令),并成为欧洲随后的猎巫行动极为重要的神学法律依据。当时,谁会想到有一天这一切都会凋零,继而消失呢?

甚至到了猎巫行动的末期,很多人还是很难想象这个猎巫制度会终止,部分原因在于许多人还是非常相信女巫的存在。丹麦历史学家古斯塔夫·汉宁森(Gustav Henningsen)在他的一个重要文献中,对17世纪早期在西班牙北部猎巫行动结束的开端作了描述和分析(Henningsen, 1981;亦可参见 Henningsen, 1984; Lea, 1906/1966, Vol. IV, Ch. IX)。

这个地区比欧洲其他地区早 100 年开始结束猎巫的行动,这也是在宗教裁判所权力最盛的时期。宗教裁判所最早建立于 13 世纪,它是用来作为与异教战斗的特别机构,并于 15 世纪晚期在西班牙成立宗教裁判所。汉宁森从西班牙北部的纳瓦拉王国(Navarra)开始,描述了西班牙的这个特别组织的分布犹如一只巨大的蜘蛛张着广大的网络,其中包括情报机构、秘密警察机构、审判单位和逮捕行动等,并由 19 个法庭(后来增到 21 个)在整个广大的西班牙帝国负责管理。这些法庭与马德里的西班牙宗教裁判所委员会(the Inquisition Council, 即 la Suprema)这个庞大的组织之间具有明确的官方沟通管道。事实上,猎巫行动结束的开端,就是由这个庞大的组织中的一些官员开始的。

在地方法庭的法官们彼此意见相同的时候,西班牙宗教裁判所委员会(la Suprema)很少干预。但是当这些法官之间有争议时,就会与宗教裁判所委员会这个中央当局进行密集的沟通。汉宁森详述了在西班牙北部属自由派的宗教裁判官们如何在 17 世纪早期开始对猎巫狂潮——即迫害女巫的疯狂风潮——的某些方面产生质疑,其中又以裁判官阿隆索·得·萨拉斯·弗里亚斯(Alonso de Salazar Frias,以下简称萨拉斯)为首。整个过程是以 1610 年在洛格罗尼奥(Logrono)对异教徒施以火刑(auto-da-fé)的事件为背景,当时 11 位女巫在 3 万民众的面前被活活烧死,而萨拉斯原本也以自己的名义支持。然而,在这个事件之后,萨拉斯和其助手们在西班牙宗教裁判所委员会的推动下,针对巴斯克(Basque)的女巫,进行了重大的实证调查,访问的人数超过了 1 800 人。对于萨拉斯来说,调查的中心在于证据。但是,他没有找到任何有关巫术的证据。恰好相反的是,他发现打击有大量女巫的假象的最佳办法其实就是保持缄默(他说:"我的经验是在没有人谈到或写到有关女巫之前,根本就没有女巫或是被施予巫术的人。我从这个经验推断出缄默和拘谨的重要性",萨拉斯被引述于 Lea, 1906/1966, Vol IV:234)。但是地方法庭的另一些法官们并不同意他的调查结果,于是他们必须与西班牙宗教裁判所委员会沟通。这个委员会长久以来就对审判女巫方面持保守的态度(实际上,意大利宗教裁判所也是如此——欧洲那时对女巫的迫害大多发生在宗教裁判所的辖区外),该委员会经常赦免被地方法庭判以火刑的人。自由派的看法自然在西班牙宗教裁判所委员会引起了共鸣,并使得该委员会开始对这个议题产生质疑。最后,西班牙宗教裁判所委员会决定接受萨拉斯暂停处理女巫案件的提议,并请他准备一套新的指导方针来处理女巫的问题。西班牙宗教裁判所委员会在 1614 年几乎只字未改地正式通过了这套指导方针。因此,这位受到高层支持的自由派宗教裁判官对随后废除女巫猎杀和烧死的行动起了重要的作用。这可以使我们联想到本章节稍早提到的当今参与降低监狱人数和废除监狱制度的专业人士。

然而,各个自由派宗教裁判官所处的外在主要社会力量,显然是为准备废除女巫猎杀和烧死的行动的重要因素。我们对于那些在 15 世纪晚期以其他不同方式运作的社会力量了解不够(Henningsen, 1984:37)。我们应该在检视促进废除女巫猎杀和烧死的行动的社会条件方面投入更多的研究努力,这可提供我们重要知识,让我们了解如何在现今达到成效。但是,我们在这里的重点是,政治的选择和行动也是这个废除过程的一部分,猎巫狂潮的消逝(以及西班牙的宗教裁判所本身最后也在 1820 年被废除)显示了主要和整个刑罚和惩罚体制的完全废除,也含有现实主义的存在。

但是,在结束这个段落之前,我们必须思考以下的问题:虽然罗马帝国已经消失,但新的帝国不是出现了吗?即使奴隶制已消失,但歧视和压迫不是还存在吗?虽然历史上的女巫猎杀已经消失,但新的猎杀模式不是形成了吗?

答案是肯定的。这些已不存在的模式的等效功能不断出现。虽然这些模式的规模较大,但是与冻结和降低监狱人数以及部分废除监狱的例子中新的监禁趋势有些类似,只是面临的对象可能不同。然而,我在此必须提出三点:

第一,历史中的猎巫行动和当今的政治迫害行动在程度上有些差异。在欧洲的 16 世纪被施以火刑与在欧洲的 20 世纪 80 年代因偏左思想而受到政治迫害，在程度上有所差异。在目前，当我们处在这个现象中的时候，这种程度或许看起来并不重要，但是如果我们置身于外，即可看到这些程度。这并不表示我所采取的是单线发展的理论，欧洲在 20 世纪中期的现象已经显示这种理论有很大的问题。但是，这表示该程度上的差异应受到我们的重视。

第二，针对已被废除的模式的等效功能不断出现，我认为这是历史过程中的一部分，因此也是永无止境的政治奋斗的一部分。政治奋斗包括了朝向胜利和改变的努力，但并不朝向结局。当胜利或改变后来被某些原因消减或抵消时，并不会使得人们失去信心，而会引起人们在一个新层面上从事新的政治奋斗。

第三，或许我们可在避免回到以前的情况方面多做一些努力。或许，这也是历史给我们上的一课，我们之后会对这一点作更详细的讨论。

采取哪些步骤？

我们以历史作为采取其他种途径的可行性的主要知识来源和启发，可能终究会问道：我们应采取哪些具体的步骤，才能够实现不同的方针呢？

这可能要依据方针本身而定。安德鲁·拉瑟福德的说法可能没错，他认为长期来看，监狱人口冻结或停滞政策并不是监狱系统扩展的可行替代办法，但在短期内可缓解监狱人口的压力（Rutherford, 1986:172）。他的说法也符合我们在第 1 章节所提到的监狱扩展的证据。基于这个因素，我们应采取更彻底的方针。拉瑟福德在 1986 年提出了在 1990 年将英国监狱人口降低 50% 的目标。拉瑟福德所分析的 3 个成功的监狱人数降低的例子（见上述）都达到了这个降低的目标。这可将英格兰的受刑人数降到每 10 万居住人口数中占约 35 人的范围（Rutherford, 1986:174）。欧洲各国在平均受刑人数方面有很大的差异，其中一些国家的受刑人数在每 10 万人口中的确少于 50 人，这使得上述的目标完全切实可行。我近来的目标是促使挪威的监狱系统在 2010 年接近全面废除，这也是我们邻国瑞典决定关闭他们最后一个核电厂的一年（Mathiesen, 1987）。就其阻力看来，这个目标比较不那么切实可行,但就原则上来说是可以达成的。但无论如何,像英国、挪威和瑞典这些国家的社会主义者和社会民主主义者可能会将目标定为在本世纪内将监狱人口减少 2/3。

我们可以从两个层面来讨论达到此目标的步骤,一个是立法层面;另一个可被称为政策准备层面。政策准备的问题相当复杂,因此我们会花更多的时间来讨论。

立法

具体的立法必须依相关国家及其法律和刑罚背景而定。立法的两条必要的途径为:一方面扩大不判处监禁之罪行的范围;另一方面缩小刑罚的范围是以提供民事解决办法而非刑事的解决办法和纠正。前者常被称为"去刑罚化",后者则常被称为"去犯罪化"。拉瑟福德呼吁我们注意前者(Rutherford, 1986:182—3),荷兰犯罪学家路克·哈勒斯曼(Louk Hulsman)则坚认我们应该重视后者(Hulsman, 1986;亦请参见 Rutherford, 1986:183—184)。

除了这些主要的立法途径以外,其他如降低最高刑罚、增加提早释放的措施和关闭监狱的严格计划等的法律措施也是重要的辅助办法。为了避免回到以前的监狱政策,关闭监狱是其中一项至关重要的办法。但我们必须切记一个特别重要的危险性——立法具有引起意料不到的后果的倾向。尤其是许多证据显示,启动所谓的"监狱行刑替代方法",实际上可能会产生一种"法网扩大"的效果:不但没有让许多人离开监狱,实际上反而可能将更多的人关入范围更广阔的控制系统中(Pease et al., 1977; Blomberg, 1977, 1978, 1980; Klein, 1979; Chan and Ericson, 1981; Dittenhoffer and Ericson, 1983; Chan and Zdenkowski, 1985;有关理论性的讨论,请参见 Cohen, 1979, 1985)。这个过程不一定会发生,而且从近期对于加拿大及其他国家作所的重新评估的数据显示,后果并没有上述笼统的结论那么严重(McMahon, 1988b)。但是我们还是必须注意这个危险性,它显示了对于监狱的抑制应在采用监狱行刑替代方法之前而非之后,监狱行刑替代方法应在去刑罚化和去犯罪化之后进行。如同拉瑟福德所述,这与以往对于替代性惩罚的看法完全相反,这些传统的看法是:"当我们有监狱行刑替代方法后,就会有更少的人被关进监狱"(Rutherford, 1986:168)。我们可以注意到,在本章节稍早所提到的两个重要的刑罚制度部分废除的例子,即挪威的强制劳动制度和美国马萨诸塞州培训学校的废除。这两个例子都是明确采取先抑制"以监狱为解决办法"的"深度战略"。许多间接的证据也显示,历史上其他主要的废除行动,也依循了类似的过程(Henningsen,1981)。

政策准备

政策准备表示针对要做的改变,给予广泛的社会群体在社会和政治方面的准备。要做的改变愈彻底,政策准备就愈重要。倘若没有政策准备,必要的立法即会停留在空想上,只能杂乱地实行,或是实行后所产生的改变无法长久。

早期的一些主要的监狱人口缩减或刑罚制度废除无法持久,部分因素在于广泛的社会环境缺乏政策准备。如同我们所见,这些例子中许多是关键专业人士和专业层级"由上"而启动(即使西班牙猎巫行动的废止也是如此),并没有任何让社会大众有所准备的主要和系统性的尝试。政策准备意旨以有所准备的方式来推动提议,使其超越专业领域而进入社会。这其中有一部分可依靠态度上的准备工作,但最重要的是使用能够满足公众需求的措施。

在讨论政策准备时,我设想的是由一个社会主义/社会民主主义政府当政,并且由该政府负责政策准备工作所需的大量资源。虽然英国现今的情况并非如此,但瑞典和在不久之前的挪威的情况却是如此。显然,英国在未来也可以作如此选择。读者们可能会觉得就现今的政治情况来看,至少针对如瑞典和挪威这些国家社会民主主义发展的状况而言,我对于这类政府的要求好像太多。但是我们的确应该要求这么多,并且有权利这么做。

政策的准备必须以监狱的意识形态和社会主义意识形态为基础,并认识它们整体的意义,这是在本章节一开始就提到的基本和相互冲突的意识形态架构。简而言之,我们必须抗衡监狱的意识形态,并在同时建立社会主义的意识形态。

如同我们前面所述,监狱的意识形态包括由一系列监狱的意识形态功能所构成的支持性部分,以及一系列在各种公共领域否认监狱彻底失败所构成的否定性部分。

这个意识形态的两个主要部分为我们指出抗衡该意识形态所需的两类工作——即"抗衡功能的工作"和"抗衡否认的工作"。

让我先谈一下有关抗衡功能的工作。监狱的清除、权力流失、转移、象征和显示行动的功能是它在公共领域的功能,这表示这些功能属于意识形态。就某种意义而言,它们是一连串的印象管理:倘若没有它们,那些我们希望清除的人口就会被我们看见,也会有更多的声音。我们就不能轻易地转移对社会中真正危险的注意,也不再能够自以为纯净无罪,更不再能够误以为犯罪问题已被处理而感到放心。抗衡功能的工作意指配给大量资源,支持有关公开这些未经许可的功能存在的信息和对其抱质疑态度的活动。这些功能包括:将人们隔离而增加他们犯罪的倾向、不给这些人发声的渠道、将他们视为主要的危险、将我们自己视为清白以及误以为犯罪问题已被解决而感到放心。

这些工作容易沟通吗?显然不是。我们从有关沟通的研究中了解到,我们必须大量利用到的大众传媒对于肯定现有的态度比改变现有的态度来得更有效率(Klapper, 1960; Mathiesen, 1986)。但是我们也知道态度是可能改变的。除了在大众传媒以外,我们如果还在工作环境、居住环境和学校方面密集地加强人际间的沟通,这可能就会是一个可行的做法。我们必须利用工会团体这个社会主义和社会民主主义意识形态的根源,并在这个层面的沟通上给予大量的资源。

在沟通的努力中,最重要的任务是让我们看得见受刑人。如同本书先前提到的(第 113—116 页),接近所观察的实体,能让我们看到微细的区别,并能够让我们对事物和情况更加理解。看不见受刑人使得监狱意识形态功能得以持续,看得见受刑人则是这些功能的致命伤。

抗衡否认的工作也是在公共领域的工作。这表示我们必须有效地抗衡对于监狱彻底失败的不承认、假装若无其事和忽视等否认机制。我们在上面提及的信息和态度的活动,也应该包括这个任务。抗衡否认的工作必须包括两个主要的部分。

第一,我们必须暴露上述的否认机制,并借由这个方法揭露对监狱彻底失败的否认。这些揭露对于那些积极参与对监狱彻底失败不承认、假装若无其事的人来说可能会很痛苦,而对于忽视监狱彻底失败的人来说可能更是如此。针对这点,我们必须对政治方面的冲突有所准备。

第二,揭露监狱彻底失败的实际情况也同样重要,而在这方面我们已经看到一些成果。监狱在改造方面的彻底失败大致上可能已经被揭露,至少在斯堪的那维亚诸国的情况已是如此。显然,对于监狱在一般预防、剥夺犯罪能力和正义方面所含有的深层问题和彻底失败了解的人比较少。对于监狱彻底失败的否认就是以各种形式在这些方面显得特别强烈。对这方面的揭露也必须在上述各种不同的沟通环境中进行。当然,大量的资源也必须用在这个任务上。

然而,抗衡功能的工作和抗衡否认的工作不仅必须整合,两者还必须依次融合政策准备工作的第二个主要特点——也就是在这个范围建立起社会主义的意识形态。

如同我们之前所述,一般而言社会主义的意识形态,包括团结性和补偿性这两个主要部分,补偿性则是实践团结性的办法。

经由补偿建立团结性是至关重要的。抗衡监狱意识形态是经由抗衡功能的工作和抗衡否认的工作来否定监狱,并向监狱说"不"。但仅用这些办法,否定监狱的目标不太可能达成。如果借由团结性和补偿性的建立加以补充,否定监狱的目标即有可能达成。因为团结性和补偿性的建立会给具有冲突的双方——也就是受害者和犯罪者——某些重要的东西,这与监狱解决办法形成极端的对比。然而,如同我们所见,受害者和犯罪者双方都亟须团结性和补偿性的原因,在于他们双方都是政治上和社会上的弱势群体。由此产生了两项基本工作——即对"受害者"的工作和对"犯罪者"的工作。

对受害者的工作可能是针对"目前的"受害者或是"潜在的"受害者分别做受害者工作。

斯堪的那维亚诸国已经采取了一些行动,为个别受害者提供额外的资源,尤其是对于某些犯罪类型的受害者提供经济上的补偿,但是这些行动仍然很缓慢且规模很小。针对目前的受害者,我们可设想三种主要的团结性补偿。

第一,对于受害者自动提供全面的物质补偿。自动,在此表示立刻提供补偿。全面则表示包括各种犯罪。鉴于犯罪者的贫穷,这些补偿应该是国家的责任。令人难以想象的是,像挪威和瑞典这些先进的社会民主国家,很久以前就应该开始针对犯罪为人民提供从出生就有的自动保险。但是这些国家并没有提供这些保险,而是让人民自己负责保险问题。其实,只要在税收中加上少许税金,就应该可以支付这些费用。

第二,具有象征性的补偿也是必要的——其中可包括处理悲伤和悲痛的新办法,针对受害者回顾所发生的事情提供的资源,使用新的方法给予受害者所谓地位补偿,也就是说,针对受害者所丧失的尊严做补偿。

第三,在受害者周边建立社会支持网络,并在某些情况提供庇护所。在提供庇护所方面,可以斯堪的那维亚诸国的妇女危机援助中心为模式。

有些受害者可能除了经济上的补偿以外,还希望得到许多如上述的这些具有象征性的补偿和社会支持。到目前为止,社会主义者和社会民主主义者在这些方面的发展借由补偿而得到团结性的构思仍然不足。

针对潜在的受害者,我们可设想两种主要的团结性。广泛来说,一个与目前受害者的物质性补偿类似,另一个与目前受害者的象征性补偿和社会支持类似。

首先,我们应该重视所谓的"减轻易受害性"。虽然一般来说,成为街头犯罪的受害者在统计上的平均几率非常小,但是某些人群的确比其他的人群更容易受害。我们或许可以借由物质上的安排、社区组织的措施,以及类似的街头层面的改革来减轻易受害性。这可能等于在街头做犯罪预防的工作,并且可能取代监狱在一般预防和剥夺犯罪能力方面所没有的效率。但是由于这些工作本着社会主义的意识形态,所以必须持结构性的社会学形式而不是警务形式。

再者,所谓的"减轻焦虑"可能是最为重要的。对于犯罪所产生的焦虑已成为一个重要的社会问题,或许对于某些不易受害的群体来说更是如此。这个问题的起源在于大众对于传播媒体所传播的景象作选择性的依赖、另类沟通渠管道的缺乏以及大众对于某些具体事件所产生的道德恐慌,而这三项都具有事实的核心。这些核心可以上述的减轻易被害性的方式加以处理。社会主义者和社会民主主义者对于处理非理性方面——即减轻焦虑的任务,几乎什么也没有做。这个任务或许可以经由与对目前的受害者工作以及减轻潜在的受害者的易受害性相同的一些沟通机制和各种措施实行。

以上所述的是有关受害者的工作。对犯罪者的工作和对受害者的工作一样,也可针对"目前的"犯罪者或是"潜在的"犯罪者,分别进行对目前犯罪者的工作和潜在犯罪者的工作。

被关进监狱的目前犯罪者,似乎显示三个方面的极端贫乏,这与受害者贫乏的方面类似。

他们除了物质情况经常非常贫乏以外,可能还患有疾病、使用毒品成瘾和贫困。在他们自己和他人的眼中,他们的象征性地位是最低下的。他们的社会地位含有孤立和文化贫乏的特性。

就大多数被逮捕和被监禁者通常是赤贫的背景来看,所谓"新现实主义者"对于加强警务并以其作为唯一打击犯罪的主要方法的呼吁,显得特别冷酷。

这些人在物质方面的贫乏,或许可以经由相当简单和适量的物质提供而受到彻底的改变。但是,他们的象征性地位和社会情况方面则需要更多的构思。但我们或许可以设想一些办法,在他们个别发展的早期、中期或末期阶段给予他们新的身份地位。例如,挪威牧师利尔·萨勒威森(Leer-Salvesen)在一项有关挪威杀人犯的研究(Leer-Salvesen, 1988)中指出,在漫长的还押期间对杀人犯惯常使用的彻底隔离,对于这时极需处理懊悔和重新找到身份地位的个人来说,或许是最为有害的办法。这是一个在监狱里面的例子。在监狱外面给予目前的犯罪者身份和地位的办法包括:与政府和地方机构的互动模式的重组和非官僚化、在给予个人新身份地位时所需的网络建立,等等。

对潜在犯罪者的工作包括哪些呢?我们在严重犯罪行为的社会相关因素这方面具有大量的知识。如同前面所述,就研究证据强烈显示,许多较为严重的青少年犯罪,是由相当少数的一些具有各种严重社会问题和个人与社会之间的问题的青少年群体所为(Balvig, 1984c;本书第81页)。这个证据可构成相当重要的出发点。社会主义者和社会民主主义者即将面临的任务,即是以在社会层面抵消相关因素为观点启动补偿机制的。这将包括一些新的政策,如新的住房政策、教育政策和青少年政策,等等。

另一种办法则可能是增强警务。这是指强化积极主动的警力控制:即在犯罪发生之前先加以控制。虽然很少人会反对警察以一般的方式在街上巡逻,但是以一个强化和积极主动的警力控制政策作为主要的策略,将违反在现代社会主义者思想中受到高度评价的法律保障的基本原则,不仅会反对社会中一些大规模的群体的意见,并会与其产生冲突。因此，必须改变的是社会的结构以及它的物质和社会基础。

相关因素并不一定就是必然原因。我们必须承认，我们对于社会相关因素对犯罪行为的影响所知道的不多，对于改变这些因素所引起的效果也了解不够。但是改变这些社会因素含有其自身的社会价值——即它本身对社会主义者和社会民主主义人士的重要性。就证据显示（本书第45—47页），强化的警力控制能够解决的问题很少。因此，采用上述的第一种办法才是比较合理的政策。

如此，套用左派现实主义者惯用的说法，即便是严肃地面对犯罪。

如果要准备监狱系统在几年内大幅缩减，上述的各种政策准备工作就必须在缩减的同时进行，并解释该缩减的背景因素。此外，在监狱系统通过具体立法加速缩减的同时，这些政策准备工作也必须加强。

虽然这些工作需要费用，但是却可节省未来的支出。监狱的费用极为庞大，在1985—1986年的财政年度，挪威刑罚制度的预算为4.98亿挪威克朗，英国则是8.22亿英镑（Sim, 1986:41）。如果在90年代期间能将该预算削减2/3，挪威和英国每年则可分别节省大约3.3亿克朗和5.4亿英镑。这些经费就可以用在抗衡监狱意识形态和建构社会主义意识形态上，这其中包括抗衡功能的工作、抗衡否认的工作，以及对受害者的工作和对犯罪者的工作。

在做这些工作的初期，支出可能超过节省的费用，因为监狱并未立即关闭（并且有一段时间需要给监狱人员退休金）。但是到这些工作最后的阶段，除了在一个例外的项目以外，预算或许可以达到平衡。这个例外的项目即是对潜在犯罪者的工作。这个工作包括新的住房政策和教育政策等，并将需要许多经费。但是它会是一般社会政策的一部分，且如同我所说的，它本身的价值将超过犯罪预防。

结尾：不久的未来和遥远的未来

我们在上面讨论了不久的未来——也就是这个世纪所剩下的日子。

让我们最后一次借鉴历史，再次提醒读者，主要的压抑体制在即将崩解的前一刻看起来都十分稳固。根据这一点，在近期的政策准备

第 6 章 监禁的未来 157

会在较长远的未来造成一些影响的想法可能不再是痴心妄想。对受害者的工作和对犯罪者的工作的效果显然会比监狱的效果更令人满意,我们也可能设想对监狱人口做更多的缩减,甚至将监狱废除。

这样的做法也符合我们对监狱的研究所得到的证据。实际上,除了这样的做法以外,其他的做法都等于是对非理性让步。但是,如果要完全废除监狱,我们或许需要做更多的努力,重建有关犯罪的思考。

我在这本书和本章节中使用了犯罪的概念,我也假设了犯罪化会持续存在,但是我对犯罪化的定义更为狭窄。然而,也许有人会主张,如要监狱完全失去它对我们的非理性的掌控权力,就必须放弃以"犯罪"为概念这个工具。

如同路克·哈勒斯曼所述,当今有一些难以解决的情况被犯罪化了。这些难以解决的情况当然都有一个起因和发展过程,并且可以各种比当今更文明的方法来处理。

显然,这些概念目前还在雏形阶段。如果放弃以犯罪为概念工具,以及对于难以解决的情况的处理开放具有想象空间的重新思考,对社会学家来说将具有相当大的意义。

然而,对政治家来说则是一种挑战。

后　　记

本书英文版的第一版是以 1987 年挪威奥斯陆 Pax Publishers 出版的挪威原文版(*Kan fengsel forsvares*?)更新修订的版本,并由英国的 Sage Publications 在 1990 年出版。挪威原文版陆续于 1995 年和 2007 年出版新的版本。英文版的新版本则于 2000 年和 2006 年由英国的 Waterside Press 出版。本书已经有挪威文、瑞典文、丹麦文、意大利文、德文、西班牙文、英文以及繁体中文版本,现在又加上了简体中文版本。

英文版目前的后记是 1990 年的英文版的更新,强调 90 年代监狱发展和监狱研究的最新状况。目前简体中文版本更新的后记显示 90 年代、2000 年代一直到 2010 年这段期间监狱发展和监狱研究的状况。我认为就目前来说,反对监狱的论点比 10 年或 20 年以前更具相关性。

有两个主要发展的趋势显示了这个看法。[1]

---

[1] 我已经在前面(第 133—142 页)针对所谓的"左派现实主义者"在英国犯罪学中的立场作过详细的讨论。为了公正起见,我必须说明"左派现实主义"中的一些关键人物已经向前迈进。其中特别重要的是乔克·杨(Jock Young)近年出版的《排他性社会:晚期现代社会的社会排斥、犯罪和差异性》(*The Exclusive Society: Social Exclusion, Crime and Difference in Late Modernity*, London: Sage Publications 1999)一书。他在书中讨论到晚期现代社会中排斥与包容的过程。他指出,在第二次世界大战后几十年所发展的早期现代社会中,我们看到(至少在理想上)的是一个包容的社会。这个社会至少实施了一些办法(如具有干预性的福利国家成立的机构),试着包容行为偏差者,使其成为主流社会的一员。但以新自由主义和市场机制自身发展为原则的晚期现代社会所具有的特性则是排斥。然而,包容和排斥两者皆造成排斥性的结果:例如,"愈来愈多的中产阶级黑人受到《平等机会法》的影响而得以工作。这些工作不但是在政府机关,他们也可以从贫民区搬到城郊。但是,所留下来的是一些被放弃的弱势人群,这些人不但在经济机会上被切割,也因阶级和种族因素而被隔离"(第 83 页)。这本书虽然仍有一些"左派现实主义"的残影,但还是含有一些有益的概念。作者乔克·杨在该书"不容忍的犯罪学"章节中,对于"零度容忍"政策提出强烈的反对论点。他清楚地显示人们对于纽约市的零度容忍警政模式和该市犯罪的降低彼此之间的关系的推测,实际上是错误的(除了许多其他事实证明以外,他举出一个简明但被忽视的事实。那就

扩展中的监狱[2]

整体而言,以监狱作为主要的惩罚仍在继续扩展。我们在第1章节中讨论过这个在20世纪80年代末期可以明显观察到的趋势。在目前21世纪的最初10年期间,这个趋势依然存在。在一些重要且具有影响力的国家,监狱人数依然急剧上升。其他的国家,这个上升的数字没有那么急剧,但还是很明显。以下是大致的情况,其中也有些例外的情况。

第一,我们可借由引述罗伊·沃姆斯利(Roy Walmsley)在他所写的一篇有关全球情势的文章中的一个相当有名的段落,概述监狱扩展的情况(Walmsley 2001[3]):全球的监狱人口总数字将近900万。其中半数在美国(近200万[4])、中国(约150万)和俄国(近100万)。欧洲所有国家的监狱人数加起来将近100万。

全球几乎有70%的国家监狱人口不断上升,其中一些国家的上升速度相当急剧。

以整个欧洲来看,过去3年内监狱人数增长的国家所占的比例比较小一点:1998年到2001年期间,总共有60%的国家监狱人数上升。

但这依然表示,绝大多数的欧洲监狱管理制度必须应付监狱人数

是美国其他没有实施"零度容忍"政策的地区,在同一时期的举报罪案急剧下降)。然而,对于本书的目的来说相当重要的是:目前以监狱作为犯罪的解决办法的议题法受到广泛的讨论,而杨在这方面的讨论中强烈反对美国的监狱实验。他对查尔斯·默里(Charles Murray)的两个观点提出有力的反驳。一个是查尔斯·默里认为福利国家会造成一种"福利依赖"和一种依赖文化,而在这种情况下,人们逐渐丧失对自己行为的责任感。另一个则是查尔斯·默里指出"监禁的风险和犯罪率之间存在的是一种单纯的关系"(该书第143页,虽然杨也认为这两者之间还是有一种关系存在)。乔克·杨对于美国的监狱实验作出以下的结论(第147页):"我们这些处于欧洲的美国民主体制友人们必须说清楚我们的疑虑,而不是引进他们的错误。但是我们的政治人物们,无论是什么党派,都飞越大西洋去学习这个粗糙的监禁实验。想要从美国学习到犯罪控制,就如同到沙特阿拉伯学习女权一般。我们必须学到的功课是,不要继续走惩罚这条路,也必须了解到,如果我们需要一个古拉格集中营(gulag)来维持一个赢者通吃的社会,我们应该做的是改变这个社会,而不是扩张监狱。"

〔2〕 这个标题是取自戴维·凯利(David Cayley)的重要著作 *The Expanding Prison. The Crisis in Crime and Punishment and the Search for Alternatives*, Toronto: House of Anansi Press 1998。

〔3〕 Roy Walmsley: "European Prison Populations: Recent growth and how to reduce it" 2001。

〔4〕 请参考以下美国较新的统计数字。

上升的相关问题,以及监狱通常过于拥挤的问题。

这个情况并不限于欧洲的某一部分。在西欧、中欧和东欧,监狱人口的增长模式都类似:60%的国家在过去3年内监狱人数上升。

但是中欧和东欧所面临的问题比较严重。这里的国家监狱人口通常就比较高(以人均来算),各个受刑人所有的空间通常比较小,且经济情况较差。监狱人口的上升即会凸显这些因素的负面影响。

以上的引述为我们做了一个有关监狱扩展的情况的概述。

第二,我们还是要引用沃姆斯利所述,为监狱扩展做较为详细的叙述:1998年到2001年期间,人口数字在25万以上的43个欧洲国家中,26个国家的监狱人数增加(即占60.5%)。西欧的18个国家中,监狱人数上升的国家占有11个(即占61.1%),中欧和东欧的25个国家中,监狱人数上升的国家占有15个(即占60.0%)。[5]

第三,这是监狱扩展情况比较具体的描述,以下是一些国家的具体情况:美国在2001年,每10万居住人口数中的监禁人数约为700人(包括州立监狱和拘留所,1989年的监禁人数约有426人)。美国在2000年的人均监狱人数占全球第一位。其他大国紧随其后:同年,每10万人口数中,俄国的监狱人数为685人(1989年为353人,那时苏联政府瓦解,监狱人数也随之下降),波兰的监狱人数为213人(1989年为106人),英格兰/威尔斯的监狱人数为139人(1989年为96人),西班牙的监狱人数为126人(1989年为80人),荷兰的监狱人数为93人(1989年为44人)。这些国家在2000年的监狱人数和1989年相比较,都是上升的。[6]

西德监狱人数在20世纪80年代中期突然下降的趋势给了我们一线希望(请参见本书第6页)。但这线希望已经破灭:西德和东德合并后,监狱人数又开始上升。[7] 在1995年,德国每10万居住人口数中的总监禁人数约为58人。到2007年,该国的总监禁人数增加到81

---

〔5〕 Roy Walmsley: "European Prison Populations: Recent growth and how to reduce it". London(可能是英国内政部2001年2月大约的估计)。

〔6〕 有一些数字取自Nils Christie: *Crime Control as Industry*, 3. ed. 2003, 以及Roy Walmsley: "European Prison Populations: Recent growth and how to reduce it", 2001。

〔7〕 资料来自德国犯罪学家Johannes Feest, Bremen。

人。这个增长主要是在1995年到2000年期间形成。[8]

另一个希望破灭的例子是荷兰。该国曾有数十年监狱人数较低的历史。该国在1989年每10万人口数中的监狱人数为44人,但是到2001年,增加到93人。

1970年代中期之后,在欧洲的国家中只有芬兰的监狱人数有显著的下降。1918年,该国的监狱人数上升到每10万人口数中250人,但之后便持续下降。1976年,该国每10万人口数中的监狱人数为125人。到1998年,则下降到约60人。芬兰的刑罚政策历史既长久又复杂,我们在这里只需要知道该国监狱人数长期下滑的原因包括以下复杂的因素:历史环境、法律的变化、各种意识形态的组合以及高层官员们刻意采取的政策。[9]

瑞典、丹麦和挪威这3个斯堪的那维亚国家长久以来都有较低的监狱人数,但近年来稍有一些增长。

就这些变化和细微的差别看来,整个情景一般而言是暗淡的。监狱正在扩展中。

第四,也是更具体的描述。我们可以更进一步地观察美国这个最重要的西方国家。罗伊·沃姆斯利所统计的监狱人数公布于2001年,而本书的后记是在接近2010年写的。2008年6月30日,美国州立和联邦矫正机构有1 610 584位受刑人在其司法管辖之内。此外,地方监狱所羁押的受刑人有785 556位,美国的总监禁人数高达2 396 240人。和2001年大略相比,增加的人数将近400 000人:自2000年底开始,监禁人数增加了373 502名,即增长了19%。这个增长速度在2007到2008年之间下降少许,但还是很显著。到2008年6月30日,每131位美国居民中就有1人被州立或联邦政府的监狱或是地方监狱监禁或羁押。等于每10万居住人口中有789位受刑人,其中一些

---

[8] 以 *Rechtspflege*（*Strafvollzug*）Fachserie 10 Reihe 4.1, Wiesbaden 2008 p.12 的数据为基础。

[9] 采自 Nils Christie: *Crime Control as Industry-Towards Gulags Western Style*, Routledge, 3. ed. 2000 pp.49—54。

州的受刑人数还要更高,例如加州。[10]

尽管如此,我们还是必须注意一点:由于各个国家分类方法的不同、分类方法随着时间的变化以及资料来源的差异,使得我们很难针对上述的数字作仔细的分析和比较,但整体的趋势还是相当明确的。这带领我们到第二个主要发展趋势,该发展趋势显示本书反对监狱的论点在当前比过去还更为重要。

监狱研究

自本书1990年的英文版出版后,我们可从关于监狱研究方面的书籍和专业期刊的数量看出来有关这方面的研究日益增长。但是,有关监狱产生较为正面影响的研究结果,增长的确相当微小。我将依据本书大纲,针对改造、一般预防、集体性和选择性的剥夺犯罪能力,以及正义这些领域的研究,对于近期的研究作出概述。

改造

在20世纪70年代和80年代,有关监狱改造的口号是"全无作用"。罗伯特·马丁森虽然没有编造这个口号,但是他在1974年所写的一篇著名的概述为这个口号作了准备(请参见第37页)。他针对1945年到1967年间以英文撰写并且在方法学上可被接受的研究进行审评,并作出以下这个我们在第37页引用过的结论:"除了一

---

[10] 美国在2008年每10万人口中的监禁人口数字由住在香港的挪威学者白恩(Borge Bakken)教授提供。其他的资料则是来自美国司法部司法项目办公室的司法统计局(BJS)在2008年6月30日所发布的资料。到2008年6月30日为止的前6个月内,监禁人口增加了0.8%,而2007年的同一时期,监禁人口增加了1.6%。2008年,16个州的监狱人口降低,其余的34个州的监狱人口上升,但在该34个州中,18个州的监狱人口增长率减缓。

我们如果将因犯的家属、亲戚也算在内的话,受到影响的总人数更多。

被监禁的人口中,黑人男性是白人男性的6.6倍。2008年的年中,每21位黑人男性中就有一位被监禁,而白人男性则是每138人中有一人被监禁。在监狱和拘留所的总监禁人口中,黑人男性占846 000人,远超过白人男性(712 500人)和西班牙裔男性(427 000人)。这也就是说在2008年的年中,黑人男性占总监禁人口的37%,但其人数还是比2000年年中的人数下降了41%。

女性的监禁率在每个年龄组都显著地低于男性的监禁率。2008年6月30日,黑人女性的监禁率为每10万人口中349人,是西班牙裔女性监禁率(每10万人口中147人)的两倍多,更是白人女性监禁率(每10万人口中93人)的3.5倍多。在2008年的年中,女性监禁人数估计为207 700人,比2000年的年中增长了33%(资料来源同上)。

有关美国这方面的资讯,请参见http://www.ojp.usdoj.gov/bjs/abstract/pim08st.htm。

些特殊的案例外,到目前为止改造的努力对于累犯方面没有任何贡献。"如同我们所知,在马丁森之前和之后的许多报告和研究都有类似的结论。

有关改造的研究文献在1990年到2000年增加了许多。同时,有关监狱改造的口号也有所该变。该口号已不再是"全无作用",而变成"什么会起作用?"——这个问题含有较为乐观的看法。该问题从大致上来说,是针对如何找出适合且符合某些特定人士的改造计划。

但是实际上,在许多近期的主要元分析中,多数的分析显示监狱对改造方面的影响大多相当微小,甚至呈负面结果。以下为一些特别重要的文献。

美国社会学家理查德·赖特(Richard A. Wright)在他所著的《为监狱辩护》(*In Defense of Prisons*[11])一书中,针对美国有关改造方面的主要研究和研究的元分析提出了仔细的和最新的报告。这本书不属于"什么会起作用?"的意识形态,但该书是在这个意识形态期间(1995年)出版,并含有一些属于该学派的研究。他的著作内容十分重要,因为如同他的书名所显示,他尝试激起对于监狱的*辩护*。他的全面性结论是完全拒绝以改造作为监狱的辩护。其中特别重要的是,赖特针对显示改造产生较为正面的结果的一些不属主流的元分析的方法学作出仔细的评论。

第二个值得一提的文献是由吉恩·卡斯鲍姆(Gene G. Kassebaum)和戴维·沃德(David Ward)在1991年所写的名为《矫正处遇效能的分析、再分析和元分析:问题是"什么会起作用"或是"谁会起作用"?》(Analysis, Reanalysis and Meta Analysis of Correctional Treatment Effectiveness: Is the Question What Works or Who Works?[12])这篇重要文章。同样是不属于"什么会起作用?"意识形态的卡斯鲍姆和沃德,所作的一般性结论与赖特相同。他们认为处遇工作人员振兴处遇哲学的尝试,其实是这些专业人员面对实际状况的自我防卫策略。然

---

[11] Westport: Greenwood Press 1994. 为了公平起见,我们在这里应该指出罗伯特·马丁森在1974年提出的评论(请参见本书第37页)与当时的数据相较,或许较为悲观。请参见 Arnulf Kolstad: "Forbrytelse og straff-straff og forbrytelse" (Crime and Punishment-Punishment and Crime). *Vardøger* No. 25, 2000, pp.125—54; 尤其是 pp. 138—39.

[12] *Sociological Practice Review* 1991.

而，处遇的实际状况则是"过去 20 年来一直是一场噩梦"。卡斯鲍姆和沃德指出，美国的刑事司法体制中的受刑人超过 100 万人，另有数 10 万人接受有条件刑，数百万人接受缓刑。除此之外，处遇工作人员在这方面所受的训练十分贫乏。因此，在官僚、权威和无人道的监狱环境中，处遇便成为不可能的任务。

第三个使用元分析的重要报告，即是所谓的 CDATE 项目。[13] CDATE 是一个针对犯罪者改造的评估研究所作的综合详细报告。CDATE 的报告属于"什么会起作用？"学派范围内。该项目的研究者们收集、批注和元分析 1968 年（罗伯特·马丁森的报告结束后的一年）到 1996 年间进行的研究，以一些如累犯和毒品使用的测量结果来评估矫正干预的效果。研究人员搜寻研究的方法包括：通过电脑化的参考书目、书本和期刊上所列的参考文献、审阅主要学术性刊物的所有期刊、审阅书籍和学术专著等方式，以及经由一些网络新闻小组或是检索未出版的报告等方式来寻求一些文件。他们鉴定了 300 个以非英文所著的报告，并以严谨的评估条件对这些研究进行采纳或排除的评估（主要的排除条件包括不完整的研究，或是没有产生任何比较或控制数据的研究），以下为针对大量成人矫正数据所作的初步分析结论（Pearson *et al.* 1997, p. 17）：

> 我们针对每个研究中最重要的处遇办法作分析，所得到的结论是：一般来说，监禁和惩罚干预在降低累犯方面没有任何效果。一般而言，社区内监督（在使用各种干预，其中包括普通缓刑和假释、群体之家、严密的假释监督）在降低累犯方面也没有更好的效果。整体来看，以团体辅导为办法的处遇虽然在这方面稍微好一点，但其效果也是相当小的。

这个结论显示，在刑罚环境下一般处遇办法对于累犯毫无效果。"然而"，这个结论继续指出：

> 其他的元分析实际上发现正向且重要的平均效应值（由效应

---

[13] Frank S. Pearson *et al.*: "Rehabilitative Programs in Adult Corrections: CDATE Meta-Analyses", 在 1997 年 11 月 22 日圣地亚哥举行的美国犯罪学学会年度大会上发表，亦可参见 Frank S. Pearson *et al.*: "Some Preliminary Findings from the CDATE Project", 在 1996 年 11 月 20 日芝加哥举行的美国犯罪学学会年度大会上发表。

值检验方法测量——BESD 方法)。毒品和酒精滥用治疗计划本身在皮尔森相关性检验(Pearson correlation)效应值上显示滥用毒品和酒精复发降低 +0.1。治疗性社群的环境治疗计划(TC-Milieu programs)甚至产生了更高的平均效应值(如,+0.12),但是在该领域所使用的研究方法,一般而言有些粗糙。

我们或许在如毒品和酒精滥用这些方面看到一些效果。但是我们必须清楚地注意到,上述所提到的皮尔森相关系数平均值其实很低。此外,这些研究的细节显示,有一些计划不但没有效果,反而产生反效果,进而产生负向的相关系数。基于威慑哲学的具惩罚性计划,一致显示负向的相关系数。这也证实了我在第 4 章(第 91—94 页)对于个人威慑的论述。有关威慑计划的深入比较分析,请参阅 James O. Finckenauer、Patricia W. Gavin、Arild Hovland 和 Elisbet Storvoll 所著的 *Scared Straight. The Panacea Phenomenon Revisited* 一书[14]。

在 CDATE 的报告中,有一些研究的确在社交技能和累犯方面显示正面的效果。例如,在几个元分析中,所谓的"认知能力训练"看起来似乎很重要。该训练借由开发解决问题能力、做决定的能力以及了解他人等的策略来强调社交技能。因此,皮尔森等人作出以下的结论(1996, p. 22):"多年以来,许多研究者(其中包括 Andrews 等人)认为认知行为计划的一般效果相当好。到目前为止,我们采用了 25 个对于认知行为的社交学习计划的研究评估。一般而言,这些计划的确在降低累犯方面显示了少许的效果"(本书作者用黑体字)。我们当然不可忽视这些研究,但也应该明白这些效果相当的低,这些有效的计划只占多数指出监狱处遇和改造计划之有少许或是没有效果的研究中的一小部分。CDATE 在这份报告的结论指出,虽然认知行为干预在某些程度上降低了累犯,但是其他一般性的行为调整计划都没有

---

[14] Prospect Heights: Waveland Press 1999.

如此的效果。[15]

此外,还有一些大型的元研究和个别研究,在针对各种计划的改造效果方面也呈类似的结果。马克·利普西(Mark Lipsey)在一个含有400个针对青少年罪犯计划的重要元研究中指出,研究组和控制组之间的平均差异为5%:处遇后的平均6个月内,未接受处遇(或是"接受一般处遇")控制组的平均累犯率约50%,接受处遇的青少年罪犯的平均累犯率约为45%,换句话说两者之间的差异约5%。依我看来,这个差异很小。但是利普西认为以50%为基准线来看这减少的5%,累犯的总降低率则为10%,依他看来为数不小。但是实际的监狱生活在这方面又有什么样的差异呢?利普西的结论如下:

> 我们应该注意到的是,研究文献中所评估的干预,大多在累犯方面呈现相当小或微不足道的效果,有些甚至产生负面的效果。尽管证据显示,原则上许多计划可能有效果,但实际建立或

---

[15] Frank S. Pearson et al.:"The Effects of Behavioral/Cognitive-Behavioral Programs on Recidivism", *Crime and Delinquency* 2002. 。在CDATE项目中的"体验试挑战计划"内,可看见另一个在累犯方面稍为乐观的结果,请参见 Frank S. Pearson et al.:"A Review and Meta-Analysis of the Effects of Experiential Challenge Programs",在1998年11月14日华盛顿首都举行的美国犯罪学学会年度大会中发表。心理学家 D. A. 安德鲁斯(D. A. Andrews)和詹姆斯·班塔(James Bonta)对于处遇办法较为乐观,参见 D. A. Andrews and James Bonta:*The Psychology of Criminal Conduct*, Cincinnati: Anderson Publishing Co, first edition 1994, second edition 1998。他们在一个有关处遇比较的研究综述中,将各个处遇按照风险、需求和应对性为原则,界定为"不合适""效果不明确"或是"合适"。就平均效应而言,"合适"的处遇远超过"不合适"的处遇及"效果不明确"的处遇。因此,他们指出"在考量各种研究的研究方法后控制数据的情况下,处遇的种类和处遇的效应值之间的相关系数(达0.70)依然相当可观(1994-edition p. 191; 1998-edition p. 264)。但是皮尔森等人使用稍微不同的方法来界定"合适"后重复安德鲁斯和班塔所作的研究综述过程,发现(1996年)该相关系数掉至0.34,其他的一些相关系数甚至更低(如,0.20)。皮尔森等人指出:"这个差异显示了所谓的合适的矫正处遇这个变数的定义的不可靠性……这可能只是因为处遇分类的适当性相当模糊不清,再加上各种实际计划的多元性,导致某一个研究项目中的界定者以某方式界定研究计划,而另一个研究项目却以另一种方式界定相同的研究计划"(第17页,此外,皮尔森等人也认为安德鲁斯及班塔的研究结果可能受到时间性的限制)。换句话说,在界定标准上微小的改变,可能在结果上会造成很大的差异。基本来说,这些差异显示了这类研究的缺陷。虽然皮尔森等人的文献是在安德鲁斯和班塔这本书的第2版出版之前发表,安德鲁斯和班塔在该书中没有作太多的回应,他们仅指出:"我们认为这些差异是基于皮尔森等人很难分辨出有关高风险的毒品滥用者的研究与有关低风险罪犯的研究(第341页)。"

实施这些计划显得较为困难。[16]

德国马克斯—普朗克学会(Max Planck Institute)的德国研究学者胡迪格·奥特曼(Rüdiger Ortmann),以随访受刑人一段时间的方式作为详细的实验研究设计,从事"社会疗法"研究。"社会疗法"重视心理学,以个人、人格和周遭的社会环境为重点。他的5年随访结果显示降低累犯的成效"相当低",但他仍然坚称"还是超过零"。胡迪格·奥特曼在结论中指出:"监狱绝对不是将人们行为导向社会正面方向的最佳场所。"[17]

伦敦内政部发布了一个有关监狱改造可能性的综合报告。[18] 这个报告所审阅的计划和干预,主要针对所谓的罪犯的"犯罪性需要",而这些"需要"可能是犯罪行为的起因。这个报告的一些章节显示了少许的正面结果,但它的编辑们所作的所有结论都相当谨慎。其中一个结论如下:"因此,这个报告所审阅的结果评估并没有任何关于在刑事司法中'什么会起作用'的证明。"[19]

许多的研究和元研究充其量只显示微小的效果,有的研究甚至显示了负面效果。一般而言,在监狱外的计划似乎比监狱内的计划得到较好的效果。值得注意的是,研究学者们指出在监狱的环境下这些计

---

[16] Mark W. Lipsey et al.: Rehabilitation: An Assessment of Theory and Research", in Colin Sumner (ed.): *Blackwell Companion to Criminology*, Blackwell Publishers 2004. 针对利普西的研究,可在 Andrews and Bonta op. cit., 1998 edition pp. 259—262 中找到比较正面的评估,安德鲁斯和班塔指出,研究的设计和过程以及所研究的处遇的种类分别影响到处遇效果的评估。因此,某些种类的研究以及某些种类的处遇对于累犯率有较大的影响。如此的看法忽视了两个重点。其中一点是,像美国、英国或挪威这些国家,具有这类处遇计划的监狱极少。另一点则是,以这些研究结果作为监狱正当性的借口实际上是不正当的。虽然安德鲁斯和班塔没有刻意地为监狱作辩护,但是由于他们没有对于监狱作出任何系统性的评论,以致他们的研究可能会被误解是在支持监狱的正当性。

[17] Rüdiger Ortmann: "The Effectiveness of Social Therapy in Prison-A Randomized Experiment", *Crime and Delinquency* 2000.

[18] Gemma Harper and Chloë Chitty (eds): *The Impact of Corrections on Reoffending-A Review of 'What Works'*. Home Office Research, Development and Statistics 2005.

[19] 针对利普西的研究,可在 Andrews and Bonta op. cit., 1998 edition pp. 259—262 中找到比较正面的评估,安德鲁斯和班塔指出研究的设计和过程以及所研究的处遇的种类,分别影响到处遇效果的评估。因此,某些种类的研究以及某些种类的处遇对于累犯率有较大的影响。如此的看法忽视了两个重点。其中一点是,像美国、英国或挪威这些国家中,具有这类处遇计划的监狱极少。另一点则是,以这些研究结果作为监狱正当性的借口实际上是不正当的。虽然安德鲁斯和班塔没有刻意地为监狱作辩护,但是由于他们没有对于监狱做出任何系统性的评论,以致他们的研究可能会被误解是在支持监狱的正当性。

划的实施相当困难(参见 Lipsey 和 Ortmann 上述)。他们似乎是以抽象的方式来思考处遇计划,或是如利普西所说的"以原则"的方式来看处遇计划。好像实施计划所在的具体监狱环境并不存在。

令人担忧的是,许多国家的监狱当局忽视了一些计划的负面结果,并将认知能力训练的微小结果视为万能的解决办法,英国和挪威也是如此。在这两个国家,"监狱起作用"的概念和处遇的意识形态再次兴起。人们忘记了在 20 世纪 70 年代所学到的教训,那时人们针对监狱的处遇对累犯毫无效果这点作出强烈抨击。人们也忘了许多近期研究和元研究所呈现的教训。认知能力训练为那些比较支持以监狱作为解决办法的人们解脱了困境。有关在挪威受到重视的一些赞颂认知能力训练的文献,可参阅 Porporino et al. 1991[20]。在英国,身为犯罪学教授和英国监狱的前监狱长安德鲁·拉瑟福德指出(Rutherford 1999,第 13 页[21]):

> 我们的确被迫退到了《远大前程》(Great Expectations)的年代,我看到了时空倒转后的景象,那是 30 年前我在加州青少年管理局(California Youth Authority)所看到的景象。那时,青少年们先被"诊断",然后依据他们个别的人际交往能力成熟度(即 I-level)接受"处遇"。

他接着写道(第 14 页):

> ……我对目前以监狱作为改造机会的兴起作了详细的描述。这个最新的发展显示着具有道德和现代使命的外貌。但是,在认知技能鉴定团队离开之后,监狱将依然和以往一样:是一个充满痛苦和堕落的地方。

此外,"在美国的许多地方都可以看到惩罚性的隔离和其粗糙的实施方式",以及"将司法正义转化成一个'体制',而体制大多是以有效的结果来管理"。如此看来,未来十分黯淡。

---

[20] Frank Porporino et al.: "Kognitiv oplæring i canadiske fængsler" (Cognitive Training in Canadian Prisons), *Nordisk Tidsskrift for Kriminalvidenskab*, Vol 78 1991, pp. 137—151.

[21] Andrew Rutherford: "Perennial Challenges for Prison Reductionists", Paper given at the congress to mark the tenth anniversary of the Master in Criminology, Autonomous University of Barcelona, 10—11 June 1999.

如果我们现在还用钢笔的话,我会以最红的墨水写:微小或呈零的改造结果不应该也不可用来作为剥夺监狱的医疗服务和学校课程的教育服务等的服务。只要监狱存在,受刑人不仅应该和其他公民一样有享有这些服务的权利,就他们的普遍贫穷的背景和他们处于不人道的监狱环境看来,他们也有权利得到更多的服务。重点是,这些服务应该就是因为这些因素而给予受刑人:这些服务不仅是受刑人的权利,也是他们应有的权利,而且也是属于一个合乎情理、具有智慧和人道政策的一部分。这些服务不能根据改造的条件而提供,因为倘若如此,当改造的效果相当微小时,这些服务就很容易被取消。此外,这些服务不仅不应该也不能用来作为支持监狱存在的意识形态论点。[22]

一般预防

在20世纪80年代晚期到90年代期间,也有一些针对一般预防领域——威慑、习惯的形成,以及对于尚未被关进监狱的人作道德劝导——的研究报告,但这些报告的结果也相当的微小。

在这个领域中有许多重要的书籍,其中一本就是先前所提到的理查德·赖特所著的《为监狱辩护》(In Defense of Prisons)。这本书对于一般预防近期的研究文献作了综合的报告。赖特的书对我们的而言相当重要,主要是因为作者将为监狱辩护作为他的任务。赖特到底找到了什么呢?答案是:非常的少。

赖特审阅了许多针对实际的惩罚概率差异(赖特等人常用确定性—certainty,来代替概率—probability 这个术语)和实际的惩罚严厉程度差异对于犯罪的影响所作的横断面研究(cross-sectional studies,即在某个时间点上所进行的比较研究)、自然实验研究(studies of natural experiments,即针对法律变革的效应所作的研究)、针对主观的预期惩罚概率差异和主观的预期惩罚严厉程度差异对于犯罪的影响所作的横断面研究,以及将受访者在某个时间点上惩罚的确定性和严厉程度所作的预期,与之后在某个时间点自我报告的犯罪作比较的专门

---

[22] 有关以价值和道德或是以效应和效率作为对囚犯服务的基础这方面的问题,请参见 Hedda Giertsen: "Gir den nye kriminalmeldingen 'om bekjempelse av kriminalitet' noe nytt?" (Does the new Criminal Policy White Paper "on Combating Crime" provide anything new?),于1992年1月9—12日挪威刑罚改革协会在挪威 Spåtind 举办的第20届年度大会上发表。

小组研究(panel studies)。这些专门小组的研究相当重要,因为这些研究避免了横断面研究所具有的方法学问题:在横断面研究中,受访者会在同时被问及他们所预期的惩罚概率和严厉程度与自我报告的犯罪活动。这表示研究者是将受访者当下对于惩罚的预期与自我报告的过去犯罪经历作研究和比较。由于受访者过去的犯罪行为可能形成他在受访时所预期的惩罚,因此研究者可能很难确定测量的是主观的预期惩罚对个人犯罪概率的影响。专门小组的研究避免了这个问题,因为该研究将受访者被受访时所预期的惩罚与受访者未来的犯罪作比较。除了这些研究外,赖特也审阅了为数甚少的定性研究,以及以行为的经济模式作为依据的经济计量研究。他的结论可以归结如下:

1. 实际和预期的惩罚概率与犯罪行为之间存有适度的负面关系。也就是说,实际和预期被逮捕和被惩罚概率愈大,人就愈不会意图犯罪。

2. 在刑事政策上突然增加预期的惩罚概率,在初期时对犯罪行为有一些不太显著的效果,但是长期性的效果更小。

3. 实际的和预期的惩罚严厉程度与犯罪之间没有任何关系。

4. 在方法学上很重要的专门小组研究发现,人们预期的惩罚概率和严厉程度对之后的犯罪没有任何效果。我们必须强调,惩罚概率的效果也是如此。

即使对一般预防有乐观看法的人来说,这些研究报告的结论等于是对其泼了一盆冷水。这个由试着为监狱辩护的研究学者所作的报告,没有提出一点让人相信惩罚严厉程度有任何预防效应的依据。不论是实际的或预期的惩罚严厉程度都是如此。这也正是本书所针对的主题:以监狱为形式的惩罚严厉程度。赖特的报告的确提出一些依据,让人相信实际的和预期的惩罚概率稍有一些预防的效果。但是专门小组的研究消除了这个效果。除此以外,我们还是遇到如同我在本书的一般预防章节中所指出的事实。那就是在现代、都市化的社会中,很难想象加强警察侦查能够大量提升惩罚概率。在犯罪率高的都市化地区逮捕率一定会停留在低点,预期的惩罚概率也会随之呈现相当低的状态。[23]

除了赖特报告中的研究以外,我也审阅了一些其他近期的社会学研究,而这些研究也指向同样的方向。例如,雷蒙德·帕特诺斯特(Raymond Paternoster)依据"理性选择学派",在美国进行的一项大型的社会学研究也显示了类似结果。[24] 这个研究是在美国东南部人口数量中等的城市中,对 9 个高中的 2 700 位学生所作综合问卷调查。研究人员们获得 99% 的样本。该研究针对典型的青少年犯罪行为,如吸食大麻、饮酒、轻微偷窃和破坏公物等行为。这个研究也显示了预期的惩罚严厉程度没有任何预防效果,而预期的惩罚概率仅有微小的预防效果。这些青少年比较重视惩罚概率以外的其他考量,例如:与犯罪相关的社会代价。这个研究的结果与本书第 3 章节中所提到的舒曼和他研究伙伴们针对德国青少年所作的大型研究(第 51—52 页)的结果近乎相同。

在所有的研究综述中,只有在挪威经济学家厄令·艾迪(Erling Eide)的《犯罪的经济学:威慑和理性的犯罪者》(Economics of Crime. Deterrence and the Rational Offender)文献和他的《犯罪的经济学》(Kriminaløkonomi, The Economics of Crime[25])的研究综述指出的除了惩罚概率以外,惩罚的严厉程度也呈现少许的预防效果。如同这些文献的标题所示,在经济的模式下,人类的行为是借由在惩罚的代价和犯罪的收益之间作"理性"的选择来引导。艾迪的研究是在经济学家加里·贝克尔(Gary Becker)学派的范围内,因此他综述的研究大多属于该学派。艾迪的研究到底得到什么结果呢?重要的结果可概述如下(1994b):中位数估计是以在各国对被记录的犯罪所作的统计研究为基础,并以惩罚变量增加 1% 后的犯罪数目变化计算。根据经济理

---

〔23〕 纽约的"零度容忍"政策正是惩罚概率(以及逮捕率)明显增加的例子。但是该政策的效果还是相当有限:有关"零度容忍"政策以及其假定的效果这方面的评论,请参见 Young 1999, op. cit.,我们已在本书后记的第一个注解中提过这本著作。

〔24〕 Raymond Paternoster: "Decisions to Participate in and Desist from Four Types of Common Delinquency: Deterrence and the Rational Choice Perspective", *Law & Society Review* 1989.

〔25〕 Amsterdam:North-Holland 1994a and Rogaland: Rogaland Mediesenter 1994b respectively; 亦可参见 Kriminaløkonomi-De ukjente studier av almenprevensjon" (The Economics of Crime-The Unknown Studies of General Prevention), *Tidsskrift for Rettsvitenskap*, No. 1—2 1999, pp. 77—99.

性模式所作的23个被逮捕概率的研究显示，被逮捕概率增加1%后，犯罪率估计降低0.52%。在所作的55个惩罚概率的研究显示，被判刑概率增加1%后，犯罪率估计降低0.70%。在所作的42个平均监禁刑期研究显示，惩罚程度增加1%后，犯罪率估计降低0.45%。换句话说，惩罚的严厉程度具有最小的效果。就打击犯罪，保护人民安全方面，这些效果实在微不足道，一般人根本就不会注意到任何差异。此外，关于这个报告，我们应注意几个问题：

第一，在这个研究模式中，惩罚变量增加为1%是一个随机选择。但是，这个惩罚变量也可以增加到10%、20%或是任何百分比。惩罚变量从1%增加到20%，当然也会大幅提高效果，但这只是在研究模式中的情况。然而，如果这样大幅地增加惩罚变量，就社会现实来说，立刻就会面临几个严重的社会学问题，该研究模式的实用性也因此遇到同样的问题。这些问题包括惩罚程度提高后，犯罪预防效果的逐渐减少。此外，一般来说，惩罚程度大幅改变后会产生反效果。例如，在某个领域提高惩罚的严厉程度，即便非常可能将犯罪活动导向另一个领域。如同我的一位工作伙伴曾经说过："研究模式的用处只限于模式的世界。"

第二，一些重要的犯罪领域也清楚地显示这类理论缺乏惩罚程度的效果。其中一个主要的例子，即是与毒品相关的犯罪。即使在挪威将与毒品相关的惩罚严厉程度大幅提高，使目前这些罪行的最高惩罚程度达21年的刑期，似乎对于严重的毒品相关犯罪的作用还是微乎其微。相反，这可能会增强这个犯罪领域所具有的隐藏和组织的特性。艾迪实际上也承认这个问题（Eide 1999 op. cit., pp.105—108），并试着用市场化的理性理论来作分析。重要的是，他以相当广泛的方式对这个问题作出结论（由本书作者从挪威文译成英文，该书第108页）：

> 实际上，这种情形并不局限于毒品市场。关于立法和其他规则制定的问题，很可惜的是在市场上的效果往往存着不确定性。造成这个不确定性的一个重要原因，就是缺乏对于理性行动者如何调整行为的分析。理性行动者们通常具有令人头疼的能力，能够以某种不符合公共干预方向且让许多人出乎预料的方式调整行为。

第三，当我们将结果分布纳入考量时，报告中所观察到的惩罚严厉程度的效果变得令人质疑。由于0.45%的犯罪降低率是一个中位数的估计,这表示有一半的研究显示较小的结果,另一半则显示较大的结果。由于该报告中含有42个研究,即表示其中有22个研究显示较小的效果,另外有22个研究显示较大的效果。事实上的结果是,在惩罚程度增加1%后,犯罪率估计最高降低1.14%,最低降低0.39%,其中差异甚大。总而言之,这显示了这些研究所提出的效果不但不清楚,反而相当模糊,而且具有许多不确定性。

第四,以经济模式来解释实际生活中犯罪或其他人类行为的相关问题仍然没有解决。尤尔根·弗兰克(Jürgen Frank)(请参见本书第49—50页)等人提出了几个问题:首先,在某个领域提高惩罚的严厉程度,即便非常可能将犯罪活动引导向另一个领域。其次,对于人类行为总是以由当局和研究学者所定义的惩罚的"代价"和犯罪的"收益"之间作"理性的"选择为导向的基本假设,的确是有问题的。对于犯罪行为这个领域来说更是如此,因为犯罪者常常受到完全不同的次文化价值、集体和个人偏好和心理驱力的影响。"代价"和"利益"的概念当然也可以扩展并包含这些价值和偏好(这也是艾迪所作的尝试)。但是,如此一来,这个以"代价"和"利益"之间作理性选择的概念就包括了所有的情况,却没有解释任何情况。最后,认为人类的"成本效益计算"中所有种类的"利益"都能够转换成如金钱和时间这类可以计算的因素的这种相关基本假设,事实上是令人质疑的。在次文化中的身份和地位或是对于海洛因的渴求,就无法使用这个方式来转换。

安德鲁·冯·赫希和他的研究伙伴们在近期的一份对于一般预防研究的报告中所作的结论和我在以上所作的总结论一致。[26] 预期惩罚概率和犯罪率彼此在统计上存有显著的关系,即被逮捕的概率愈大,犯罪率就愈小。但是一般来说,惩罚的严厉程度和犯罪率之间并不存有在统计上显著的关系。在该报告的作者们所审阅的3个近期经济计量研究中,两个研究使用的测量方法未对惩罚概率和严厉程度作区分。第三个研究则将威慑的效果和剥夺犯罪能力的效果混为一

---

[26] Andrew von Hirsch *et al.*: *Criminal Deterrence and Sentence Severity*, Hart Publishing 1999.

谈:然而,所谓的"边际威慑效果",情况也差不多。"边际威慑效果"针对增加惩罚概率和严厉程度后,会增加多少额外的效果。然而,这些研究也证明判刑概率和犯罪率之间在统计上显示出显著的关系。但是这些新的研究和之前的研究一样,未能显示惩罚严厉程度和犯罪率之间有明显和一致的关系。稍微提高惩罚严厉程度,对于犯罪率的降低似乎没有什么效果。大幅提高惩罚严厉程度,可能会对降低犯罪率产生一些效果。但是如此的做法是否真正达到效果且会增加多少效果,是以如犯罪者的门限值等因素而定。此外,对于极为严重的犯罪者来说,这也可能造成反效果。这个报告的作者们在一个声明中作出以下的结论(p. 47):"因此,针对近期有关美国更严厉的惩罚在威慑阻遏犯罪方面具有相当大的成就如此的声称,这些数字给予相当微弱的依据。"

简而言之,监狱无法以一般预防作为辩护。[27]

剥夺犯罪能力

剥夺犯罪能力的情况也没有比较好。

美国的经验可清楚地显示集体性剥夺犯罪能力的情况。如同谢尔顿·默辛哲(Sheldon Messinger)和理查德·伯克(Richard Berk)指出的,美国监狱人数的巨幅增加,或许可被视为一种集体性剥夺犯罪能力的实验。我在本书第 4 章节(第 81 页)讨论过,由美国国家司法研究所赞助,艾尔弗莱德·布卢姆斯坦恩(Alfred Blumstein)主持的犯罪生涯研究小组,在 1986 年出版了两册重要的报告。[28] 该小组对于剥夺犯罪能力极为重视,并发现集体性的剥夺犯罪能力只有微小的效果(请参见本书第 81 页)。我们特别需要补充和注意的是,对于暴力

---

[27] 我在第 4 章提过有关挪威法律教授贾斯·安德内斯(Johs. Andenæs)对于一般预防所采取的立场。为了公平起见,我应该在此附加说明。虽然贾斯教授依然认为一般预防是犯罪控制系统的基础,但是从 1990 年到他 2003 年去世之前,他对于某些犯罪类型的惩罚程度的重要性所采取的立场有了重大转变。因此,他对于如毒品相关的犯罪的严厉惩罚程度提出强烈的批评,并指出这些惩罚的效果相当微小,因此量刑应该变得更宽容。在这方面,他强烈反对挪威官方和政治人物对于毒品问题的想法。请参见他所著的 *Straffen som problem* (Punishment as a Problem)(惩罚这个问题),Halden: Exil Publishers 2. ed. 1996。

[28] Alfred Blumstein et al. (eds.).: *Criminal Careers and "Career Criminals"*. Washington D.C.: National Academy Press 1986.

犯罪而言,它的效果更是微乎其微。[29]

瑞典的研究学者们曾经尝试就假设巨幅增加监狱人口后所产生的效果进行计算。例如,简·安德森(Jan Andersson)发现如果对所有的人在其第二次犯罪时施以两年无条件监禁刑(实际上这是一个不可能的提案),即可避免28%的犯罪审判。[30] 但是这样会使该国监狱人口增加500%,并使瑞典成为全球监狱人口最高的国家。最重要的是,这个犯罪率降低的效果会在很短的时间内迅速减弱。安德森的计算是根据三个的假设,我们知道这些假设其实都是站不住脚的：第一是假设所有的犯罪者处于被逮捕和判刑的风险,但是我们知道事实上并非如此。第二是假设预防的犯罪不会被其他的犯罪取代,我们知道实际上不是如此。在一些如毒品的重要犯罪领域,新的犯罪者和犯罪会取代之前的犯罪者和犯罪。第三是假设监狱不会对于被监禁的人在出狱后的累犯方面产生任何不好的影响。从大量的改造研究中,我们了解到事实并非如此。

最后,我们必须注意一个极为重要的事实,每一年都会有新的一代诞生,而且每一代都会达到"犯罪成熟点"。换句话说,新进的犯罪者是一直出现的。这表示如安德森(或是美国的经验)所建议的大幅集体性剥夺犯罪能力实验所带来的少许效果很快就会消失。为了保持原来的效果,就必须不断地做这般的监禁,并且不释放"原先的犯罪者"。如此一来,监狱就更为膨胀,但是由于新进的犯罪者一直出现,该效果又会再度消失,因此便形成了一个恶性循环,这也正是美国今天的现状。

选择性剥夺犯罪能力又如何呢？ 在这方面,有几个新的预测方法,试着使原本的方法变得更完善。但是错误肯定(以及错误否定)的比例还是很高。甚至理查德·赖特在他试着为监狱作辩护时也承认这一点。他提到了几个美国的预测工具,其中两个尤为重要：一个预测工具是由 INSLAW 股份有限公司在 1970 年对从联邦监狱被释放的

---

[29] See Albert J. Reiss and Jeffrey A. Roth (eds.): *Understanding and Preventing Violence*. Panel on the Understanding and Control of Violent Behavior. Washington D. C.: National Academy Press 1993.

[30] Jan Andersson: *A Longitudinal Simulation Study of Incapacitation Effects*. Stockholm: Department of Sociology, University of Stockholm 1993.

1 700 位受刑人作为期 5 年的累犯的回顾性研究时发展出来的。另外一个称为重要因素量表(The Salient Factor Score)的预测工具,则是在一个针对 1970 年前 6 个月从联邦监狱释放的 900 位受刑人作为期两年的研究时所发展出来的。在 INSLAW 地研究中,被预测为"惯行犯"的受刑人在 5 年内显示了 15% 错误肯定,这个比率显得非常小。然而,这个预测工具所使用的研究方法没有受到许多详细的审查。此外,这个工具所得到的结果和其他我所知道的预测工具所得的结果有明显的矛盾。再者,在一个针对 1978 年前 6 个月从联邦监狱释放的受刑人中 3 400 个样本所作的研究时,所采用的重要因素量表显示,在被列为极为可能累犯的样本中,错误肯定为 34.5% (请参见赖特的著作,第 122—123 页)。在先前所提及的简·安德森在 1993 年的著作中,安德森也在他针对所有出生于 1953 年且在 1963 年住在斯德哥尔摩的人所作的研究时发展了一个预测工具。该研究假设所有被预测具有高度累犯风险的罪犯,在第二次犯罪时给予两年的刑期,他估计将可避免 7% 的犯罪审判。但是如此一来,监狱人口将增长 78%。这个估计所用的 3 个站不住脚的假设,与上述他估计集体性剥夺犯罪能力效果时所用的假设相同,并且忽视新进的犯罪者的影响。最重要的是,安德森的这个研究再次显示了相当高的错误肯定,即 44.5% (Andersson 1993, p. 64)。简·安德森显然是支持选择性(和集体性)剥夺犯罪能力。如同瑞典犯罪学家亨利克·谭(Henrik Tham)曾经在与安德森所研究的主题相同的一份报告中所述(Tham 1992, p. 29): "安德森的确揭示了在刑事政策方面,剥夺犯罪能力不是一条可行的道路。"[31]

此外,我们必须提到有关对于患有特殊精神障碍者所作的暴力预测。一些研究学者对于这些人的危险性预测原本抱着怀疑的态度,之后持着有限度的乐观态度,而后又持着原来的怀疑态度。以在该领域具有举足轻重的地位的约翰·莫纳什(John Monahan)为例,他在 1981 年评估了 5 个大型的研究,并在结论中指出:精神病专家和心理学家对于曾经有过暴力行为并被诊断出具有精神障碍的受刑人所作的暴

---

[31] Henrik Tham: Inkapacitering inte en kriminalpolitisk framkomlig väg"(剥夺犯罪能力不是一条可行的刑事政策途径)*Apropå* nr. 3 1992, pp. 26—31.

力行为预测中,只有 1/3 的预测是正确的。[32] 但是,到了 1994 年,他开始比较重视统计方法(也称"精算法"),而比较不重视临床方法,他的看法也因此变得不同。他和亨利·斯特德曼(Henry Steadman)一起写道,有关对于哪些人会变得危险的确定性所作的预测,其可能性比以前大。[33] 他在另一个以统计所设计的研究中指出,滥用毒品、之前的暴力行为和年龄三项加起来后,与受刑人释放后的暴力行为有显著的关系。[34] 但是我们如果详细地来看这些结果,就会发现实际情况并不是如此:

莫纳什在 2004 年发表的一篇文章中,针对所谓的"麦克阿瑟暴力风险评估研究"(MacArthur Violence Risk Assessment Study[35])的一些方面作出评论。在该研究中,约有 1 000 位的精神病患者在释放时接受访谈,并在之后接受间隔性的访谈调查,同时在同一地区也另有独立的控制样本。经由一个具独创性且可靠的统计方法,被预测不会有暴力行为的人做出了暴力行为的错误否定比例降到 4%(p. 259)换句话说,被预测不会做出暴力行为的人确实没有做出犯罪行为的正确否定占 96%。这显示了相当高的预测准确度。

但在同时,被预测会做出暴力行为的人没有做出犯罪行为的错误肯定占 56%(第 259 页)。正确肯定,也就是被预测会做出犯罪行为的人,结果真的做出犯罪行为的占 44%,这显示相当低的预测准确度。

错误肯定有很大的比例,即表示许多人经常因为这些错误的预测而被判处长期监禁,这也代表法庭中的法律保障和法律规则的基本问题。

其他的研究结果也基本相同:当受刑人被预测不会做出暴力行为

---

[32] John Monahan: *Clinical Prediction of Violent Behavior*, Washington D. C.: Government Printing Office 1981, quoted in John Monahan and Henry J. Steadman: "Toward a Rejuvenation of Risk Assessment Research", in John Monahan and Henry J. Steadman (eds.): *Violence and Mental Disorder. Developments in Risk Assessment*, The University of Chicago Press 1994, pp. 1—17.

[33] Monahan and Steadman 1994 *op. cit.* pp. 1—17.

[34] Monahan and Steadman 1994, *op. cit.* pp. 1—17.

[35] John Monahan: "The Future of Violence Risk Management". In Michael Tonry (ed.): *The Future of Imprisonment*, Oxford University Press 2004, pp. 237—264; see especially p. 259.

时,准确性就高。但是当受刑人被预测会做出暴力行为时,准确度就低。[36]

关于约翰·莫纳什,我要指出最后一点:在 2008 年的《精神病医疗服务期刊》(Psychiatric Services[37]) 上有一个关于"麦克阿瑟暴力风险评估研究"的新辩论。"麦克阿瑟暴力风险评估研究"已被普遍认为是显示精神障碍者并不比其他的人更具有暴力的风险的研究。该研究被福乐·托利(E. Fuller Torry)和乔纳森·斯坦利(Jonathan Stanley)抨击,他们在读过了一些有关该研究的书籍、文章和章节后,即认为该研究的结论必须修改。但是莫纳什和斯特德曼面对托利和斯坦利的六个方法学上的抨击,都给予相当好的反击。其中特别重要的是针对在滥用毒品这个因素受到控制后,精神疾病和危险行为之间的关系即消失这点,其他的研究也显示这个同样的重要结论。[38] 莫纳什和斯特德曼也指出,社会大众认为精神疾病所具有的暴力风险其实"远超出"实际上的风险。

此外,再加上选择性剥夺犯罪能力的道德问题,我们就可了解整个情况。当这些预测工具被执行时,预测本身的不正确性构成重要的

---

[36] 安德鲁斯和班塔强调(op. cit., 1998 edition)以"需要"原则作为受刑人接受特定处遇以及预测方面的基础。在预防方面,他们所预测的正确否定——即表示他们所预测的具有低风险且不会再犯的罪犯,确实没有再犯——所占的成功率相当高,超过 90% (Andrews and Bonta 1994, p. 172; 1998, p. 232)。他们认为这是选择转入开放式中途之家的罪犯的合理基础。事实或许确实如此,但他们在同时也预测出相当高的错误肯定——即被预测具有高风险且会再犯的罪犯,但实际上没有再犯[詹姆斯·班塔于 1998 年冬天在挪威特隆赫姆(Trondheim)的研讨会上的口述;亦可参见 Andrews and Bonta 1994, p. 172,两位作者们在此文献报告超过 50%的高风险罪犯成功地渡过他们在中途之家的安置期。据我所知,在安德鲁斯和班塔 1998 年的文献中并没有包括这个重要的资料]。

从总体的预测层面转化成对于个人的量刑层面也会造成很大的不公平。这类的研究应该激励关于心理学家的专业道德这方面的讨论,提出到底谁是心理学家的客户这个问题——是大众或是个人? 针对这方面,以及关于由这类研究所产生对于"精算/统计"方法的评论,请参见 Maeve McMahon: "Assisting Female Offenders: Art or Science?" Chairperson's Commentary on the 1998 Annual Conference of the International Community Corrections Association, Arlington, Virginia 27—30 September 1998。

[37] John Monahan, Jonathan Stanley, Henry J. Steadman and E. Fuller Torry: "The MacArthur Violence Risk Assessment Study Revisited: Two Views Ten Years after its Initial Publication", Psychiatric Services Feb. 2008 Vol. 59 No. 2 s. 147—152.

[38] Seena Fazel et al.: "Schizophrenia, Substance Abuse, and Violent Crime", JAMA 2009; 301 (19), s. 2016—2023. The risk was low in schizophrenic patients without substance abuse. 作者们将药物滥用视为具有"中介"效应。

道德问题。

但是,我们也应该提到近来各种为在暴力、危险和危机方面的低度预测能力和低相关性作辩护的论点。这些论点大致上认为,即使预测是不正确的,仍然可以被接受且被视为是有用的。

第一,理查德·赖特的论点是,虽然预测的确会不精确,但是总比随机性好,也至少比检察官、法官和社会工作者在法庭上以随意和信息不足的背景预测好。这些相关的论点具有四个问题:

首先,其他的研究学者们认为预测结果并非比随机性来得好。罗伯特·孟西斯(Robert Menzies)与其研究伙伴们指出(第9页)[39]"目前有一些研究资料可以证明,暴力行为与这些如精神状态、犯罪前科和社会阶级等个人分类和条件之间仅有微乎其微的关联。……甚至那些显示具有区别效应的因素——如年龄、性别和先前的暴力记录等因素——仍明显地缺乏预测能力……再者,精神疾病学家和其他专业人士所采用的直觉判断在预测能力方面也没有什么贡献。……统计和心理测量的工具虽然在误差上不是那么显著,但在对于危险人士的临床和刑罚分类上,仅有相当小的实际价值。"孟西斯与其研究伙伴们发现,要达到0.40的相关系数是极为困难的。如同前面所述,近期的研究显示错误否定(被预测不会再犯罪的人,结果再犯)的比例很低,但是错误肯定(被预测会再犯罪的人,结果没有再犯)的比例也很高。

其次,即使这些预测工具或许比随机好一些,但是在法庭上,随机并不是一个可用的标准。将预测工具与随机相比较,在法庭上是毫无意义的,因为法律实践不是,也不应该以有关随机的考量为基础。如果有人说"这个检验可能会有许多错误的预测,但是至少比以掷钱币来作决定要好",法庭一定会立刻以该论点完全不可采用来予以驳回,因为在法庭上并不是以掷钱币来作决定的。

再者,预测仅是法庭必须做的整体评量中的许多因素之一。其他至关重要的因素包括对于过去经历的考量、减罪和加罪的情节、人道和公平性,等等。换句话说,在法庭上作决定,必须对所有的价值作整

---

[39] Robert Menzies et al.:"Risky Business: The Classification of Dangerous People in the Canadian Carceral Enterprise". In L. A. Visano and K. R. E. McCormick (eds).: *Canadian Penology: Advanced Perspectives and Applications*. Toronto: Canadian Scholars Press 1992.

体的评估。即使法庭行政官员以随意和信息不足的背景来作预测,仅依靠预测工具则会在基本上完全扭曲法庭的整体评估,使其偏向预测的狭窄方向。

最后,也是最重要的一点,所有的预测工具或多或少都会依靠一些如工作经历、家庭历史和毒品使用经历等的社会因素。因此,在工作、家庭、毒品使用等方面表现失败的人,也会被预测为具有高度风险者。我在本书有关剥夺犯罪能力的章节指出,预测时仅依靠这类的因素所导致的长期监禁和特别严厉的惩罚,从道德的观点来看,是完全不可接受的。

第二,有一个论点指出,一般医学研究也具有很低的相关性,所以在暴力、危险和危机方面的低相关性大概也可以被理解和接受。[40] 由于一般来说,相关性都是很低,所以我们应该对于在暴力、危险和风险方面的低相关性感到欣慰。这个论点忽视了一个事实。那就是,在暴力等领域的总体层面的低相关性涉及在个人层面上以惩罚或刑罚形式刻意地施以痛苦,这和一般医学研究的正常情况完全相反。然而,正是这个将在总体层面上低相关性和风险的评估转化成在个人层面上刻意地施以痛苦的一点令人无法接受。

这一点也可以换个说法:如同罗伯特·卡斯特尔(Robert Castel)所指[41],当专家们针对危险人士的个别特性时(且预测呈二分变量),他们很容易就会被证明是错误的。但是如果他们所用的措辞变得比较强调概率或是风险,尤其是用来针对某些类型或群体时,他们的预测就比较不会受到这类批评,也可能比较容易被接受。但是,如果这些预测用于法庭,当作法庭作决定的基础,总体层面的概率性预测也同样具有针对个人层面作出错误决定的危险。在这种情况下,专家们比较不会受到抨击,但是个人所受到的后果是完全相同的。此外,如同卡斯特尔所指,以福柯的思考方式来看,如此将有关危险的措辞转换成风险或是概率的措辞,不但会扩张监狱的网,还会使风险预测变得更加正常化。

---

[40] Oral statement made at the XXI International Congress on Law and Mental Health, Tromsø 1995.

[41] Robert Castel: From Dangerousness to Risk", in G. Burchell *et al*. (eds.): *The Foucault Effect: Studies in Governmentality*, Chicago: Chicago University Press 1991, pp. 281—98.

看到预测明显的差劣,预测工具的预测能力低且具有低的相关性,我们或许会问:为什么这些方法还继续存在呢?为什么我们要这些相关性仅提升少许的新的预测工具呢?我们又为什么要为这些低的相关性作辩护呢?我认为这些问题的主要答案,在于犯罪学和犯罪的社会心理学的研究文化。该研究文化在过去25多年以来,从一个原本批判性的学科变得愈来愈以机构化为导向。如果引用皮埃尔·布迪厄(Pierre Bourdieu)的用语来说[42],这个曾是非正统且具批判性的犯罪学,已经从原本的"非主流化"变得愈来愈"正统化",并且在"可被接受的"界限和"可被接受的"条件下作其讨论。到最后,该学科甚至变成了主流的一部分,并被视为是理所当然的,而认为预测显然是理性的看法就是其中一个例子。[43] 现今,监狱系统中最重要的一个正当性就是剥夺犯罪能力,其中包括集体性剥夺犯罪能力,但也融合选择性剥夺犯罪能力,这也是国际上各种监狱系统大幅增长的主因。"三振出局法"模式便是粗糙的美国版本的集体性剥夺犯罪能力。但是,以预测暴力、危险和风险为核心的选择性剥夺犯罪能力,为整个剥夺犯罪能力项目加上了假设的科学合理性这个重要元素。而研究学者们也跟着这么做,因为如此行事可为他们带来财富、声望和权力感。

正义

最后,我要提到有关监狱的正义论点。安德鲁·冯·赫希在1993年所著的《谴责与惩罚》(*Censure and Sanctions*[44])是一本在近期有关正义(或称"应得的惩罚")模式的主要文献。这本书大部分的内容是冯·赫希针对各种有关"应得的惩罚"模式的批评所作的反击。在此,我要提出特别重要的两点。

首先,在罪行的严重程度与惩罚的严厉程度之间寻求精准的平衡

---

[42] Pierre Bourdieu: *Outline of a Theory of Practice*. Cambridge: Cambridge University Press 1977, Chapter 4.

[43] 我在"Selective Incapacitation Revisited", *Law and Human Behavior*, Vol. 22, No. 4, 1998, pp.455—469[这是我在1995年特罗姆瑟(Tromsø)举行的第21届法律和心理卫生国际会议上所发表的文献]中针对研究文化的概念作了详细说明,这个概念或许可以用来解释为什么尽管预测的效果相当微小,学界仍持续专注于提升和捍卫预测方法。

[44] Oxford: Clarendon Press 1993.

乃是"应得的惩罚"的主要目的。而冯·赫希在作这个尝试的时候,他再度试着躲避以道德作为判断不同罪行的严重程度的基础这个问题。我在本书有关正义的第5章节已经指出,以道德作为判断罪行严重程度的基础为"应得的惩罚"理论带来了一个严重问题,因为道德的含义就时空而言,是相对和变异的。如前面所述,冯·赫希在他1986年所著的书中以强调伤害的实际特性来避免这个问题,而这些伤害或许是以实证来研究。但是,他加上了一个很重要的限定条件,那就是对于犯罪伤害的实证调查必须包括价值判断。此外,他还指出,犯罪严重程度另含有归责这个重要的元素,这表示这个元素也涉及价值判断。因此,他如此强调价值判断,其实并没有避开犯罪的道德评价问题。

冯·赫希在他1993年的书中尝试以另一个方法来逃避这个问题。他将伤害的概念依附在人们的"生活水平"上。以冯·赫希的用语来形容,这个概念包含经济和非经济方面。根据冯·赫希来看,罪行的严重程度可按照一个人的生活水平被降低的程度分级。我个人认为,犯罪会降低人们的生活水平的这个概念的确没有错,但是以这个概念作为犯罪分级的基础,是相当困难的。住家被偷窃对于无技术劳工、中产阶级的上班族和富有的船商的生活水平的影响各有很大的不同,因而偷窃是否应该按照他们生活水平所受到的影响程度作区分和分级呢?如此的分级可能有些依据,住家被偷窃对于劳工生活水平的影响可能比中产阶级的上班族更为严重,而对中产阶级上班族的生活水平的影响可能比富有的船商更严重。但是,这种分级和"应得的惩罚"模式所强调的精确区分犯罪等级截然相反。这种分级概念要求对于各种犯罪使用非常独特和具有变化的处理方式,而不只是用"应得的惩罚"表来计算罪行应得的惩罚。一般而言,这个概念依然含有道德的问题,因此也必然具有相对和可变的特性,而"生活水平"本身也是一个规范性概念。

第二,冯·赫希以提出如何固定惩罚尺度问题处理犯罪和惩罚等式中的惩罚部分。我们曾在本书有关正义的第5章节提到,冯·赫希在他1986年所著的书中曾试着以可用的监狱空间作为固定惩罚尺度和所谓的惩罚基本规模的基本条件。我们应该检视这个暂定的惩罚尺度和基本规模是否合乎基本的相对比例限制。在某些情况,监狱的空间小到无法达到标准,以至于即使犯下严重罪行的犯罪者仍旧没有被判入狱,这即表示必须增加监狱的空间。另一种情况是,监狱的空间太多,以至于犯下较轻微罪行的犯罪者也被判刑入狱,这即表示必须减少监狱的空间。

我在前面的章节中已经对于依据监狱空间作为标准作了批评,因为监狱的空间往往是由一个国家或州政府特定的经济和政治历史所作的决定。以此作为固定惩罚尺度基本固定点的出发点,其本身就是个令人非常不满意的标准。此外,针对决定惩罚方面来说,这个办法全属考量之外,因为它完全不属于"应得的惩罚"模式所强调的测量办法。我认为,以监狱空间作为标准很难找到惩罚的"固定点"。耐人寻味的是,冯·赫希在他1993年所著的书中,反驳了以监狱空间作为标准的这个论点。他写道(第40页):"简而言之,刑罚制度的容纳空间是一个政策问题,该政策应该基于惩罚尺度被固定的方式,而不是反之亦然。"

然而,冯·赫希提出什么替代办法呢?这个问题的答案值得我们思考:那就是对于一般预防的考量。更详细地说,他所指的并不是传统式对于预防所持的"最优化"观点,也就是说,以对于最大预防效果的猜测作为固定惩罚程度的基础。相反,冯·赫希提出的是一个"减量策略",该策略将惩罚降低到不会减少预防效果的最低惩罚点,因为低于这个最低点就会导致犯罪的增加。我们必须了解,冯·赫希的意思是这个最低惩罚点就是惩罚尺度的最低固定点。

我认同冯·赫希对于降低惩罚程度的重视。我们都知道,针对最大预防效果的"最优化"策略,除了为许多接受长期刑期的犯罪者带来更多的不幸和痛苦之外,没有其他任何效果。此外,我也赞同他认为我们可以将惩罚程度降低但不增加社会犯罪的这个观点。让我再次强调,惩罚程度不是犯罪率上升或下降的原因。但是,就"应得的惩罚"模式来看,冯·赫希的这些观点有两个基本问题。

第一,冯·赫希在1986年所著的书中(该书的第47—60页,亦可参见本书有关正义的章节),以及1993年所著的书中的第一个部分(第12—13页),一般预防的考量被视为使社会更具安全而施用惩罚的原因,而不是刑罚制度的具体组织和使用的原因。但现在该考量却被放在刑罚制度的组织和使用的核心,也就是说,"应得的惩罚"所必备的具体惩罚尺度的固定点,现在是依预防的考量而定。

第二，如何固定具有预防效果的"最低惩罚点"（这个概念给人一种精确的假象）的问题依然存在，我们甚至会问，如此精确的"惩罚点"是否真的存在？这对以具有预防效果的"最低惩罚点"当作惩罚尺度的固定点来说，造成很大的问题。因为如此的固定点不但模糊且不稳定。再者，这也表示这个固定点以及惩罚尺度，非常容易受到社会的舆论倾向和政治变化等影响。在如今许多西方国家所具有的右派兴盛时期，人们对于必要的最低惩罚点的看法将很容易变得更严厉，继而使得惩罚程度上升而非下降，这显然与冯·赫希的意图互相抵触。实际上，惩罚程度可能会借由看起来似乎精确的惩罚尺度"固定点"而大幅上升，因为这个惩罚尺度原本就不具稳定的基础。[45]

"应得的惩罚"理论或许看起来像是在为监狱做少许辩护，然而该理论近来的发展没有在这个辩护方面作出任何加强。[46]

监狱行刑替代办法是否会变成附加办法？

简而言之，过去几年来，许多国家的监狱人数急剧上升，再加上近年有关监狱的研究也没提升对于监狱辩护的论点。这使得本书中反对监狱的论点在当前比过去还更为重要。我们应该怎么做呢？

我在本书的最后一个章节，也就是第 6 章，回答了这个问题。在这篇后记中，我要为该章节补充两点。

第一点与监狱行刑替代办法这个问题相关。在本书的最后一个

---

〔45〕 值得一提的是，有一些学者（虽然不是冯·赫希）为了达到让人们相信预测方法的这个目标，将"应得的惩罚"的理由与危险性的预测的理由结合。因此，诺威尔·莫里斯〔在他所著的"'Dangerousness' and Incapacitation", in A. Duff and D. Garland (eds.): *A Reader on Punishment*, Oxford: Oxford University Press 1994, pp. 241—260 中〕一书中指出："应得的"惩罚的上限和下限可界定出功利价值的范围。对于莫里斯来说，功利价值不但包含宽容和对于他人的理解，也可预测危险："在遵守之前所定的前提下，危险性的预测可能会适当地影响量刑裁决（p. 354）。"这个论点忽视了一个事实，那就是即使学者们做了许多努力，至今还是没有任何人能够成功地"固定""应得的"惩罚的上限和下限，也就是"应得的"惩罚的基本价值。因此，应得的惩罚的上、下限可能会在"正义"和"应得的惩罚"的名义下，以如剥夺犯罪能力的考量为由而提升。如此，"应得的惩罚"可能让剥夺犯罪能力看起来具有正当性。

〔46〕 除去社会因素的"量刑表"出自"应得的惩罚"理论，并在美国受到相当广泛的支持。对于这个"量刑表"的评论，请参见 Christie op. cit. Chapter 8 ("Modernity in Decisions")，他写道（第 136 页）："基于它的简洁性，该理论已成为快捷司法程序以及在刑事程序中对罪犯去人格化的最佳理论"。

章节中,我反对依赖如社区服务、去监禁化项目等传统性监狱行刑替代办法的发展。我在该章节中指出,这些"监狱行刑替代办法"并没有真正地替代监狱,反而变成了该系统的附加办法。如此不但没有缩减整体的正式控制系统,反而使其扩展,并且让监狱系统持续不变。

根据近来所有西方国家监狱人口巨幅上升的现象看来,我的这个看法至今依然相当正确。到目前为止,如果有关监狱行刑"替代办法"的实验实际上存在的话,这些实验绝对没有在监狱趋势倒转方面作出任何重大的贡献。然而,根据最近的一个研究显示,监狱行刑替代办法的发展或许不应该被像我在本书最后章节中那么断然地否决。我所指的是由爱尔兰/加拿大籍的犯罪学家麦薇·麦克马洪(Maeve McMahon)在《持续存在的监狱? 重新思考去监禁化和刑罚改革》(*The Persistent Prison? Rethinking Decarceration and Penal Reform*[47])一书中(请参见 McMahon 1988b,及本书第 150 页)对这个研究领域所作的重要文献。麦克马洪在她的书中,对于斯丹利·柯恩等人在"监狱行刑替代办法"的评论所用的数据中重要的部分(尤其是加拿大的数据),提供了一个实证性的重新分析(请参见本书第 6 章节)。这个重新分析有力地证明,去机构化的监狱行刑替代办法实际上还是对监狱的运用有一些有限的影响,在某些时期甚至将监狱系统缩减了一些。这是一个相当重要的发现。

其中,"恢复性司法"的构想可能特别具有效果。这也就是说,刑事犯罪或许可被视为各方之间的冲突,而冲突或许可以用谈判来解决。犯罪者和受害者可由一个中立的第三者约聚在一起。双方可就恢复受害者尊严的方法和具体措施进行讨论并达成协议。这个办法是以沟通作为寻找具体措施解决或改善冲突的方法。这个办法必须双方自愿,虽然不是所有的犯罪都适合使用这个办法,但能使用这个办法的犯罪比一般人想象得多,其中也包括严重的暴力犯罪。以恢复性司法作为监狱行刑替代办法是目前犯罪学家们慎重讨论的焦点。此外,一些国家已经成立了所谓的争议解决委员会,挪威也是其中之一。

麦克马洪的文献应该纳入刑事政策的考量,也绝对应该使刑罚政

---

[47] Toronto: University of Toronto Press 1992.

策更能接受监狱行刑替代办法。但是这个对于监狱行刑替代办法的接受方面还是必须维持其批判性,因为"监狱行刑替代办法"还是极有可能变成监狱法网扩大的附加办法,而不是真正的监狱替代办法,国际上有许多例子清楚地显示了这个可能性。争议解决委员会当然也是如此,除非我们刻意采取一些措施来预防上述的情况发生。此外,即使成功的监狱行刑替代办法在效果上还是相当有限,也仅是对监狱的运用做微小的缩减。我们应该再次记住近期监狱人口的巨幅增长。一些监狱行刑替代办法也存有某些有关道德的问题,比方说,在社区中用现代化电子设备来控制某些人。作为犯罪控制的一部分的电子监控可能会被扩展到其他的领域,进而成为主要和一般的监控方式,我们其实已经看到这种发展趋势。基于这些原因,在监狱行刑替代办法方面,我们也的确需要一些如同我在第 6 章中所提到的更为有效的对策。

其他的公共空间

我的第二点是有关抵抗。监狱系统的扩展遍及所有西方国家(以及其他地方),这种趋势已经将我们的社会带到一种具有压迫性社会控制的新层面。这种情况不但没有为犯罪者和受害者带来任何利益,也威胁着我们社会中的民主传统。因此,我们必须抵抗这种情况。然而,我无法在这篇后记中对于对抗的策略作完整分析(有关这方面的讨论请参见我所著的《权力与抗衡权力》[48],此书英文为"Power and Counterpower",挪威文为"*Makt og motmakt*"),但是我可以在此提供一个思考方向。

我是以当代西方社会的公共辩论与对话领域为出发点。如今,就犯罪和惩罚而言,这个领域几乎完全被大众传媒所控制。我在前面对于否定监狱彻底失败的三个所谓"公共领域"的讨论(本书第 129—130 页)中,已经提过大众传媒。但是随着 90 年代的逝去,以电视为先锋和模式的大众传媒具有愈来愈明显的重要性。如今,电视往往强调耸动的题材和惊悚的犯罪故事,并以愈来愈老练的编剧方法来呈现这些故事。以此看来,将电视看成促成监狱扩展的一个重要条件,不再

---

[48] Oslo: Pax Publishers 1982;并以德文出版 AG Spak Bücher in München, 1986。

是那么不可思议。虽然这些惊悚的故事有一部分是以故事的方式呈现的,但最重要的是,这些故事还有一部分被当作是"信息"和"新闻"来报导。电视已成为一个巨大的娱乐企业,该企业以犯罪和监狱作为重要的元素,渗透了信息和新闻,使得"信息娱乐"这个概念变得更具重要性。有一些国家虽然没有西方式的大众传媒和电视,但他们的监狱依然扩展。因此,大众传媒并非是监狱扩展的必要条件。然而,在西方国家的环境中,大众传媒和电视可能是必要的条件,它们或隐或现地在犯罪的故事中反复不断地让"好的一边"与"坏的一边""交战",作出社会"需要"更多的监狱和警察以及监狱和警察是我们社会唯一的救星这般的宣导。政治人物和其他的决策者则必须适应大众传媒所编造出的景象,并顺其方式出牌。

我这个说法其实一点也不新颖或是具有独到的见解。[49] 但重点是,西方社会对于大众传媒的抵抗才是重要关键。但是这要如何才能做到呢?这个关键字是"替代性公共空间",在挪威语是"alternativ offentlighet",德语是"Alternative Öffentlichkeit",而英语则是"alternative public space"。它的意思是在大众传媒(尤其是电视)范围外建立一个替代的公共空间,并以论证、有根据的评论以及具有原则性的思考作为该公共空间的主要价值。然而,我认为一个替代的公共空间的发展,不论是在针对监狱的情况或是其他问题方面,都应该包括以下三个要素。

第一个要素是从我所谓的"大众传媒的吸收力"中解放。关于这一点,我已经在其他的地方提过。[50] "大众传媒的吸收力"的情境定义表示一个人的存在必须依赖媒体对这个人的兴趣和报导,特别是电视的报导。倘若没有媒体的报导,也就是说在媒体中保持沉默,我们就好像不存在,我们所属的组织也跟着不存在,我们的会议也等于没有开过。然而,如果依赖这个情境定义,我们就一定会被吸入媒体娱乐企业。但是,一旦如此,我们的信息内容就会因为配合媒体的娱乐价值而逐渐变弱。我们在西方的社会中,要完全脱离媒体的参与大概

---

[49] 在这之前,媒体研究学者和犯罪学家们也提过这种论点,例如,可参见我所著的 *Makt og medier*(权力和媒体),Oslo: Pax Publishers 1993。

[50] 请参见我所著的 "Driving Forces Behind Prison Growth: The Mass Media", *Nordisk Tidsskrift for Kriminalvidenskab* Vol. 83, 1996, pp. 133—43。

不太可能。在某些岔路口，我们会面临如此的冲突：如果我们不在电视上说出自己的想法，其他持有反对意见的人就会利用这个空间。但是我们还是可以有所选择，拒绝参与充斥各种电视频道的谈话节目以及具娱乐性质的"谈论"节目。最重要的是，我们绝对不能依赖媒体报导给予我们自身成功的定义和存在的价值。

第二个要素则是基层运动恢复自信和自身的价值感。强调网络组织和社会底层团结性的基层运动，实际上并没有消逝。然而，随着以电视为先锋的大众传媒的发展，这些运动对自身失去了信念。以下这个在挪威近代历史上具有实际活力的基层运动，是一个重要的例子：在 1993 年，数以千计的挪威民众参与了一个遍及全国的运动，要求全国的教堂给予来自科索沃的阿尔巴尼亚难民长期庇护。这个运动最后获得部分胜利，所有关于来自科索沃的阿尔巴尼亚难民的案件都受到司法部门的重新审理。这个例子显示即使对于如难民这样的"外来"族群，基层群众的团结性还是没有随着越南战争而消逝。

第三个要素是恢复知识分子的责任感。我所指的是各种艺术家、作家以及科学家，这其中当然也包括社会学家。他们的责任感不但应该包括努力拒绝成为大众传媒娱乐业的一部分，也应该以一般民众利益为出发点，为振兴艺术工作、著作和研究而努力。这个概念当然并不新颖，早在几十年前即已存在于西方知识文化中。在这方面充满了冲突和问题，但是这些冲突和问题并非不能解决。

在刑罚政策的领域，挪威已经往这些方面做了一些努力。例如，成立了我们这个挪威刑罚改革协会，即 KROM。KROM 是一个由知识分子和许多受刑人为了共同目标而组成的一个特别的组织。我们每年都会举办一个有关刑罚政策的大会（为了使其变成一个传统，每年都在离奥斯陆不远的山庄举行），并邀请与刑罚政策相关的各种专业人士、机构和许多受刑人共同参与。此外，我们还定期举办讨论会和其他的活动。我们的目的在于建立一个意见与信息网络，跨越相关的行政体制和政治体制之间的正式与非正式界限。其重点在于试着建立一个以论证、有根据的评论以及具有原则性的思考作为主要价值的替代性公共空间，并期望这个公共空间至少在某些程度上能够与大众传媒这个缺乏深度的公共空间互相抗衡。

近年来，我们也作了一些其他的事情。例如，在 1999 年的两个重要时刻,我们召集了大约十个有关公民自由和人权等其他组织,共同举办关注监狱和刑事政策等议题的大型公共会议。其中的一个会议是以对于青少年(尤其是移民)暴力犯罪广泛的道德恐慌这个背景举办的。这个恐慌是由媒体炒作的,并以电视为主力,而政治人物们只能被牵着鼻子走。大会有数以百计的参与者,其中也包括最高法院的法官和资深的监狱行政人员。这个会议明显地满足了持有替代性公共空间观点的参与者们的需求。大会之后,有数位参与者告诉我,他们在参会以前就对媒体报导作出了批判,并感到非常孤立。但是这个大会让他们有归属感和团结性。他们发现其他的参与者也有相同的批判性想法,因此不再感到被孤立。这正是建立替代性公共空间的主要目的。大众传媒没有报导这个会议,但是这并没有抑制大众的热情:大众发现提出不同的意见是可行的,而这种可行性在大会之前看起来似乎非常不可能。另一个会议是在市政选举之前举行,而会议的焦点则是针对在竞选活动对于犯罪和刑罚政策议题的滥用。这个会议与之前的会议规模一样大,并得到类似的效果。

　　这诚然表示将来不仅是犯罪学家、法律社会学家和其他的社会学家,还包括如律师、教师、作家、作曲家、演员、音乐家等横跨各种领域的专业人士,能够共同发展一个公共空间,评论和讨论与监狱扩展相关的严重议题。当然,这些议题也可以扩展到社会控制的其他方面,如发展迅速的国家和国际计算机监控系统,这所威胁的不仅是人口中的一小部分,而是所有的人口。其实,这种公共空间早在 70 年代就已经存在。诚然,当时的公共空间一部分是由那时的政治发展促进而成的,但其中也有些部分独立形成,而这个公共空间反过来也对那时的政治发展造成了影响。这个情况可以再现,这可能免不了会有少许的电视等公共领域的参与。但大致来说,还是会通过各种沟通渠道和网络,让各领域的专业人士参与具独立性的公共事务和宣传工作。在这个运动发展时,各方共同努力的成果也会逐渐呈现。这时,因为大众传媒和电视总是趋向"重要的活动",所以它们或许会多少跟上一点脚步。基于电视在娱乐企业中所扮演的基本角色,它是一个不能信赖的伙伴。此外,我们必须特别小心,预防有关监狱的议题以及其他如监控国家的发展等相关问题变成娱乐题材。因为,如果用格式塔心理学(又称完形心理学,gestalt psychology)的术语形容,娱乐属"图形"而非

"背景"。娱乐或许可以成为获得更多信息和参与的一种方式(这让我想起达里奥·福 Dario Fo),而且我也并不是说信息就应该用单调乏味的措词传递。但是当娱乐本身成为目的时,即可能会有危险出现。

我们也应该明白我所建议的替代性公共空间与电视和其他大众传媒相较之下,有一个相当重要的优点:这个替代性公共空间是以人与人之间实际组织的关系为基础。而大众传媒,尤其是电视,在这方面相当脆弱:这个公共空间没有组织、被截成片段且破碎成数以百万计个互不连接的个体——这也正是这个空间的大众特性,同时也被分割成数以千计的个别媒体。这就是媒体公共空间的致命伤,而替代性公共空间在这方面就比较具有优势。有一种模式在实务上无法达到,但是可以用来作为一个具有挑战性的理想。那就是在 18 世纪时,从法国和英国的"沙龙"和咖啡馆所发展出来的一种具政治性和批判性的中产阶级公共空间。如同德国当代重要的社会学家尤尔根·哈贝马斯(Jürgen Habermas)所指,这个替代性的公共空间最终成功地与曾经相当辉煌的法院和旧政权的公共空间对抗,并成为 1789 年法国大革命的基石。[51]

对于一些持有应该恢复死刑立场的国家而言,应该采用这种思考和运动。有些读者在读完这本批评监狱的书后,可能就会持着死刑是可行的观点,这与本书作者的观点是完全抵触的。以美国为例:该国的 50 个州内有 37 个州执行死刑,从 1974 年到 2006 年间的处决人数为 1 047 人。仅有中国、伊朗以及沙特阿拉伯的处决人数超过了美国。[52] 死刑对社会造成残忍的效应,因为人民对于执行死刑的一个

---

[51] Jürgen Habermas: *Strukturwandel der Öffentlichkeit: Untersuchungen zu einer Kategorie der bürgerlichen Gesellschaft.* Neuwied: Luchterhand 1962. 有一个新现象可能会成为有关犯罪和惩罚的替代性公共空间的一部分。我所指的是在 21 世纪初期发展迅速的新式电子传媒。我们必须提到的是国际互联网以各种形式,例如利用脸谱网(Facebook)、优管(YouTube)、推特(Twitter)以及博客(blogging),等等,在整体上开始成功地与本书后记中所提到的传统性大众传媒抗争。电子传媒虽然有一些扰人的元素——不重要的娱乐、色情以及各种广告等——有关监狱的讨论这方面重要的互动和建构可能也会通过电子传媒促成。到目前为止,报纸和其他传统的大众传媒一直在传达"新闻"。在 2006 年挪威报纸报导脸谱网之后,脸谱网突然变成轰动的"新闻",虽然在这之前已经有 50 万挪威人是脸谱网的会员,并且早就知道它的存在。传统媒体的霸权,以及他们对于选择新闻的垄断开始衰退。电子传媒的时代已经来临,这也将是建立有关监狱问题的替代性公共空间的一个可行的方法。

[52] 资料来源:http://no.wikipedia.org/wiki/D%C%3%B8dsstraff.

反应即是在人与人之间会增加残暴性。死刑是我们过去野蛮的残影。

我们应该往另一个方向迈进。建立一个具有批判性的公共空间,以促进如恢复性司法和争议解决这些另类思考的这个概念是一个办法。当然一定还有许多其他的办法,但没有任何道路是宽广的或是易行的。让我以此作为结论:正在威胁着我们社会的民主基础的监狱扩展问题,对于我们这些基于政治或是学术因素而关注于社会控制的社会学研究学者而言,是一个永久的挑战。

著作权合同登记号　图字：01-2014-3008

图书在版编目(CIP)数据

受审判的监狱/(挪威)托马斯·马蒂森(Mathiesen,T.)著；胡菀如(Hu,H.)译.—北京：北京大学出版社,2014.6

ISBN 978-7-301-23497-6

Ⅰ.①受… Ⅱ.①马… ②胡… Ⅲ.①监狱制度-研究 Ⅳ.①D916.7

中国版本图书馆 CIP 数据核字(2013)第 276740 号

Prison On Trail by Thomas Mathiesen
Copyright © Thomas Mathiesen 2006. All rights reserved. No part of this book may be reproduced, stored in any retrieval system or transmitted in any form or by any means, including: over Internet, without prior permission.
Simplified Chinese translation copyright © 2014 by Peking University Press

书　　　名：	受审判的监狱
著作责任者：	〔挪威〕托马斯·马蒂森　著　胡菀如　译
责 任 编 辑：	苏燕英
标 准 书 号：	ISBN 978-7-301-23497-6/D·3461
出 版 发 行：	北京大学出版社
地　　　址：	北京市海淀区成府路205号　100871
网　　　址：	http://www.yandayuanzhao.com
新 浪 微 博：	@北京大学出版社 @北大出版社燕大元照法律图书
电 子 信 箱：	yandayuanzhao@163.com
电　　　话：	邮购部 62752015　发行部 62750672　编辑部 62117788 出版部 62754962
印 刷 者：	三河市北燕印装有限公司
经 销 者：	新华书店
	965毫米×1300毫米　16开本　12.5印张　186千字 2014年6月第1版　2014年6月第1次印刷
定　　　价：	35.00元

未经许可，不得以任何方式复制或抄袭本书之部分或全部内容。

版权所有，侵权必究

举报电话：010-62752024　电子信箱：fd@pup.pku.edu.cn